神을 묻는다
현대 무신론자들의 종교 이해 비판

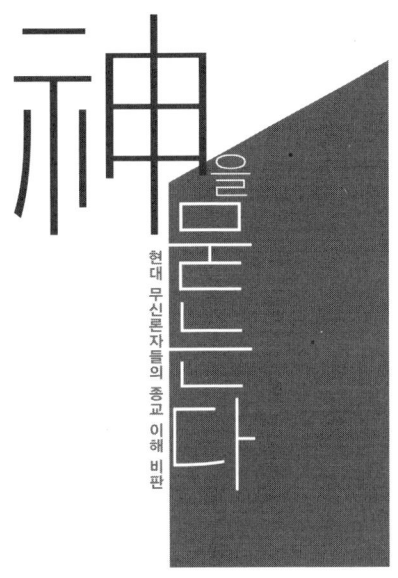

神을 묻는다

현대 무신론자들의 종교 이해 비판

이정순 지음

대한기독교서회

神을 묻는다
― 현대 무신론자들의 종교 이해 비판

© 이정순, 2019

2019년 5월 10일 초판 1쇄

지은이 이정순
펴낸이 서진한
펴낸곳 대한기독교서회
편집책임 편집1팀

등록 1967년 8월 26일 제1967-000002호
주소 서울시 강남구 테헤란로103길 14(삼성동)
전화 편집부 (02) 553-0873~4 영업부 (02) 553-3343
팩스 편집부 (02) 3453-1639 영업부 (02) 555-7721
e-mail cls1890@chol.com
http://www.clsk.org
facebook.com/clskbooks
instagram.com/clsk1890

책번호 2282
ISBN 978-89-511-1973-6 93230

The Christian Literature Society of Korea, Seoul
Printed in Korea

* 책값은 뒤표지에 있습니다.

머리말

과학의 빠른 발전과 전통 가치의 혼란 속에 과연 신(神)은 존재하는가? 또 신이 존재한다면 신은 현대인에게 어떤 의미인가? 현대인들은 어떤 신을 믿고 있는가? 각종 종교가 오랫동안 공존해 온 한국이라는 현실에서 이런 물음들은 과연 어떤 의미를 갖는가? 필자는 어릴 때부터 신앙생활을 하면서 신이라는 존재를 내 삶의 근원으로 자연스럽게 받아들인 바 있다. 또한 신을 중심으로 각종 교리를 신앙고백의 필수 요소로 받아들였다. 하지만 이성이 성장할수록 신앙의 문제는 혼란스러워졌고, 기존의 전통 보수적인 교리만으로 이런 문제를 해결할 수 없다는 점을 알게 되었다. 이후 신학의 길에 입문하면서 그리스도교 사상사를 중심으로 좀 더 체계적으로 신앙의 문제들을 공부하면서 조금씩 문제를 풀어나가기 시작했다. 이때 비로소 신앙은 합리적인 해석을 필요로 한다는 생각을 갖게 되었다. 무조건적인 믿음이 아니라, 우리의 이성으로 충분히 이해하고 설명할 수 있어야 하며 그다음 신의 도움을 기다려야 한다는 것이다. 이것은 "신앙은 참된 이해를 추구한다"는 중세 교부 안셀름(Anselm)의 입장이기도 하다.

필자는 지금까지 신앙 여정에서 비롯된 여러 물음, 특히 신앙의 대상인 신에 대한 물음에 답하고자 이 책을 쓰기 시작했다. 제목만 보고서 '인간이 무엇인데 신을 묻는가?' 하고 의아해 하는 사람도 있을 것이다. 하지만 묻지 않는 신앙은 의미가 없으며, 인간과 무관한 신은 더욱 의미가 없다. 제아무리 절대적이고 초월적인 신이라 하더라도 우리 인간의 신앙 대상인 이상 우리는 끊임없이 물어야 한다. 바로 이런 물음에서 참된 신앙으로 조금씩 나아갈 수 있다. 그리고 아무리 적극적이고 뜨거운 신앙을 가졌다 하더라도 참된 이해를 추구하지 않는 신앙, 인간의 논리로 제대로 설명되지 않는 신앙이 현대인에게 얼마나 효력이 있겠는가. 특히 개신교 선교 130년이 넘은 시점에서도 초기 선교사들이 가르쳐준 근본주의 신앙이 여전히 위세를 떨치고 있는 한국 교회의 현실에서 신앙의 본질에 대한 물음, 즉 신에 대한 물음은 매우 중요한 의미를 갖는다. 이런 물음은 한국 그리스도인들이 다시 한 번 자신들의 신앙을 성찰해 보게 만들고, 신앙적 정체성을 제대로 세우는 데 중요한 역할을 할 것이며, 이런 과정이 오늘날 위기에 처한 한국 그리스도교가 새로워지는 데도 도움을 줄 것이다.

　　이 책은 근현대 무신론자들의 종교 이해, 특히 무신론 사상의 개요를 소개하면서 그것들을 비판적으로 평가하고 있다. 무신론자들을 논의의 핵심으로 삼은 이유는 신을 부정하는 이들의 관점에서 신에 관해 부정적으로 되물을 때 오히려 참된 신의 의미가 밝혀질 수 있으리라고 생각하기 때문이다. 이 책에 소개된 여덟 명의 사상가는 이미 신학을 비롯한 각종 학문 분야에서 잘 알려진 인물들이다. 그들을 관통하고 있는 사상은 무신론이다. 이들은 신과 같은 초월자나 절대자를 거부하는데, 여기에는 나름대로 역사적 배경과 이유가 있다. 즉, 그들이 거부했던 신들은 한결같이 시대적으로 인간을 억압하거나 노예화하는 신, 또는 그런 지배자들의 편에 섰던 신들이다. 그들이 주장한 무신론은 참된 인간의 구원과 해방을 지향하는 데 필수적인 작업이었다. 그들의 무신론은 신 자체를 거부하는 것보다는 인간을 구원하고 해방시키는 데 목적이 있었으며, 이런 의미에서 그들의 무신론은 '인간주의적 무신론'이라고 말할 수 있다. 그러므로 그들의 무신론

사상은 오히려 그리스도교의 참된 신을 찾는 데 좋은 매개체, 오염되고 왜곡된 그리스도교를 정화하고 바로 잡는 도구가 될 수 있을 것이다. 이런 점에서 이른바 무신론자들을 통해 신을 묻는다는 것은 참된 신을 찾고자 하는 시대적인 작업이라고도 말할 수 있을 것이다.

이 책은 총 열 장으로 구성되어 있다. 앞에서 언급한 여덟 명의 무신론 사상가 외에 최근 서구에서 유행하고 있는 새로운 무신론 운동과 종교철학 및 조직신학에서 중요하게 생각하는 신정론에 관해서도 다루고 있다. 마지막으로, 미국 정교회 신학자 데이비드 벤틀리 하트(David Bentley Hart)의 『무신론자들의 망상—그리스도인들의 혁명과 교회사 새로 보기』에 대한 필자의 서평을 부록으로 수록했다.

이 책이 출판되기까지는 우여곡절이 많았다. 필자는 5년 전 미국에서 귀국하자마자 나사렛대학교 신학대학원에서 기독교철학 과목을 맡았다. 무엇을 가르칠까 고민하다가 철학의 기본적인 주제와 함께 여러 중요한 신학적 주제를 다루기로 했다. 이것이 이 책 원고의 시작이었다. 무신론은 그중 가장 대표적이었으며, 이 책에 등장하는 사상가들도 이 수업에서 다룬 내용이었다. 또한 무신론에 관한 생각을 모아 『신학비평』에 따로 연재도 했고, 목원대학교 신학대학원 조직신학 특강에서 무신론을 주제로 강의도 했다. 결정적인 계기는, 2018년 1학기 목원대학교 신학과 종교철학 과목에서 이 책의 미완 원고를 보완하여 다시 교재로 사용한 것이다. 그 후 학생들의 반응과 피드백을 반영하고 원고를 수정 보완하여 마침내 출판하게 되었다.

무신론을 주제로 현대 사상가들의 이론을 학습하고, 그것을 다시 신학적으로 비판하는 데 이 글의 목적이 있다. 학부와 대학원의 종교철학이나 조직신학 특강 등의 과목에서 교재로 쓰려고 집필을 시작한 것이기에 전문적인 연구 논문의 성격을 벗어난 부분이 많다. 겹치는 부분도 있고, 출처를 일일이 밝히지 못한 경우도 있다. 독자들의 양해를 구한다. 각 장의 들어가는 말에는 언론 뉴스로 접했을 법한 시사적인 이야기를 소개하여 글이 쉽게 읽히도록 유도하였다.

책을 출간하며, 나사렛대학교와 목원대학교에서 내 강의를 들었던 학생들에게 가장 먼저 감사의 마음을 전하고 싶다. 그리고 신학의 여정을 시작하면서 신학적·철학적 사고를 갖출 수 있도록 가르침을 베풀어 주신 송기득 선생님께 깊은 감사를 드린다. 선생님께서는 『신학비평』에 이 책의 초고를 연재할 수 있게 해주셨고, 책으로 낼 수 있도록 격려해 주셨다. 또한 이 책이 나오기까지 지지해 준 가족들의 사랑을 기억한다. 아내 창금, 딸 보름이와 사위 피터, 아들 한얼이에게 감사의 마음을 전한다. 마지막으로, 이 책의 출판을 허락해 주신 대한기독교서회 서진한 사장님께도 감사를 드린다. 모쪼록 이 시대 참된 신앙의 의미를 묻는 모든 이에게 이 책이 조금이라도 도움이 되었으면 한다.

2019년 1월 7일
식장산을 바라보며
이정순

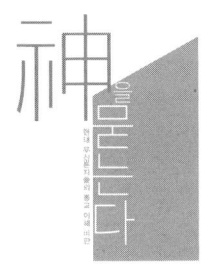

차례

머리말 5

제1장 신은 존재하는가?
— 새로운 무신론의 도전과 의미

I. 들어가는 말 13
II. 새로운 무신론 운동의 등장과 그 문제점 17
III. 새로운 무신론 운동의 종교 비판 20
IV. 나가는 말 28

제2장 신은 인간 해방의 장애물인가?
— 칼 마르크스의 휴머니즘적 무신론

I. 들어가는 말 33
II. 마르크스의 생애 35
III. 마르크스의 종교 비판 43
IV. 마르크스의 신(神) 이해 51
V. 나가는 말 54

제3장 신은 죽었는가?
– 무신론적 휴머니즘의 예언자 니체

I. 들어가는 말: 니체 철학에 대한 왜곡과 진실　60
II. 니체의 생애와 주요 저작　63
III. 허무주의의 대답으로서 '힘에의 의지'　66
IV. 약자와 노예 도덕으로서의 그리스도교　69
V. 신의 죽음과 도래하는 초인, 그는 누구인가?　74
VI. 나가는 말　81

제4장 신은 환상인가?
– 프로이트의 심리학적 종교 이해

I. 들어가는 말　87
II. 프로이트의 생애와 주요 공헌　89
III. 프로이트의 신과 종교 이해 – 신은 환상인가?　95
IV. 나가는 말　109

제5장 신은 사회적 산물에 불과한가?
– 에밀 뒤르켐의 사회학적 종교 이해

I. 들어가는 말　118
II. 뒤르켐의 생애　122
III. 종교란 무엇인가?　125
IV. 나가는 말　141

제6장 신은 망상인가?
– 리처드 도킨스의 과학주의적 무신론

Ⅰ. 들어가는 말　148
Ⅱ. 도킨스의 생애　151
Ⅲ.『만들어진 신』의 주요 내용　152
Ⅳ. 나가는 말　181

제7장 인간의 자유에 대치되는 신
– 사르트르의 무신론적 실존주의

Ⅰ. 들어가는 말　188
Ⅱ. 사르트르의 생애　189
Ⅲ. 사르트르 실존철학의 개요　193
Ⅳ. 나가는 말　210

제8장 인간의 자기투사로서의 신
– 포이어바흐의 인간학적 무신론

Ⅰ. 들어가는 말　214
Ⅱ. 포이어바흐의 생애　216
Ⅲ. 그리스도교에 대한 비판　221
Ⅳ. 나가는 말　232

제9장 참 그리스도인은 무신론자여야 하는가?
– 에른스트 블로흐의 무신론적 유토피아주의

I. 들어가는 말　238
II. 에른스트 블로흐의 생애　241
III. 블로흐의 철학의 주요 주제들　246
IV. 나가는 말　263

제10장 자연재해는 신의 심판인가?
– 그리스도교의 물음과 대답

I. 들어가는 말　268
II. 고난과 악에 관한 몇 가지 신학적 해석들　270
III. 나가는 말　281

부록 현대 무신론자들의 종교 비판은 어째서 망상인가?　287

참고문헌　299

제1장

::

신은 존재하는가?

– 새로운 무신론의 도전과 의미

I. 들어가는 말

2014년 한국 갤럽이 "한국인의 종교 1984-2014"라는 주제로 벌인 조사에 따르면, 종교를 믿고 있지 않다고 답한 '비종교인'이 전체 성인 인구의 50%를 차지하는 것으로 나타났다.[1] 비종교인이 다 무신론자를 의미하지 않는다 하더라도 우리 사회에서 점점 더 큰 비중을 차지하고 있음을 잘 보여주는 예이다. 한국은 전통적인 다종교 사회로서 서구와 달리 '무신론자'에 대한 차별이나 편견이 사회적 이슈나 문제로 부각된 적이 없다. 그러나 이제 비종교인 중 무신론자와 같이 종교조직이 아니라 '종교' 자체를 거부하는 사람들, 특히 젊은 무신론자가 증가하는 추세에서 이들 그룹에 대한 연구가 필요한 때가 된 것 같다. 이 시대의 종교 지형도를 파악하여 종교와 신의 의미를 이해하는 것이야말로 중요한 일이기 때문이다.

---

1 "한국인의 종교 1984-2014", 한국 갤럽, http://www.gallup.co.kr/gallupdb/reportContent.asp?seqNo=625

그렇다면 서구 사회의 현실은 어떠한가? 미국의 사회조사 연구기관인 퓨 리서치센터가 2014년에 발표한 "종교지형도 조사"(Religious Landscape Survey)에 따르면, 미국 전체 인구의 70.6%는 그리스도인(개신교 46.6%, 가톨릭 20.8% 등)인 데 반해, 비그리스도교 종교인은 6.5%, 특정 (제도) 종교에 속하지 않는 사람, 즉 '무종교인'은 22.8%를 차지한다. 이제 무종교인들은 복음주의 교회(25.4%)에 이어 미국에서 두 번째로 큰 '종교 집단'이 된 셈이다. 이러한 조사 결과는 퓨 리서치센터의 2007년도 조사와 비교해 볼 때 그리스도인이 지속적으로 감소(78.4% → 70.6%)하면서 반대로 무종교인은 빠르게 증가(16.1% → 22.8%)하고 있다는 사실을 잘 보여준다.[2]

이런 현상은 유럽에서도 나타난다. 영국 넷센 사회조사센터가 2016년에 발표한 "영국인의 사회태도 조사연구"(British Social Attitude survey)에 따르면 2014년 종교를 가지지 않은 사람의 수(53%)가 그리스도인의 수(41%)를 추월하였다. 1983년에는 종교를 가지지 않은 인구가 31%였으니, 무종교인이 급격히 증가한 것이다. 또 총인구의 15%만이 영국 국교회에 속해 있다고 답했다. 물론 무종교인들이 곧 비(非) 종교인이나 반(反) 종교인은 아니다. 오히려 이들은 특정 종교 집단에 속하지 않은 자들을 주로 의미한다. 일반적인 추측과 달리 무신론자나 불가지론자(agnostic)의 비율은 낮은 것으로 드러났다. 그러나 이러한 '무종교인'들도 점차 세속화되는 경향이 강화되면서 이들 중 무신론자의 비율이 점차 높아지고 있는 실정이다.[3]

서구에서 '종교'에 무관심하거나 '신'을 믿지 않는 인구가 지속적

---

[2] "America's Changing Religious Landscape," Pew Research Center, http://www.pewforum.org/2015/05/12/americas-changing-religious-landscape/
[3] "British Social Attitudes: Record number of Brits with no religion," http://www.natcen.ac.uk/news-media/press-releases/2017/september/british-social-attitudes-record-number-of-brits-with-no-religion/

으로 증가하면서 정부나 사회의 정책 수립자 또한 이러한 현실을 심각하게 받아들일 수밖에 없게 되었다. 특히 대학에서 먼저 이런 현실을 반영하기 시작했다. 2016년 5월 「뉴욕 타임스」는 세계 최초로 마이애미 대학에 이른바 '무신론학과'가 개설된다는 기사를 보도했다.[4] 이 학과의 정확한 명칭은 "무신론, 휴머니즘, 세속윤리 연구"(Study of Atheism, Humanism and Secular Ethics)인데, 한 은퇴한 사업가가 해당 대학에 220만 달러를 기부함으로써 개설된 것이다. 이 사람은 "무신론자에 대한 차별을 없애려고 노력하고 있으며, 해당 학과의 개설은 "무신론을 타당한 것으로 만들기 위한 첫 걸음"이라고 기부 목적을 밝힌 바 있다. 이와 관련하여 『만들어진 신』(*The God Delusion*)을 저술한 진화생물학자이자 무신론자인 리처드 도킨스(Richard Dawkins)는 언론 인터뷰에서 마이애미 대학의 용기 있는 결정을 지지하며 이 학과의 연구를 통해 종교의 족쇄로부터 벗어나는 것이 매우 중요하다고 말했다. 이 소식은 유대교와 그리스도교의 영향이 지대한 미국 사회 전체에 커다란 반향을 일으켰다. 물론 미국 대학에서 종교학이나 신학 외에 무(無) 종교나 반(反) 종교 현상에 대한 연구를 전공과목으로 개설하려는 움직임은 이미 이전에도 있었다. 캘리포니아 남부의 작은 대학인 피처 대학은 2011년부터 세속학(Secular Studies)을 학부 전공과목에 포함시켰다. 현재까지 적어도 46개의 미국 대학이 무신론, 휴머니즘, 세속주의와 관련된 학과를 개설하고 있다고 한다. 그만큼 미국 전체의 종교 지형도가 무신론이라는 새로운 현상으로 변화되고 있다.

이런 서구 세계의 상황에서 영국의 우주물리학자 스티븐 호킹

---

[4] "University of Miami Establishes Chair for Study of Atheism," *The New York Times*, 2016. 5. 20., https://www.nytimes.com/2016/05/21/us/university-of-miami-establishes-chair-for-study-of-atheism.html

(Stephen Hawking)의 『위대한 설계』(*The Grand Design*)라는 책이 출간되었다.[5] 호킹 박사는 이 책에서 무신론을 적극적으로 주장했는데, 그의 주장으로 과학계와 종교계가 뜨거운 논쟁에 휩싸인 바 있다. 미국 물리학자 레오나르드 믈로디노프와 함께 쓴 이 책에서 호킹 박사는 "우주는 신성한 존재의 개입이 아니라 물리학 법칙에 따라 발생했다"며 창조론을 전면적으로 부인했다. 그에 따르면, 현대 물리학의 발전으로 우주 창조에서 더 이상 신을 위한 자리는 남아 있지 않게 되었다. 그는 "우주는 신이 설계하지 않았다. 스스로 창조해 갈 뿐"이라고 단호하게 말한다. 신이 없다는 또 다른 근거로 호킹 박사는 1992년 처음 발견된 외계 행성을 들었다. 우주에 태양계와 유사한 행성 시스템이 널려 있다는 것은 지구가 인간을 위해 설계됐다는 창조론을 부정하기 때문이다.

호킹 박사는 창조론자들의 지적 설계론(Intellectual Design)을 염두에 두고 이를 비판하고 있다. 창조론을 믿는 자들은 우주의 현상이 너무도 기묘하여 누군가 지적인 설계를 했을 거라고 추정하여 이를 신이라고 받아들인다. 하지만 호킹 박사는 "우주에 과연 창조자가 필요한가"라는 질문을 던지고서 이에 대해 단호히 "아니요"라고 답한다. 그에 따르면 빅뱅(대폭발)은 물리학적 법칙의 불가피한 결과이지 신의 손이나 우연으로 설명할 수 있는 것이 아니다. 그는 "중력과 같은 법칙이 있기 때문에 우주는 무(無)로부터 스스로를 창조할 수 있고 앞으로도 그럴 것"이고, 또한 "이 같은 자발적인 창조가 무가 아닌 유(有), 즉 우주와 인간이 존재하게 된 이유"라고 말했다. 호킹 박사는 더 나아가 "종이에 불을 붙여 우주를 폭발시키는 신을 굳이 불러들일 필요는 없다"고 덧붙였다. 결국 그는 신의 존재를 부정함은

---

5   한국어 판은 스티븐 호킹/전대호 역, 『위대한 설계』(서울: 까치글방, 2010)로 출판되었다.

물론 세상이 신에 의해 창조되었다는 유대-그리스도교의 창조신앙 역시 완전히 부정한 셈이다.

물론 "신 없이 스스로 우주와 인간이 존재하게 됐다"는 호킹 박사의 주장이 알려지자 종교계와 창조론자들은 즉각 반박했다. 영국의 과학자이자 신학자인 알리스터 맥그래스 역시 "물리학 법칙 자체가 무에서 유를 만들 수 없으며, 스티븐 호킹은 과학을 지나친 과장으로 부풀려서 결국 오명과 악평의 과학으로 몰아가고 있다"고 비난했다. 로완 윌리엄스 영국 캔터베리 대주교 역시 "물리학만으로는 신의 존재에 대한 질문에 결코 답을 내놓을 수 없을 것"이라며 호킹 박사에 대해 반박했다.

II. 새로운 무신론 운동의 등장과 그 문제점

호킹 박사의 무신론은 새로운 것은 아니다. 그것은 이 시대에 곳곳에서 등장하는 무신론의 전형적인 한 예라고 볼 수 있다. 무신론이 세를 형성하고 있는 서구 사회의 배경에서 그의 무신론은 자연스럽게 등장했다고 볼 수도 있다. 그는 특히 과학적인 견지에서 신의 존재를 부정하는 비교적 온건한 입장이라고 볼 수 있다. 무신론은 말 그대로 신의 존재를 부정한다는 것을 의미한다. 인간은 역사 이래로 종교라는 틀을 통해 신이라는 존재를 믿어 왔지만, 또 다른 한편에서는 늘 신에 대해 부정하며 굳이 신을 찾을 필요가 없다고 주장해 왔다. 최근 영국의 신학자 알리스터 맥그래스(Alister McGrath)가 『왜 신은 사라지지 않는가?』(*Why God Wont's Go away?*)(한국어 판 『신 없는 사람들』)라는 책을 펴냈다. 이 책은 최근에 등장한 새로운 무신론의 문제를 집중적으로 다루고 있다. 그는 특이한 이력의 소유자인데, 24세에 옥스퍼드 대학에서 분자생물학으로 박사 학위를 받은 과학자로서 이후 다시 케임브리지 대학에 들어가 신학을 전공하고 박사 학위를 받았다. 현재 영국 성공회 신부이자 옥스퍼드 대학의 교수요 신학자로 활동하고 있다.

이제 맥그래스가 쓴 책을 중심으로 새로운 무신론에 대해서 살펴보도록 하자. 이 책에서 맥그래스는 현대에 등장한 새로운 무신론의 새로움, 즉 전통적인 무신론과 다른 점을 먼저 지적한다. 무신론은 역사적으로 매우 다양한 형태로 등장했는데, 그것들은 주로 신의 존재를 부정하거나 알 수 없다는 불가지론에 가까운 운동으로서 비교적 온건한 운동에 속했다고 평가한다. 반면에 지난 2006년부터 '새로운 무신론'(new atheism)을 주장하는 자들이 서구권에 등장했다. 이들은 단순히 신의 존재를 부정하는 데 그치지 않고, 그것을 일종의 신앙의 차원으로까지 드높인다는 데서 전통적인 무신론과 다르다. 이들은 유신론을 철저히 거부하는 '반유신론'(anti-theism)자들이자 공격적이고 전투적인 무신론자들로 알려져 있다. 더 나아가 이들은 종교적인 것은 무엇이든지 다 없애버려야 한다고까지 주장한다. 이런 점에서 새로운 무신론은 새롭다고 맥그래스는 지적한다. 맥그래스의 표현에 의하면, 무신론이 '신을 믿지 않는 사람들'이라면, 새로운 무신론은 '신이 없다는 것을 믿는 사람들'이라는 것이다. 두 문장은 별 차이가 없는 것 같지만, 가만히 들여다보면 큰 차이가 있다. 다시 말해서, 후자는 '무신론을 믿는 신앙인'이 되어 버리기 때문이다.

이런 현상이 나타난 데는 지난 2001년 미국에서 일어났던 9·11 테러 사건을 가장 직접적인 배경으로 들 수 있다. 당시 전 세계인에게 엄청난 충격을 준 이 사건은 종교적 광신주의와 극단주의가 빚은 비극으로 보도되었다. 당연히 사람들은 이 사건으로 이슬람 광신주의에 분노하며 치를 떨었다. 여기에 그치지 않고 종교 전체에 걸쳐서 비난의 화살이 쏠리면서, 종교에 대한 비판적 견해가 쏟아지기 시작했다. 종교 자체가 위험한 존재이므로 인류의 평화를 위해서는 종교가 없어져야 하며, 종교의 가장 핵심인 신의 존재 역시 부정해야 한다는 주장들이 나오게 되었다. 이런 배경에서 일부 지식인들이 적극적으로 무신론을 지지하면서 신의 존재는 물론 온갖 형태의 종교의식과 문화 전체를 부정하고자 '새로운 무신론'이라는 단어를 쓰기 시작했던 것이다. 이들은 신이 존재하지 않는다고 적극적으로 믿을 뿐 아니라 신에 대한 믿음이 지닌 최악의 면모를 밝혀서 그것을 모든 종교의 표본으로 묘사하고자 한다. 더 나아가 이들은 종교가 잘못될 수도 있고 실수를 저지를 수도 있다는 개연성을 넘어서, 종교야말로 필연적으로 잘못될 운명에 처해 있기 때문에 모든 것을 망치는 종교를 제거해야 한다고까지 주장한다.

새로운 무신론은 일종의 운동으로 간주할 수 있을 것이다. 이것은 미국의 저널리스트 게리 울프(Gary Wolf)가 『와이어드』(*Wired*)라는 시사 잡지에 현재 무신론을 설파하고 있는 대표적인 베스트셀러 작가 세 사람을 언급하면서, 이들의 공통된 특징을 '새로운 무신론'이라는 명칭으로 지칭한 데서 비롯된다. 이 세 명은 2004년 『종교의 종말』(*The End of Faith*)을 쓴 샘 해리스(Sam Harris)와 2006년에 『신이라는 망상』(*The God Delusion*, 한국어 번역 『만들어진 신』)을 쓴 리처드 도킨스(Richard Dawkins), 2006년에 『주문을 깨다』(*Breaking the Spell*)를 쓴 대니얼 데닛(Daniel C. Dennet)을 말한다. 이들은 여러 매체와 그룹을 통해 서로 교류하고 있는데, 그중 '엣지'(Edge)라는 온라인 네트워크를 통해 서로 연결되어 있다. 엣지는 "세상 지식의 최전선에 서서, 가장 복잡하고 난해한 인간 정신을 추구하며, 이 모든 것을 같은 공간에서 함께 나누며, 자신들이 묻는 질문들을 서로에게 묻고 답하게 하기 위한" 것이 목적이라고 밝히고 있다. 다시 말해 일종의 지식인들의 토론 공간인데, 당연히 이곳에서 무신론이 대표적인 주제로 등장하고 있다. 이들은 한결같이 무신론을 열광적으로 지지하고, 종교적 신념과 종교를 존중하는 문화적 풍토에 대해 가차 없이 비판한다. 이 세 명 외에 크리스토퍼 히친스(Christopher Hitchens)가 『신은 위대하지 않다』(*God Is Not Great*)라는 책을 써서 이 새로운 무신론 운동에 합류했다. 이로써 현재 총 네 명의 작가가 새로운 무신론을 공동으로 설파하는 지적 선봉장으로 인정받게 되었다.

III. 새로운 무신론 운동의 종교 비판

새로운 무신론 운동의 기수 네 명이 주장하는 종교 비판의 내용은 다음과 같다. 먼저, 이들은 종교는 폭력적이라고 주장한다. 새로운 무신론을 주장하는 자들은 종교는 모든 것을 망친다고 믿고 있다. 다시 말해 종교는 모든 악의 뿌리이며, 본질적으로 또 필연적으로 위험하며 폭력을 양산해내는 성향을 지니고 있다. 특히 종교 경전, 즉 코란이나 성서 안에 종교의 폭력성을 입증할 수 있는 많은 근거가 들어 있다고 말한다. 이들의 이러한 주장에는 특히 이슬람 극단주의자들이 벌인 9·11 테러 이후 서구 문화 속에 만연하게 된 종교 불신이라는 배경이 깔려 있다.

일부 잘못된 종교, 부패한 종교를 구분하고 지적하는 것은 옳지만 종교 전체를 일반화하여 반대하기 위해 이런 논리를 펴는 데는 문제가 있다. 예를 들어 종교 극단주의자들은 모든 종교에 존재하는데, 그들이 특정 종교 전체를 대변한다고 볼 수는 없다는 것이다. 종교인 대다수를 개인의 축복 또는 구원과 사회의 평화와 행복 같은 종교 일반의 주제에 관심을 가지고 있는 평범하고 온건한 사람들로 볼 수 있지 않느냐 하는 말이다. 종교가 폭력적이므로 종교를 제거해야 한다는 새로운 무신론 신봉자들의 주장을 맥그래스는 다음과 같이 반박한다.

솔직히 나는 해리스의 주장이 윤리적으로 무척 염려스럽다. 어떤 신념이 사람들을 위험스러운 사회적 방식으로 행동하게 만들 경우, 그런 신념과 그런 신념을 가진 사람은 제거해야 된다는 결론을 독자들이 갖게 하는 것이 해리스의 의도가 아니길 나는 진심으로 바랄 뿐이다. 그러나 나의 바람과는 달리 실제로 그의 칙령은, 종교가 폭력과 증오심을 생산해내기에 세상을 더 안전한 곳으로 만들기 위해서는 종교 신봉자들을 살해하는 것이 윤리적이라고 주장하고 싶어 하는 이들에게 논리적 근거를 제공한다. 샘 해리스가 미국 대통령이 아닌 게 얼마나 감사한 일인지! 다행히 새로운 무신론 종교를 신봉하지 않은 많은 윤리적 무신론자들은 그의 완고하고 폭력적이기까지 한 종교 불관용 정책을 거부한다. 새로운 무신론의 주장과는 다른 훨씬 더 건전하고 도덕적인 무신론 운동이 있어 얼마나 다행인지 모르겠다.[6]

1932년 영국 캔터베리 대주교 윌리엄 템플(William Temple)은 글래스고 대학에서 종교에 대해 강연하면서, 종교는 인류 역사상 선보다 악을 더 많이 저질렀으며 오늘 부패한 종교야말로 인류가 직면한 가장 중요한 문제라고 지적한 바 있다. 그는 이렇게 말했다. "성숙한 종교는 제일 먼저 규탄해야 할 대상이 부패한 종교라는 것을 잘 알고 있다. 부패한 종교는 종교가 존재하지 않아야 한다는 것과는 전혀 다른 문제로서, 오히려 그것보다 훨씬 더 나쁜 것이다."

둘째로, 새로운 무신론자들은 종교야말로 비이성적이라고 주장하면서 종교에 반대한다. 대표적으로 현대 진화론자 가운데 종교에 대해 매우 적대적인 태도를 취하는 리처드 도킨스를 들 수 있다. 그는 종교적 신념이란 이성과 증거를 필연적으로 거부하려는 저항이라고

---

6 알리스터 맥그래스/이철민 역, 『신 없는 사람들』(서울: IVP, 2012), 24.

주장한다. 그는 영국 에든버러 강연에서 이렇게 말했다. "믿음이란 이성적으로 사고하면서 증거를 평가해야 할 의무를 회피하는 엄청난 구실, 엄청난 변명거리다. 믿음이란 증거가 없는데도, 아니 어쩌면 증거가 없기 때문에 믿는 것이다. … 믿음은 논증을 통해 스스로를 정당화하지 못한다."[7]

그리스토퍼 히친스 역시 이와 비슷한 주장을 한다.

> 삶과 죽음, 죄와 고통, 희망과 치유에 관한 이런 궁극적 질문과 대답은 모두 지적인 이해나 엄밀한 논리적 입증의 한계를 벗어나 있다. 결국 우리는 다음과 같이 말할 수 있을 뿐이다. "내가 이렇게 하는 이유는, 이것이 삶의 본질이라고 믿기 때문이며, 가장 깊은 열망과 가장 고귀한 신념에 따라 행동하는 것에 나의 궁극적인 행복이 달려 있다고 믿기 때문이다."[8]

결국 종교는 이성과는 정반대되는 것이며 종교인들은 개개인의 주관적인 믿음에만 매달릴 뿐이라는 것이다. 더 나아가 새로운 무신론자들은 인간이 아니라 신이 세상의 악에 대해 책임을 져야 하는데, 그렇지 못하고 있으므로 신은 독재자나 혐오스러운 압제자와 같다고 주장한다. 신의 비윤리성과 악의 문제 등에 관한 문제제기를 받아들이면서 도킨스는 다음과 같이 말한다.

> 구약성경의 신은 틀림없이 모든 소설을 통틀어 가장 불쾌한 주인공임이 분명하다. 질투하는 건 물론이고, 그것을 자랑스럽게 생각하는 존재, 좀스럽고, 불공평하고, 용서를 모르는 지배욕에 불타는 독재

---

7 위의 책, 121.
8 위의 책, 124.

자, 복수심으로 가득하고, 피에 굶주린 인종 청소자, 여성을 혐오하고, 동성애를 증오하며, 인종 차별을 하고, 유아 살해와 대량학살을 자행하며, 자식을 죽이고, 전염병을 퍼뜨리는 과대망상증 환자에 가학피학성 변태성욕자, 변덕스럽고 심보 고약한 악당이다.[9]

종교가 비이성적이라는 비판에는 이미 많은 사람이 공감하고 있다. 하지만 그것은 종교 자체가 아니라, 이성적으로 사고하려 들지 않는 종교인들에 해당된다. 맥그래스는 새로운 무신론자들 역시 일부 종교인들처럼 반종교, 무신론이라는 또 다른 이념에 사로잡혀 그 이상은 사고하려 하지 않는 매우 비이성적인 성향을 지니고 있다고 분석한다. 그러므로 이성적으로 사고하지 않는 것이 종교인들만의 주된 특징으로 보는 것은 매우 지나친 독단이라는 것이다. 새로운 무신론자들은 당장이라도 신의 존재를 과학적·이성적으로 증명해 보이면 믿겠노라고 주장한다. 그렇지만 이것은 그렇게 단순한 문제가 아니다. 인간 이성이 아무리 훌륭한 능력을 가지고 있다 하더라도 그것이 지닌 한계 역시 명확하기 때문이다. 인간이 이성을 충분히 활용한다 하더라도 사실 이성적으로나 과학적으로 입증할 수 있는 것은 그리 많지 않으며, 새로운 무신론자들의 핵심 가치나 주장 역시 과학적·이성적으로 증명할 수 없다는 점에서 이들의 주장에도 문제가 있다.

더 나아가 종교와 비종교를 막론하고 인간이 가지고 있는 모든 세계관은 이성적으로나 과학적으로 증명할 수 있는 한계를 벗어나 있다. 새로운 무신론은 이런 불편한 진실을 외면하고 있다. 특히 우리가 일상에서 경험하는 세계를 실험하고 증명하여 얻은 사실적 결과에 관심하는 과학과는 달리, 이런 것을 초월한 가치나 의미에 관한 궁극적인 질문은 인류가 존재하는 한 사라지지 않는다. 이런 점에서 새

---

9 Richard Dawkins, *The God Delusion* (Boston: Mariner Books, 2008), 31.

로운 무신론자들은 종교의 본래적 의미를 제대로 파악하지 못하고 있는 것으로 생각된다.

종교적 믿음은 인간 이성에 근거한 합리주의라는 독단의 차가운 울타리 안에 인간을 가두려는 현실에 맞선 저항과도 같다. 종교적 믿음은 인간의 삶에는 그 이상의 무엇이 존재한다고 선언한다. 여기서 믿음과 이성은 서로 모순되는 것이 아니다. 믿음은 이성을 초월하지만 합리적인 동의를 위해 이성을 사용한다. 물론 요청만 하지 강요하지는 않는다. 이런 점을 이해하지 못하고 있는 새로운 무신론자들은 아직도 19세기의 계몽주의라는 감옥에 갇혀 있다고 볼 수 있다. 외부의 부당한 권위로부터 인간의 제도와 사상을 해방시켜서 보편적 합리성이라는 토대 위에 세운 것 역시 계몽주의의 큰 공헌이다. 특히 종교의 부당한 교권질서로부터 인간의 이성을 해방시킨 계몽주의의 공로는 부정할 수 없을 것이다. 그렇지만 이제는 일부를 제외하고 종교가 그런 전횡을 저지르는 시대는 지났다. 오늘날에는 오히려 이성을 충분히 사용하여 종교적 믿음의 지적 정당성을 확보하려고 하고 있다. 종교가 과학이나 제반 학문과 그 어느 때보다도 활발히 대화하려는 시대이다. 이런 점에서 신을 믿지 않는 것은 합리적이고 신을 믿는 것은 비합리적이라는 새로운 무신론자들의 주장이야말로 오히려 천박하고 비합리적이라고 볼 수 있다. 새로운 무신론자들이 종교가 비이성적이므로 종교와 신에 반대한다는 데 대해 맥그래스는 언제든 이렇게 반박할 수 있다고 주장한다. "그렇다면 당신의 주장은 이성적이고 합리적인가? 어떤 근거에서?"

셋째로, 새로운 무신론자들은 종교가 비과학적이라고 주장한다. 특히 도킨스는 유신론 전통에 대해서 신랄하게 비판한다. 그의 비판은 과학, 특히 진화생물학에 대한 자신의 확신에 근거를 두고 있다. 『만들어진 신』에서 그는 신의 존재를 옹호하는 그리스도교의 유신론적 논증들을 소개하면서 이를 여섯 가지 주장으로 나누어 반박한다.[10]

대표적인 것을 소개하면 다음과 같다. 도킨스는 그리스도교의 유신론적 논증들에서 말하는 최고의 지성이자 우주 설계자로서 신이 존재한다 하더라도, 그는 진화의 마지막 산물에 불과하다고 주장한다. 즉, 최고의 지성은 오직 확장되는 점진적 진화 과정의 최종 산물로 출현한 것이라 본다. 그는 생명과 우주는 어떠한 방향과 목적에 의해 이끌리고 도달되는 것이 아니라, 오직 무목적성을 띤 자연의 선택뿐이라는 다윈주의의 대답만이 가능할 뿐이라고 주장한다. 둘째로, 도킨스는 과학적 실증주의에 근거해서 신의 존재를 부정한다. 세계의 모든 문제는 원칙상 과학을 통해서 설명될 수 있고 또 설명되어야 하며, 과학이 해결할 수 없는 어떤 신비의 영역도 허용될 수 없다는 것이다. 신의 존재, 비존재의 문제도 과학을 통해 검증되고 대답되어야 하며, 과학을 통해 증명되지 않는다면 신의 존재는 없는 것이라고 주장한다. 셋째로, 그는 신의 존재를 부정하면서 이른바 통계적 비개연성의 문제를 제기한다. 즉, 창조론을 주장하는 자들은 자연 현상은 우연을 통해 존재하게 되었다고 보기에는 통계적으로 너무나 가능성이 희박하고, 너무나 복잡하고, 너무나 아름답고, 너무나 경이롭기 때문에, 이를 우연으로 설명하기보다는 어떤 창조자가 있어서 설계를 한 것이라고 믿고 있다는 것이다. 도킨스에 따르면 이런 잘못된 논리에 대한 과학의 대답은 자연선택이다. 즉, 창조론자들은 통계상 비개연적인 것의 출현을 단번에 이루어진 사건으로 보아야 한다고 주장하지만, 이는 잘못이라는 것이다. 도킨스는 통계적 비개연성이야말로 모든 생명 이론이 해결해야 하는 핵심 문제라고 말한다. 통계적 비개연성이 크면 클수록 우연이 해답일 가능성이 크다는 것이다. 그는 신을 계속해서 믿는 사람들은 그저 반계몽주의적이고 미신적인 반동주의자들일 뿐이며, 이들은 우주를 이해하는 데 가장 작은 틈새조차도 신

---

10 이 내용은 본서의 제6장에서 좀 더 자세히 다룬다.

을 제거한 과학의 찬란한 진보를 전적으로 부정하는 사람들이라고 말한다.

도킨스를 중심으로 한 새로운 무신론자들은 과학이 세계를 이해하는 유일한 도구라고 생각한다. 그리고 그것에는 한계가 없으며, 지금은 과학으로 알 수 없는 것도 있을 수 있지만 언젠가는 과학이 모든 것을 밝혀줄 것이라고 생각한다. 그리고 거기에는 당연히 신이 있을 자리가 없다. 도킨스는 진화론은 생물학뿐만 아니라 삶의 모든 문제를 다룰 수 있다고 믿는다. 그렇다면 과연 진화론을 비롯하여 과학은 신을 제대로 설명할 수 있는가? 맥그래스는 이에 대해 과학적 방법은 신 존재 문제의 결정적 판단자가 될 수 없다고 본다. 맥그래스가 보기에 과학적 방법이 신 존재를 증명 혹은 반증할 수 있다고 믿는 사람들이야말로 과학이 허용하는 한계를 넘어서서 오히려 과학을 남용하는 실수를 저지르고 있다고 본다. 더 나아가 과학을 불신임하게 만드는 위험까지 무릅쓰고 있다는 것이다.

맥그래스에 따르면, 과학적 지식은 그 성격상 절대적인 지식을 가져다 줄 수 없다. 과학적 발견들은 순수한 사실들을 다루는 것이 아니라 이미 관찰자에 의해 해석되기 때문이다. 또한 그것을 관찰하는 과학자 역시 지식적인 경향, 사전 상태, 그리고 나름대로 배경을 가지고 있다. 전제와 편견을 가지고 있지 않은 마음은 없는 것이다. 맥그래스는 과학의 본질에 대해 다음과 같이 주장한다.

> 과학은 의미와 가치 판단의 문제에 대한 논평은 사양한다. 이것이 과학이 마땅히 할 바인데 그 이유는, 과학의 문화적·지적 권위가 결정적으로 윤리적·정치적·종교적 논쟁에서 절대 중립성을 지키는 데 그 토대를 두고 있기 때문이다. … 과학이 종교적이든 반종교적이든 근본주의자들의 볼모가 된다면, 과학의 지적 통일성은 물론이고 과학의 문화적 권위마저 무너지고 말 것이다. 새로운 무신론 내부의

많은 일반인들은 과학을 지나치게 신봉하여 "과학이 모든 것을 증명할 수 있다"고 굳게 믿고 있다는 생각이 든다.[11]

이 인용문에서도 알 수 있듯이 과학은 오직 관찰과 실험 가능한 것에만 실증적으로 접근하며, 이것을 넘어서 있는 것, 즉 비실증적이고 수치로 환산할 수 없는 것에 관해서는 어떤 추론도 허용하지 않는다. 이것이 바로 과학의 한계이다. 이런 과학의 한계를 인정하지 않고 과학으로 모든 것을 입증하거나 설명하려는 시도는 오히려 과학제국주의와 같다고 맥그래스는 비판하며, 새로운 무신론자들이 바로 이런 오류를 범하고 있다고 주장한다.

과학주의―흔히 과학제국주의라고 풀이되는―는 과학이 우리의 모든 문제를 해결하고, 인간의 본성을 규명해 주고, 도덕적으로 선한 것이 무엇인지 말해 줄 것이라는 견해를 가리킨다. 과학주의는, 우리가 알거나 혹은 알아야 할 모든 것을 과학적인 방법으로 입증하거나 부정할 수 있다고 주장한다. 과학적으로 입증할 수 없거나 부정할 수 없는 것은 모두 일개 개인의 의견이나 신념으로, 최악의 경우에는 망상이나 환상 정도로 간주된다.[12]

과학의 한계에 대한 맥그래스의 주장은 철학자 화이트헤드의 주장과도 상통한다. 화이트헤드는 과학의 확실성이란 일종의 망상과 같다고 주장한다. 어떤 과학적 학설을 다룰 때 누구든지 그 시대에 유포되어 있는 형이상학적 개념들에 의해 통제를 받는다는 것이다. 또한 그렇다 하더라도 인간은 늘 잘못된 기대로 이끌려 가게 되고, 또

---

11 알리스터 맥그래스/이철민 역, 앞의 책, 149-150.
12 위의 책, 159.

어떤 새로운 방식으로 관찰되는 경험이 등장할 때면 기존의 낡은 학설은 다시 부정확성의 안개 속으로 흩어지고 만다는 것이다. 맥그래스에 따르면 종교는 신의 존재, 삶의 의미와 가치의 본질 같은 질문들을 다루는 것으로서 이것들은 모두 과학적 방법의 범위 너머에 있다. 그리고 이런 질문들은 합리적인 논쟁에 모두 열려 있는 반면, 실증적 개념이 아니라는 점에서 과학적 분석이 이 질문에 열려 있는지는 매우 의문스럽다고 주장한다.

IV. 나가는 말

지난 2006년을 기점으로 서구 사회에 등장했던 '새로운 무신론' 운동은 새로운 사회문화 운동으로 자리 잡고자 했지만 일단 그들의 시도는 성공하지 못한 것으로 보인다. 그동안 베스트셀러로 불티나게 팔렸던 저들의 책들이 더 이상 잘 팔리지 않게 되었고, 온라인 네트워크를 통한 활동도 위세가 크게 꺾였다.

비록 서구 세계의 예를 소개했지만, 이들의 무신론 운동은 서구 사회는 물론 전통적으로 각종 종교의 영향을 민감하게 받아 온 한국 사회에도 의의를 지닌다고 생각한다. 먼저 이들의 무신론 운동은 종교의 본질과 의미에 대해 다시 한 번 생각할 계기를 제공한다. 물론 이들의 주장대로 신 존재의 문제나 종교의 본질에 관한 문제가 그리 쉽게 설명되거나 해결되지는 않는다. 인류가 존재한 이래로 종교가 존재해 왔고, 또 무신론자들이나 반(反) 종교론자들의 주장과는 달리 종교가 완전히 사라진 적은 단 한 번도 없다. 종교는 무엇보다도 인간 자신이 유한성과 불완전성, 불안 등을 실존적으로 깨닫는 데서 비롯되었다. 인간은 무한하고 절대적이며 초월적인 존재를 바라보며 좀 더 의미 있고 행복한 삶을 개인적으로 또 공동체적으로 추구하게 되었고, 여기에서 종교가 발생하고 다양한 모습으로 존재해 왔던 것이다. 그리고 종교에서 의탁 대상인 신이나 궁극적인 실재의 개념도 다양한 이름으로 발전되어 왔다.

물론 신의 존재 문제는 이성적이나 과학적으로 해결될 수 없다. 신은 일종의 상징으로서, 어떠한 이성적, 과학적 이론으로도 증명할 수 없는 존재이다. 신은 이 모든 것을 초월해 있기 때문이다. 그래서 종교에서는 이론보다는 오히려 체험을 더 중시하며, 이런 체험을 토대로 형성된 종교적 언어들을 분석함으로써 신의 존재를 이해하려고 한다. 철학자 화이트헤드는 『과학과 근대세계』라는 책에서 인간 이성에 근거한 이른바 합리성은 한계가 있기 때문에 신과 같은 존재는 개개인의 경험(체험)의 영역에서 찾아야 한다고 주장한다. 인류는 이 하나하나의 경험을 각각 다르게 이해하는데, 야웨, 알라, 브라마(梵天), 하늘의 아버지, 천도(天道), 제일 원인, 하나님 등 다양한 명칭으로 그것들을 표현해 왔다. 그리고 이런 명칭들은 그것들을 사용한 사람들의 경험에 입각한 사상체계와 합치된다고 본다.

한마디로 종교는 이성이나 과학의 차원과는 전혀 다른 분야이다. 종교에서 강조하는 바람과 신이라는 존재, 신에 대한 믿음을 통한 값진 삶, 의미 있는 삶은 오히려 실존적 입장에서 이해해야 한다. 이런 삶을 표현하기 위해 과학적, 이성적 언어보다는 상징이라는 언어를 종교는 즐겨 사용한다. 물론 종교가 주장하는 궁극적 실재의 개념이나 세계관 역시 이성적 검토와 분석을 필요로 하지만, 종교는 또한 그런 것들을 초월한다. 이런 점에서 볼 때 새로운 무신론자들은 종교의 본질을 제대로 이해하지 못하고 있으며, 이성과 과학이라는 테두리 안에 종교를 가두어 버리는 실수를 저지르고 말았다.

면역학 연구로 노벨 의학상을 받은 피터 메더워(Peter Medawar)는 '초월적인' 질문과 물질적 우주의 구성 및 조직에 관한 질문을 구분하며, 초월적인 질문은 종교와 형이상학의 몫으로 남겨두는 것이

최선이라고 주장한 바 있다. 그는 과학이 아무리 진보하더라도 해결할 수 없는 질문들이 존재할 것이라고 주장하면서 과학의 한계를 인정한다. 메더워는 그런 종류의 문제로 다음과 같은 질문들을 언급한다. "왜 우리는 여기 존재하는가?" "삶의 목적은 무엇인가?" 이것은 실존적인 질문으로서, 우리는 이러한 질문에 대한 대답을 추구해야 하는데, 엄밀하게 적용된 과학은 이런 질문에 대한 답을 찾는 데 거의 도움이 되지 않는다.[13] 여기서 우리는 새로운 무신론자들의 주장 역시 한계를 지니고 있다는 점을 알 수 있다. 종교와 과학이 서로 다른 점을 인정하면서 양자 간에 활발하게 대화를 해야 한다는 것이다. 서로 간의 무지에 의해 이런 비판들이 제기되는 측면도 크기 때문이다. 종교와 과학이 서로 활발하게 대화한다면, 비과학적이라는 이유로 종교를 일방적으로 무시하는 일이나, 종교는 과학을 초월해 있다는 이유로 과학을 멀리하는 실수, 또 종교와 과학을 혼동한 나머지 창조신앙마저 과학으로 입증하려는 창조과학회와 같은 말도 안 되는 오류를 범하지 않게 될 것이다.

그리고 종교가 폭력적이라는 말 역시 역사상 근거를 많이 찾아볼 수 있고 또 현재에도 그런 모습을 보여주고 있다 하더라도, 그것이 종교 전체의 모습은 아니라는 사실을 기억할 필요가 있다. 오히려 그 반대의 경우, 즉 종교를 통해 인류 사회가 더 아름답게 발전한 예도 찾아볼 수 있다. 역사상 비록 소수였지만, 종교의 본래 목적인 인간 해방을 기치로 들고 활동한 예들도 찾아볼 수 있다. 새로운 무신론자들의 주장은 일부 타당성이 있기도 하지만, 너무 편협한 종교 이해를 바탕으로 종교에 대한 일방적인 분노를 쏟아내고 있다는 인상을 준다. 오히려 이들은 무신론을 신봉하면서 무신론이라고 하는 또 하나의

---

13 알리스터 맥그래스/정성희·김주현 역, 『과학과 종교 과연 무엇이 다른가?』 (서울: LINN, 2013), 187.

종교를 만들려고 하지 않는가 하는 생각이 든다. 물론 이들이 주장하는 새로운 무신론이 참된 인간 해방을 위한 것이라면 굳이 반대할 이유가 없다. 그렇다 하더라도 종교 전체를 거부하기보다는 잘못되고 부패한 종교를 거부하고 진실되고 참된 종교인들과는 연대를 할 수 있어야 할 것이다.

인류 역사 이래로 각종 종교가 존재해 오면서 인류에게 이익과 동시에 많은 죄악과 해를 끼친 것도 사실이다. 그렇지만 종교 자체를 쉽게 사라질 수 있는 것으로 단정할 수는 없다. 특히 새로운 무신론자들이 주장하는 바 종교가 폭력적이고, 비이성적이고, 비과학적인 측면을 드러낸다 하더라도, 그것을 종교 자체의 본질로까지 확대해석할 수 없다는 것이다. 오히려 종교의 본질은 이론적인 입증보다는 그 종교가 개인과 사회 속에서 어떻게 작용하고 있는지를 살펴보는 것이 더 중요하다. 진정으로 인간을 살리고 참된 구원의 길로 인도하며 모든 인간이 인간답게 사는 평화와 정의의 세계로 인도하는 데 종교가 어떤 기능을 하느냐에 근거해서 참된 종교와 그릇된 종교를 구분하고 비판하는 것이 더 중요하다. 또 이런 점에서 신이라는 존재 역시 새롭게 이해될 수 있을 것이다.

새로운 무신론의 대표자 네 명이 백인 중산층 남자들로 구성되었다는 점에서 당장 그들의 사회(미국)에서 억압받고 차별받는 유색인종이나 이민자들에게는 별 관심이 없다는 것을 쉽게 알 수 있다. 이들의 무신론은 일찍이 세계를 해석하는 것이 아니라 세계를 변혁하는 것이 문제라고 주장하며 여기에 방해가 되는 종교를 민중의 아편이라고 역설했던 마르크스의 비판과는 너무 거리가 멀게 느껴진다. 이런 점에서 미국의 진보 지식인 노엄 촘스키 MIT 교수의 비판은 시사하는 점이 크다. 그는 맥그래스의 책 『왜 신은 사라지지 않는가?』(한국어 번역 『신 없는 사람들』)를 추천하면서 다음과 같이 언급했다. "크리스토퍼 히친스나 샘 해리스 같은 세속주의자들은 위험한 광신자들이라는 게 내 생각이다. … 그들의 생각은 다른 종교들보다 훨씬 더 위험하다. … 그들은 국가를 위해 폭력이나 잔혹 행위를 감수할 수 있다고 믿는 또 다른 종교인일 뿐이다."[14]

---

14 알리스터 맥그래스/이철민 역, 앞의 책, 뒤표지의 소개문.

제2장

::

신은 인간 해방의 장애물인가?
― 칼 마르크스의 휴머니즘적 무신론

> 종교는 인간이 자신에 관해 지니고 있는 의식에 지나지 않는다. 그러나 인간은 이 세계 밖에서 떠도는 추상적인 존재가 아니다. 인간은 인간적 세계이고 국가이며 사회이다. 종교를 만드는 것은 바로 국가와 사회이다. 종교는 관념적인 세계가 전도된 것이다. 왜냐하면 사실상 이 세계가 전도되어 있기 때문이다.
> ― 칼 마르크스

I. 들어가는 말

2014년에 〈노예 12년〉(12 Years a Slave)이라는 영화가 상영된 적이 있다. 그해 아카데미 시상식에서 작품상을 수상한 영화로서, 뜻밖의 꼬임에 빠져 납치된 후 12년 동안 노예생활을 한 흑인의 실화를 다룬 작품이다. 남북전쟁과 링컨의 노예해방 선언보다 20여 년 앞선 1841년, 주인공 솔로몬 노섭(Solomon Northup)은 삼남매의 아버지이자 바이올린 연주가로서 유복한 생활을 누리던 자유인이었지만, 워싱턴에서 노예상에 납치되었다가 다시 가족을 만나기까지 장장 12년간 억울하게 고통을 당한다. 당시 미국 남부 지역에서는 1840년에 발의된 노예수입금지법으로 인한 노동력 부족으로 흑인 납치가 만연했다. 노섭도 그 희생자였다. 다행히 그는 한 떠돌이 백인 목수의 도움으로 12년 만에 그 지옥에서 구출될 수 있었다. 미국 남부의 한 농장에서 노예로 살다가 극적으로 살아 집으로 돌아온 후 노섭은 자신의 고통을 『노예 12년』이라는 소설로 발표했으며, 이 책은 노예해방의 촉매제가 되었다는 평가를 받고 있다.[1]

이 영화에는 독실한 그리스도인이 여럿 등장한다. 이들은 당시 노예 소유주였던 백인들로서 항상 하나님을 입에 올리며 자신들의 비인간적인 행위를 정당화한다. 독실한 신앙에도 불구하고 사실상 흑인의 인권을 탄압하고 고통의 채찍을 휘두른다. 주인공 노섭의 첫 번째 노예주인 윌리엄 포드도 독실한 개신교 신자인데, 늘 흑인 노예들을 모아놓고 예배를 드린다. 또한 악명 높은 두 번째 주인 에드윈 앱스 역시 언제나 종교 얘기를 입에 달고 산다. 앱스는 그가 소유한 노예들을 학대하는 권리는 하나님이 허락한 것이라 믿고 성서의 여러 구절을 자주 읽어준다. 그리고 이른바 노예의 운명이라는 것과 신성한 처벌이라는 것을 받아들이라고 노예들에게 강변한다. 특히 이들이 자주 인용한 대표적인 성서 구절은 "주인의 뜻을 알고도 준비하지도 않고, 그 뜻대로 행하지 않은 종은 많이 맞을 것이다"(눅 12:47)이다. 이것은 종말론에 관한 비유적인 구절인데, 오히려 이 구절을 근거로 노예 소유주들은 노섭을 인간이 아닌 노예로 부린다. 그리고 말을 잘 안 듣는다는 이유로 수시로 폭력으로 다스린다.

실제로 당시 미국 남부의 그리스도인들은 성서는 정확하고 오류가 없는 하나님의 말씀이므로 문자 그대로 읽어야 한다고 믿는 근본주의자들이었다. 그래서 이들은 성서에 노예들이 나온다는 사실에 근거하여 노예제도는 성서가 허락한 것이라고 믿었다. 심지어는 계약기간이 끝나면 다른 일터로 옮겨야 하는 고용이 불안정한 자본주의 사회의 임금노동자들보다 노예들의 처지가 더 낫다는 논리까지 펴고 있었다. 물론 이들의 진심은 노예가 없으면 농장에서 농사를 지

---

[1] "'노예 12년' 주인공 솔로몬 노섭, 자유 되찾은 날", 「한겨레신문」 2018. 1. 4., http://www.hani.co.kr/arti/society/rights/826279.html

을 수 있는 노동력이 부족하여 경제가 무너지기 때문에 결국 자신들이 누리는 경제적인 부를 위해 노예제도가 계속 있어야 한다는 것이었다.

　이 영화에서 보여주듯이, 독실하게 하나님을 믿는다는 그리스도인들이 노예제를 합리화하고 다른 사람을 억압하는 일을 버젓이 하나님의 이름으로 저질렀다. 이것은 비단 1840년대 미국 남부 지역에 국한된 일이 아니다. 인류 역사가 존재하면서 하나님의 이름으로 이런 일이 무수히 일어났으며, 오늘날에도 현재진행형으로 계속되고 있다. 과연 하나님은 어떤 존재인가? 하나님은 인간을 구원하는 자인가, 아니면 인간을 억압하고 그런 억압을 정당화하는 분인가? 하나님은 억압의 도구인가, 아니면 해방의 누룩인가?

II. 마르크스의 생애

　일찍이 '인간을 억압하는 존재로서의 신'에 대해 정면으로 문제를 제기한 사람은 칼 마르크스(Karl Marx, 1818-1883)이다. 2005년에 영국 BBC 방송은 전문가들에게 설문조사를 의뢰해서 세계에서 가장 유명하고 영향력 있는 사상가를 뽑게 했다. 그 결과 마르크스가 1위를 차지했다. 그는 오늘날까지 인류 역사에서 가장 중요한 사상가요 철학자로서 존경을 받고 있다. 무엇보다도 마르크스에 의해서 시작된 마르크스주의가 비록 현실에서 제대로 실현되지는 못했지만 자본주의를 냉철하고 객관적으로 비판했고 여러 가지 대안을 세울 수 있게 했다는 점에서 여전히 높은 평가를 받고 있다. 영국의 정치철학자인 이사야 벌린(Isaiah Berlin) 역시 "마르크스 사상이 갖는 중요성은 조금도 변하지 않았다. 그의 사상은 역사, 사회를 바라볼 때 새로운 관점을 제시하고 인간의 인식을 높여주며 새로운 길을 열어준다"

고 말하면서 마르크스주의의 중요성을 다시 한 번 강조한 바 있다. 마르크스의 생애를 몇 시기로 나누어서 살펴보도록 하자.[2]

1. 초기 시절(1818-1843)

종교를 억압의 도구이이자 민중의 아편으로 비판한 마르크스는 사실 유대교와 그리스도교의 배경에서 성장했다. 철저한 무신론자로 알려진 마르크스는 1818년 5월 5일 프로이센에 속한 라인 지방의 도시 트리에르에서 태어났다. 마르크스는 어려서부터 유대-그리스도교의 일원으로 성장했다. 그의 부모는 양쪽 집안 모두 저명한 유대인 가문 사람들이었고, 조상 중에는 랍비도 여럿 배출된 집안이었다. 마르크스의 아버지 하인리히 마르크스는 당시 나폴레옹이 벌인 전쟁의 결과로 라인 지방이 프로이센으로 편입될 무렵에 지방정부의 변호사직을 고수할 목적으로 유대교를 버리고 세례를 받음으로써 루터교 신자가 되었다. 마르크스 역시 일곱 살 되던 해에 형제, 자매들 및 어머니와 함께 세례를 받고 루터교 신자가 되었고, 학교에 입학한 후에는 당시 유행하던 계몽주의적 사고방식의 영향을 받은 그리스도교 신앙 안에서 교육을 받았다. 그가 쓴 고등학교(김나지움) 졸업 논문 – "신자들이 그리스도와 이루는 연합의 이유, 성격, 필요성 및 효과" – 에도 그리스도교의 영향을 확인할 수 있다. 그는 요한복음 15:1-14에 근거하여 그리스도가 없이 사람들은 구원을 이룰 수 없기 때문에 그리스도와의 연합이 필요하다고 주장했다. 이 외에도 추가적으로 제출한 또 하나의 졸업 논문은 "직업을 선택하는 한 청년의 성찰"인데, 여기

---

[2] 마르크스의 생애에 관해서는 다음 책들을 참고하였다. 웨인 스팀 엮음/김의훈 역, 『맑스주의에 대한 기독교적 관심』(서울: 나눔사, 1988); Robert C. Tucker, ed., *The Marx-Engels Readers*(New York: W. W. Norton & Company, Inc., 1978).

서도 마르크스는 그리스도교적 휴머니즘의 정신을 피력했다. 그 후 마르크스는 1834년에 학교 종교교육 담당 목사로부터 견신례까지 받게 된다. 이처럼 마르크스는 그리스도교의 영향을 이모저모로 받았음을 알 수 있다.

이런 마르크스의 경향은 대학에 들어가 법학과 철학을 연구하면서 바뀌기 시작한다. 마르크스는 1835년 가을에 본 대학 법학과에 입학하였다. 그는 헤겔의 관념론적 철학, 특히 포괄적인 역사 발전 이해에 매료되면서 법학에서 철학으로 관심을 바꾸게 된다. 1836년 가을에 베를린 대학으로 옮겨 학업을 계속하던 중에 마르크스는 피히테와 칸트의 관념론 철학의 영향을 받으면서도 헤겔의 역사 발전 이해에 매료되고 만다. 헤겔의 영향은 그에게 일생 동안 지속되었는데, 이 당시 작성한 "철학의 출발점 및 그 필연적 진보로서의 정화작업"이라는 논문이 대표적인 예이다.

마르크스는 헤겔 사상의 영향으로 급기야 '젊은 헤겔주의자들'(the Young Hegelians)이라는 그룹에 가담한다. 이 그룹은 전통적인 이론과 종교를 비판하고, 특히 종교를 시대에 뒤떨어진 것으로 보았으며, 신학적 비판에서 정치적 비판으로 활동을 확대하여 나갔다. 한편 마르크스는 또 다른 그룹인 '좌파 헤겔주의자들'(left-wing Hegelians)과 함께 '박사클럽'이라는 새로운 모임을 결성하여, 자신만의 독창적인 철학 및 사회사상을 구성하기 시작한다. 마르크스는 이런 분위기에서도 아직 종교에 대한 명확한 입장은 표명하지 않았다.

마르크스는 4년 반 동안 베를린에 머물다가 다시 예나 대학으로 옮겨 갔다. 그러다 1839년에 박사 학위 논문을 작성하면서 비로소 그 동안 간직했던 신앙과 결별을 선언한다. 마르크스는 고대 그리스 철학자 데모크리토스와 에피쿠로스의 물질론적 철학을 박사 학위의 주제로 삼으면서, 헤겔의 관념론적 사상과 결별했을 뿐 아니라 그리스도교 신앙과도 결별했다. 마르크스는 불이라는 선물을 인간에게 가져다줌으로써 신들에게 도전했던 프로메테우스의 신화적 표상에 매료되었다. 1841년에 청년 마르크스는 예나 대학에서 "데모크리토스와 에피쿠로스의 자연철학의 차이점"이라는 논문으로 철학박사 학위를 받았다. 이 논문 서문에서 그는 인간을 억압하는 제우스에 대항하여 불을 훔쳐서 인간에게 건네준 프로메테우스를 철학사에서 가장 뛰어난 성자요 순교자로 추앙했다. 그러면서 "하나님의 존재에 대한 증명들은 근본적으로 인간의 자기의식의 존재에 대한 증명 내지는 인간의 자기의식에 대한 논리적 설명들에 불과하다"라고 주장했다.

이후 마르크스는 박사 학위 소지자임에도 불구하고 비정통적인 견해를 가졌다는 이유로 대학에서 자리를 잡지 못한다. 언론계에서 일하라는 친구들의 권유에 따라 1842년 봄 「라인 신문」(*Die Rheinische Zeitung*)이라는 자유주의적인 신문에 기고하기 시작했고, 10월에는 편집장을 맡는다. 이 시기에 평생의 후원자이자 친구인 엥겔스(Friedrich Engels)를 만나게 된다. 마르크스는 급진적인 견해를 표명했다는 이유로 정부의 검열관들과 마찰을 일으켰고 1843년 4월에 이 일에서도 물러난다. 두 달 후에는 이미 7년 이상이나 약혼 상태에 있던 예니 폰 베스트팔렌(Jenny von Westphalen)과 루터 교회에서 결혼식을 올렸다.

2. 유럽 체류 기간(1843-1849)

1843년 가을 마르크스는 파리에서 발행되는 잡지 「독불연보」(*Die Deutsch-Fransoesische Jahrbüecher*)의 편집장으로 일하게 되었다. 그는 이 잡지에 국가와 사회의 분리, 사회적 문제들의 해결, 헤겔 정치 철학에 대한 비판 등에 관한 논문들을 기고했다. 그는 종교에 대한 자신의 부정적 견해와 함께 인간 해방의 열망을 강력하게 표현하면서 프롤레타리아트로 불리는 노동자 계급이야말로 사회변혁을 감당해야 할 역사적 대행자라고 지적했다. 이후 마르크스는 소외와 억압이 사라진 사회에 대한 노동자들의 요청에 관심을 집중하게 되었고, 점점 더 급진적인 견해를 표명하게 되었다. 그 결과 「독불연보」는 단 한 번 발행하고 나서 발간이 금지되었으며, 마르크스는 다시 직장을 잃게 되었다.

1844년 5월 마르크스의 가정에 딸 예니가 태어났다. 이 시기부터 마르크스와 엥겔스의 우정이 시작되었다. 엥겔스는 영국에 있는 아버지 소유의 공장을 운영하면서 마르크스를 지원하기 시작했다. 1845년 초 프랑스 정부는 프러시아의 압력에 의해 마르크스를 포함한 급진적인 독일인 망명 인사들을 추방하기로 결정한다. 마르크스는 벨기에의 수도 브뤼셀로 이주하여 1848년 4월까지 지낸다. 이 시기 마르크스는 프랑스 사회주의자들과 영국 경제학자들의 저서들을 연구하면서 사회주의에 대한 자신의 고유한 이해를 발전시켜 『신성 가족』이라는 작품을 출간하였고, 유럽 노동자 계층의 관념적 토대가 되는 사적 유물론을 명료화했다.

1847년 런던에서 노동자 단체 '정의동맹'이 국제 대회를 개최함으로써 '공산주의 동맹'이라는 새로운 운동이 시작되었다. 마르크스는 엥겔스와 함께 이 운동에 참여하였으며, 다양한 영국 노동자 단체의 지도자들과 접촉함으로써 자신의 사상을 심화시켜 나갔다. 1848년에는 엥겔스와 함께 런던에서 열린 공산주의 동맹의 두 번째 회합에 참여하여 그 유명한 "공산당 선언"을 발표했다. 이 사건을 계기로 마르크스는 혁명 전야의 상황이었던 유럽에서 이 운동의 지도적인 이론가로서 명성을 얻는다.

1848년 4월에 마르크스는 정치적인 활동으로 인해 벨기에에서 추방되었고, 같은 해 5월에 프러시아의 콜로뉴로 이주해 「신 라인 신문」을 발행했다. 마르크스는 그가 쓴 여러 논설이 독일의 노동자들을 선동한다는 이유로 콜로뉴 당국에 의해 재판을 받고 다시 프러시아

영토에서 추방되었다. 그 후 파리로 돌아왔지만 생계를 유지할 방도를 찾지 못하다가 동료들의 도움으로 영국으로 떠날 수 있었다. 그리고 남은 생애를 영국에서 보낸다.

3. 영국 생활(1850-1883)

마르크스는 영국에서 경제적 빈곤에 시달리면서도 연구 활동을 계속했다. 그는 여전히 유럽 혁명이 임박했다는 신념을 가지고 엥겔스와 함께 「신 라인 신문 리뷰」라는 정치 잡지에 관여했다. 그의 특별한 관심은 독일 노동자들에게 있었으며, 다가올 유럽 사회의 변혁을 위해 노동자들이 담당할 역할에 대해 자주 언급했다. 마르크스는 저널리즘과 노동자들을 교육하는 데 그치지 않고 대영박물관 도서관에서 경제 역사와 경제 이론에 관한 심도 깊은 연구를 진행해 나갔다.

1851년부터 마르크스는 미국 「뉴욕 데일리 트리뷴」의 유럽 담당 기자로 일하면서 조금이나마 재정적으로 도움을 얻을 수 있었다. 하지만 여전히 궁핍했던 그는 헌신적인 아내와 친구 엥겔스의 도움으로 저술활동에 몰두할 수 있었다. 1856년 마르크스는 부인 예니 집안의 상속 재산 덕에 좀 더 넓은 집으로 이사하였다. 1848년부터 1849년 사이에 일어났던 유럽 곳곳의 혁명적 사태는 이에 반대하는 반혁명 세력들에 의해 진압되었으며, 그가 관여했던 '만국공산주의혁명협회' 역시 종말을 맞게 되었다. 하지만 마르크스와 그의 동료들은 혁명에 대한 목표를 포기하지 않았으며, 사회의 구조적인 문제를 분석하기 위해 주로 '정치경제학'에 초점을 맞춰 연구하였다. 특히 마르크스는 고전 경제학은 물론 철학, 역사, 인류학, 문학, 수학, 자연과학 등 광범위한 연구를 수행해 나갔다.

이 시기에 마르크스는 유럽의 전반적인 경기 후퇴 현상에 자극되어 사회적·정치적 변화의 경제적 기초에 대해 연구하기 시작했다. 그 결과 1858년에 "정치경제학 비판의 개요"라는 논문을 완성했는데, 이것은 이후 그가 심혈을 기울였던 자본주의 경제학 연구의 서론에 해당한다. 심화되는 경제적 빈곤에도 불구하고 마르크스는 경제학 연구에 집중하여 1859년 『정치경제학비판』을 출판하였다. 이 책의 서문에서 마르크스는 유물론적 역사 이해를 압축적으로 설명하고 있는데, 불행히도 당시 사람들로부터 별 주목을 받지 못했다. 1862년에는 『잉여가치론』을 출판하였다. 마르크스는 그의 필생의 역작인 자본론의 출간을 위해 연구 활동을 계속해 나갔다.

1864년 10월 마르크스는 국제노동자연맹의 결성 모임인 '제1차 인터내셔널'에서 개회 연설을 했다. 이 연설에서 그는 정치적 권한을 쟁취하는 것이 노동자 계급의 의무라고 역설했다. 이는 노동자와 혁명에 대한 그의 열정이 여전히 식지 않았음을 보여준다. 이후 마르크스는 국제노동자연맹의 사업에 수년간 많은 시간과 정력을 쏟아 부었다. 1865년 국제노동자연맹 총회에서 "임금, 가격, 이윤"이라는 제목의 강연을 하였는데, 훗날 『자본론』에서 논의될 산업자본주의의 문제를 미리 개략적으로 제시했다. 1867년 그의 경제학 연구가 어느 정도 완성되어 마침내 『자본론』 제1권을 발행하게 되었다. 이후 『자본론』 제2권과 제3권은 마르크스 사망 후 엥겔스에 의해 출간되었다. 마르크스는 자본론을 완성하기 위해 자신의 건강과 행복은 물론 가족까지도 희생했다고 고백한 적이 있다. 하지만 이 작품으로 마르크스는 정치경제학자 및 사회이론가로서 세계적인 명성을 얻게 되었다.

마르크스는 생애 마지막 10여 년간 건강이 악화되어 저술활동에 몰두할 수 없었다. 저술활동을 중지하고 해양 지역으로 휴양을 떠나기도 했다. 1875년 그는 독일 사회주의자들의 고타(Gotta) 회동에서 발간한 문서들에 관해 논평을 했는데, 이것들은 1891년 엥겔스에 의해 출판되었다. 마르크스는 생애 마지막 수년 동안 러시아의 정세와 혁명의 잠재력에 관해 관심을 가졌다. 『자본론』 제1권이 러시아에서 널리 읽혔고, 특히 혁명 세력들에 영향을 끼치고 있었다. 마르크스는 러시아에 주목하면서 사회혁명을 위해 발전된 부르주아 사회가 요구된다는 자신의 이론을 약간 수정하면서, 러시아의 농촌 단위가 사회주의 사회로 변화되는 데 중요한 혁명의 추진력이 될 수 있을 것이라고 제안했다. 계속해서 건강이 악화되고 몸의 기력이 쇠해지는 가운데도 활동과 저술을 조금이라도 해나가려고 노력했으며, 새로운 사회를 향한 프롤레타리아 혁명운동에 지속적으로 관심을 표명했다. 1893년 3월 14일, 마르크스는 영국 런던의 자택에서 세상을 떠났다. 3월 17일 런던 북부에 있는 하이게이트 공동묘지에 묻혔는데, 그의 평생 친구이자 후원자였던 엥겔스는 다음과 같은 고별사를 낭독했다.

> 마르크스는 무엇보다도 혁명가였습니다. 살아 있을 때 그의 실제 사명은 현재의 모습을 갖추게 된 자본주의 사회를 전복시키고, 근대 프롤레타리아트 계급의 해방에 기여하는 것이었습니다. 그는 근대 프롤레타리아트 계급의 상태와 요구 및 해방의 조건에 대해 처음으로 인식한 자였습니다. … 그는 시베리아 탄광에서부터 캘리포니아 탄광에 이르기까지, 유럽과 아메리카 모든 지역에 있는 수백만의 혁명적인 동료 노동자들의 사랑과 존경과 애도 가운데 이 세상을 떠났습니다. 저는 마르크스가 비록 많은 반대자들을 두었다 하더라도 단 한 사람의 개인적인 적대자도 두기 힘들 것이라고 감히 말합니다. 그의 이름은 대대로 불릴 것이며, 우리는 그의 일을 계속해 나갈 것입니다![3]

---

3   Robert C. Tucker, ed., *The Marx-Engels Readers*(New York: W. W. Norton & Company, Inc., 1978), 682.

III. 마르크스의 종교 비판

우리를 구원하는 것은 보다 우월한 존재인 신이나 황제나 호민관이 아니라네. 우리를 빈곤으로부터 구원하기 위해 스스로 행동해야 하네.('인터내셔널가' 제2절)

마르크스 평생의 관심은 초기 자본주의 사회의 비인간적인 현실을 변혁하고 모든 인간이 평화롭고 자유롭게 사는 이상적인 사회의 건설이었다. 그는 당연히 사회, 정치, 국가의 문제에 초점을 맞추고 죽을 때까지 연구하고 집필했다. 따라서 그에게는 종교의 본질이나 신의 존재에 관해 연구할 여력도 관심도 없었다. 그의 주된 관심은 자본주의 사회에서 다수 인간이 인간 이하의 삶을 강요당하는 불의한 사회구조의 변혁에 있었다. 즉, 이러한 인간들의 문제에 집중해 있었다는 것이다. 그는 이곳저곳에서 단편적으로 종교를 부정적으로 묘사하곤 했다. 그는 1830년대 당시 독일의 지적인 분위기에서 성장하면서 종교에 대해 부정적인 결론을 내리게 되었고, 사회주의적 사상이나 경제학적인 분석이 무르익기 전에 이미 종교를 '민중의 아편'으로 규정하기에 이른다. 먼저, 그는 26세(1844)에 쓴 『헤겔의 법철학에 대한 비판 서문』에서 인간 해방의 강력한 희망을 표현함과 동시에 이에 대한 장애물로서 종교에 대해 언급했고, 프롤레타리아로 부르는 노동자 계급을 사회변혁의 주체로 내세웠다.

독일에서 종교 비판은 사실상 끝났다. 그리고 종교 비판은 모든 비판의 전제이다. … 비종교적 비판의 토대는 이러하다. 즉, 인간이 종교를 만들지 종교가 인간을 만들지 않는다는 것이다. 참으로 종교는 인간이 자신을 발견하지 못했거나 또다시 자신을 상실했을 때 갖게 되는 인간 자신의 자기의식이자 자기인식이다. 하지만 인간은 세계 밖에서 웅크리고 있는 추상적인 존재가 아니다. 인간은 곧 **인간세계, 국가, 사회이다**. 이 국가, 이 사회가 전도된 세계의식(inverted world consciousness)인 종교를 만들어 낸다. 왜냐하면 이 사회, 이 국가는 전도된 세계이기 때문이다. … 종교상의 불행은 한편으로는 현실의 불행의 표현이자 현실의 불행에 대한 항거이다. 종교는 억압당하는 피조물의 탄식이요, 냉혹한(heartless) 세계의 감정이고 영혼이 없는(soulless) 상태의 영혼이다. 종교는 민중의 아편이다. 인간의 환상적 행복인 종교를 지양한다는 것은 바로 인간의 현실적 행복을 위한 요구이다. 인간들이 처한 상황에 대한 환상을 타파하라는 요구는 이 환상을 필요로 하는 상황을 타파하라는 요구이다. 따라서 종교에 대한 비판은 그 근원에 있어서는 눈물 골짜기에 대한 비판이다. 왜냐하면 이 눈물 골짜기의 거룩한 외양이 바로 종교이기 때문이다. … 역사에 봉사하는 철학의 긴급한 과제는, 인간소외가 종교적인 형태에서 폭로된 후에, 세속적인 형태 속에 들어 있는 인간소외를 폭로하는 것이다. 이리하여 천상에 대한 비판은 법에 대한 비판으로, 신학에 대한 비판은 정치에 대한 비판으로 전환된다.[4]

마르크스는 종교가 현실 세계에서 고통당하고 있는 민중에게 오로지 내세의 행복만을 약속함으로써 환상적이고 거짓된 행복을 느끼게만 하고, 진정한 고통의 원인을 근본적으로 제거하기 위한 투쟁에 나서지 못하게 한다고 비판한다. 마르크스는 1847년 9월 12일 일간신문에 기고한 글에서 종교 가운데 특히 그리스도교의 잘못된 역사를 예로 들며 종교를 비판했다.

---

4   위의 책, 53-54.

그리스도교의 사회 원리는 이제 1,800여 년의 발전 기간을 가졌으니 프로이센 의회에 의하여 더 발전될 필요는 없다. 그리스도교의 사회 원리는 고대의 노예제도를 정당화하였고, 중세기 농노제도를 찬양하였으며, 마찬가지로 필요하면 무산계급에 대한 억압을 옹호하는 데 사용될 수도 있다. 그리스도교의 사회 원리는 지배계급과 피지배계급의 필요성을 설교하고 억압받는 사람들에게는 지배계급이 자비를 베풀 것이라는 희망만을 주고 있다. 그리스도교의 사회 원리는 모든 불행에 대한 의회의 보상을 천국에 떠맡기고 그렇게 함으로써 지상에서 모든 불행의 지속을 정당화한다. 그리스도교의 사회 원리는 억압받는 사람들에 대한 억압자들의 모든 고약한 행동을 원죄와 다른 죄악에 대한 정당한 처벌 혹은 무한한 지혜를 가진 주님의 구원받을 사람들에게 부과하는 시련이라고 설명한다. 그리스도교의 사회 원리는 비겁, 자기 멸시, 비하, 굴종, 겸양, 한마디로 천민의 모든 자질을 설교하는 반면에, 무산계급은 천민으로서 취급되는 것을 용납하지 않을 것이고, 그리고 용기와 자신감, 자부심과 독립심을 음식보다도 훨씬 더 필요한 것으로 간주할 것이다. 그리스도교의 사회 원리는 노예적이지만 무산계급은 혁명적이다.[5]

마르크스의 부정적인 종교관은 사실 포이어바흐(Ludwig Feuerbach, 1840-1872)의 무신론적 철학에서 영향을 받았다. 그러므로 마르크스의 종교 비판을 제대로 이해하기 위해서는 포이어바흐의 입장을 파악할 필요가 있다. 포이어바흐는 헤겔 좌파에 속한 철학자로서 종교는 인간 본질의 소외된 표현이라고 보았다. 더 나아가 신은 인간의 심리적인 투사(投射)에 불과하며, 따라서 신이 인간을 만든 것이 아니라 인간이 신을 만들었다고 주장한 바 있다. 즉, 신은 단지 환상

---

5 Karl Marx, *Deutsch-Brusseler Zeitung*, 1847. 9. 12., *MEGA* 1, sec. vi, 278.

에 불과하며 인간 본질의 여러 속성의 투사에 불과하다는 것이다. 좀 더 구체적으로 말하자면, 종교는 일종의 무한자에 대한 의식인데 인간만이 이런 의식을 지닌다. 동물은 개별적 의식을 가지고 있지만, 인간만이 '유'(類)적 의식을 가지며 이를 통해 유한성과 제약성을 넘어선다. 다시 말해 개별적 인간이 자신의 유한성과 제약성을 깨달을 때, 개별적 인간은 더 큰 것, 포괄적인 것에 대한 의식, 곧 인간의 '유'에 대한 의식을, 더 나아가 무한자에 대한 의식까지도 갖게 된다는 것이다. 여기서 무한자에 대한 의식은 '유'로서의 인간 자신의 본질이며 인간 의식의 대상이다. 이런 점에서 볼 때 종교는 본질적으로 인간적인 무엇, 즉 인간이 자기 자신에 대하여 취하고 있는 태도라는 것이다. 그리고 신의 본질에 대한 규정들은 사실상 인간의 본질에 대한 규정들이고, 종교적 표상들은 인간의 표상들이다. 그러므로 포이어바흐에게 종교의 최고의 목표는 "인간이 인간에게 신으로 존재하는 것"이다.

마르크스는 포이어바흐의 종교 비판을 자기 자신의 종교 비판의 전제로 받아들이면서 그것을 사회적 정치적인 측면에서 파악한다. 마르크스는 포이어바흐에 동조하여 "종교 비판의 토대는 바로 이것이다. 즉, 인간이 종교를 만들지 종교가 인간을 만드는 것이 아니라는 점이다"라고 주장한다. 종교는 신과 같은 존재에 의해 형성된 것이 아니라 인간의 필요에 의해 형성된 관념이자 환상에 불과하다는 말이다. 마르크스는 『독일 이데올로기』에서 이렇게 기술했다.

> 이제까지 항상 사람들은 자기 스스로에 대하여, 인간은 무엇이고 무엇이어야만 하는지에 대하여 잘못된 관념들을 형성해 왔다. 사람들은 신이나 정상적 인간 따위의 관념들에 따라 자신들 간의 관계를 합치시켜 왔다. 그들 두뇌의 산물들은 그들의 손아귀를 벗어나 버려 감당할 수 없게 되어 버렸다. 이들 창조자들은 그들의 창조물 앞에

무릎을 꿇어 왔다. 이제 그들을 망상과 관념과 도그마와 환상적인 존재들, 즉 그들을 옭아맨 멍에들로부터 해방시키도록 하자. 이들 개념의 지배에 대해 반란을 일으키자.[6]

마르크스는 포이어바흐와 달리 종교의 인간학적인 측면에서만 관심을 두지 않고, 그것의 사회적·정치적인 기능에 관심을 가지고 설명하고자 했다. 한마디로 종교란 민중이 겪는 현실적인 고통이 낳은 일종의 소외 현상이라는 것이다. 그러므로 이 세계를 실제적으로 변혁함으로써 종교는 자연스럽게 없어진다고 보았다. 이렇듯 마르크스는 종교 자체를 부정하고 반대하기보다는 일종의 환상인 종교를 생산하고 필요로 하는 잘못된 사회적 구조에 반대하고 맞서 싸웠다고 볼 수 있다. 마르크스는 '포이어바흐에 관한 테제' 제6항에서 이렇게 주장했다.

> 포이어바흐는 종교의 본질을 인간의 본질로 환원하여 분석하였다. 그러나 인간의 본질은 각 개별 인간 속에 내재하는 어떤 추상물이 아니다. 인간의 본질은 실제에 있어서 사회관계의 총화이다. 포이어바흐는 이 진정한 본질의 비판에 깊이 파고들지 않았기 때문에 결과적으로 그는, 1. 역사 과정에서 인간의 본질을 추상화하고 종교적 감정을 단독적인 어떤 것으로 고정시키고 추상적(고립된) 인간 개인을 전제해야 했으며, 2. 따라서 그에게 있어 인간의 본질은 단지 '유'(類)로서만, 개인들을 자연적으로 묶고 있는, 내적인 무언(無言)의 일반성으로서만 이해될 수 있었다.[7]

---

6 칼 마르크스·프리드리히 엥겔스/박재희 역, 『독일 이데올로기 1』(서울: 청년사, 2009), 33.
7 라인홀트 니버 엮음/김승국 역, 『맑스 엥겔스의 종교론』(서울: 아침, 1988), 54-55.

다시 말해 마르크스는 포이어바흐가 주장하듯이 인간 자신이 의식적인 차원에서 종교를 생산하는 것이 아니라고 한다. 오히려 종교란 인간의 사회적 정치적 구조가 만들어 놓은 필연적인 산물이며, 현실적인 인간의 비참함과 고통이 존재하는 한 종교는 없어지지 않는다고 했다. 따라서 포이어바흐식의 종교 비판은 관념적이고 추상적인 것으로서 더 이상 소용이 없게 된다. 결국 인간의 비참함과 고통을 만들어 내는 사회구조를 변혁시킬 때 종교는 필요치 않게 될 것이기 때문이다. 현실적인 인간은 세계에 대한 전도된 의식, 곧 종교적인 의식을 가지고 그 안에서 살고 있을 뿐이다. 따라서 그런 전도된 의식만을 문제 삼는 것보다는 전도된 의식을 만들어 내는 실제적인 세계를 투쟁으로 변혁시키는 것이 더 중요하다는 것이다. 마르크스에 따르면, 포이어바흐는 왜 인간이 자신의 관념을 계속해서 다른 세계로 투사시키는지 명쾌하게 설명할 수 없었다. 포이어바흐가 종교적 투사의 뿌리에 존재하는 사회적 상황의 중요성을 파악하는 데 실패했다고 마르크스는 진단한다. 즉, 인간을 추상적인 존재로만 파악했다는 것이다. 마르크스는 포이어바흐가 말한 관념적인 환상으로서의 종교를 비판하는 데 머물지 않고 그것을 만들어 내는 사회 현실, 또한 그곳에서 살아가고 있는 구체적인 인간의 현실을 철저히 분석하고 비판하고자 했다. 이 점에서 마르크스는 훨씬 더 실제적이고 구체적인 철학자이자 실천가였다.

마르크스는 종교를 부정적으로 보면서 여러 가지로 표현했다. "현실적 빈곤의 표현", "세계에 대한 전도된 의식", "억압당하는 피조물들의 탄식", "민중의 아편" 등이 대표적인 예들이다. 마르크스의 이런 비유적인 표현들은 종교 그 자체에 대한 투쟁이라기보다 그런 종교를 생산하고 유지시키는 불의한 사회 현실, 특히 소수의 자본가와 지주 부자들이 국가권력과 연합해서 대다수의 노동자들을 억압하고 소외시키는 불의한 사회구조와 맞선 투쟁을 의미한다. 이런 불의한 구조가 존속하는 한 그런 사회구조의 부수적인 현상인 종교는 계속 존재할 수밖에 없다는 것이다.

　물론 종교에도 일정한 기능이 있음을 마르크스도 인정한다. 종교는 현실의 불행의 표현이자 현실의 불행에 대한 항거이며, 억압당하는 피조물의 탄식이라고 마르크스는 말한다. 종교는 불의하고 억압적인 세계에서 사람들에게 위로를 제공하면서, 억압당하는 자들의 삶을 정당화하고 현실적으로 견딜 수 있게 만든다는 것이다. 이는 물론 종교의 매우 기본적인 기능이다. 그런 종교의 위로가 없다면, 그나마 인간들의 삶은 더 견딜 수 없게 되고 역사는 중단될 것이다. 이런 점에서 종교는 이 세계에서 당하는 고통의 표현이며 인간이 겪는 열악한 상황의 긍정적인 측면이기도 하다. 하지만 종교는 역설적으로 이런 열악한 상황과 고통에 대한 저항을 의미한다. 종교는 끊임없이 인간의 주의와 관심을 이 세계로부터 멀어지게 하고 저 세계만을 지향하게 함으로 매우 무익한 것이다. 그러므로 이런 종교를 만들어 내는 사회에 저항해야 한다는 것이다. 억압당하는 인간들에게 위로를 주는 종교는 비인간적인 삶의 상태로부터 발생한다는 데 주목해야 한다. 그러므로 종교란 현실적인 불행의 표현이자 그것에 대한 항거라는 것이다.

　마르크스는 종교 안에 구현된 인간의 탄식과 저항을 언급한 후 비로소 종교를 '민중의 아편'으로 규정한다. 이 구절은 마르크스의 표현에서 가장 많이 인용되는 구절 중 하나인데, 또한 그만큼 오해와 왜곡이 많은 구절이기도 하다. 많은 사람이 이 말을 인용하면서 마르크스가 어떤 맥락에서 이런 말을 했는지는 모르면서 무조건 종교를 아편 같은 무익한 것으로만 쉽게 단정하게 된다. 앞에서도 지적했듯이 마르크스는 종교의 일차적인 기능, 위로의 기능을 언급하면서 그것의 역설적인 기능, 즉 그런 종교를 만들어 내는 현실에 대한 항거에 대해서 언급했다. 이 말 다음에 종교를 아편으로 언급하면서, 종교의 기능을 좀 더 세부적으로 비판하고자 한 것이다.

무릇 아편은 잠시 동안의 위로를 줄지언정 병을 치료하지는 못한다. 아편은 중독자의 비참함을 실제적으로 제거하지 못한다. 다만 일시적으로 자신의 아픔을 잊게 한다. 마찬가지로 종교는 인간의 비참을 위로해 준다. 그것은 인간의 불행을 실제로 제거하지 못하지만 일시적으로나마 그것을 잊게 해준다. 종교는 끊임없이 하늘에서의 행복을 약속하면서 이 땅에서의 불행을 받아들이라고 가르치는데, 그 결과 사람들에게 "영혼(정신) 없는 상태의 영혼(정신)"이라고 부르는 상태에 빠지게 만든다. 종교는 단지 환상적인 방법으로만 만족을 가져다주지 실제적인 삶의 형태에 기쁨을 가져다주지는 않는다는 것이다. 그러므로 종교가 사람들에게 주는 약은 잠시 고통을 덜어주고 위로해주는 아편과 같은 것이다. 그것은 근본적인 치유책이 아니다. 더 중요한 것은 사람들과 사회를 괴롭히는 병을 근본적으로 치료해야 한다는 것이다. 아편 중독자가 자신의 실제적 비참을 극복하기 위해 아편을 끊어야 하듯이 민중의 공상적인 가짜 행복인 종교를 폐지하는 것이야말로 진정한 행복을 얻기 위한 필수조건인 것이다. 여기에서 마르크스의 종교 비판론은 정점에 달한다. 인간은 자신의 아편을 포기해야 하고 쟁기를 잡아 자신의 불행이 발생하는 물질적 조건들을 타도함으로써 비참을 제거하는 일을 시작해야 한다는 것이다. 또 이렇게 비인간적인 상태를 야기하는 사회적 상태를 인간 스스로 종식하게 될 때 비로소 인간의 빈곤과 고통은 사라지고 그것의 표현인 종교 역시 자연적으로 사라지게 될 것이다. 즉, 마르크스는 사회구조를 근본적으로 변화시키는 혁명적 실천을 통해서 종교는 자연스럽게 사라진다고 보았다.

종교에 대한 비판은 인간이 인간을 위한 최고 존재라는 가르침으로 끝을 맺고, 따라서 인간을 격하하고, 예속시키며, 고립하고, 비열한

존재로 만드는 모든 관계를 전복하라는 절대적 명령으로 끝을 맺는다.[8]

마르크스는 초기 저작인 『헤겔의 법철학에 대한 비판 서문』에서 다소 추상적인 용어를 사용하여 종교 비판의 문제를 다룬다. 하지만 후기 저작인 『자본론』에서는 사회 조건이 변해야만 종교가 사라진다는 주장을 좀 더 구체적인 용어로 다음과 같이 피력했다.

실제 세계에 대한 이러한 종교적 반영들은 실천적 일상생활 안에서 인간들의 관계가 인간과 인간 사이에서와 인간과 자연 사이에서 마찬가지로 완전하게 이성적이고 합리적인 관계의 모습을 취하기 전에는 사라지지 않을 것이다. 노동자들의 의식적이고 의도적인 통제 하에서, 생산자들의 자유 결사체에 의하여 이끌어지는 과정이 되기 전까지는 사회의 생명 과정, 즉 생산의 물질적 과정의 이러한 의미는 신비의 장막을 버리지 못할 것이다.[9]

IV. 마르크스의 신(神) 이해

마르크스는 종교의 핵심인 신(神)에 대해서는 어떻게 이해했는가? 당연히 마르크스는 신의 존재를 믿지 않은 무신론자로 알려져 있다. 그는 유대-그리스도교의 유신론적 환경에서 자랐지만 결국 불의한 사회의 현실과 부정적인 종교의 모습을 보면서 종교는 물론 신까

---

8   Karl Marx, "Contribution to the Critique to Hegel's Philosophy of Right," *Collected Works*, vol. 3(London: Lawrence & Wishart, 1975), 182.
9   Karl Marx, *Capital*, vol. 1(New York: Dunttton, 1957), 53-54.

지 부정하는 무신론자가 된 것으로 보인다. 그래서 마르크스 하면 '민중의 아편으로서의 종교'를 말한 무신론자로 명명하곤 한다.

하지만 정확히 말하자면, 마르크스는 자신의 방대한 저작활동에도 불구하고 신이 존재하는가 하는 문제 따위에는 거의 주의를 기울이지 않았다. 마르크스는 결코 신이 존재하지 않음을 입증하려고 노력한 적이 없다. 놀랍게도 그가 신의 문제에 대해 직접적으로 언급한 것은 몇 군데에 지나지 않는다. 그는 박사 학위 논문 각주에서 고전적인 신 존재 증명을 '공허한 동어반복들'이라고 부르면서 비판했다. 흔히 신 존재 증명의 대표적인 예는 신은 자기보다 더 위대할 수 없는 어떤 개념과 같은 것인데, 그런 개념이 나오려면 그런 존재가 반드시 있어야 하며, 그러므로 신은 존재한다는 식의 이른바 존재론적 신 증명과 같은 것을 오류로 가득 찬 추리라고 거부했다.[10]

다음으로, 1884년에 쓴 『경제학-철학 수고』에서 마르크스는 창조주 하나님을 간략하게 언급한 적이 있다. 그는 "지구 창조론은 지구 발생학, 즉 지구의 형성을 연구하는 과학 측으로부터 강경타를 맞았다"고 했으며, "창조론의 유일하고 실제적인 반박은 자연적 발생론"이라고 주장했다. 그 후 마르크스는 창조론의 모든 문제는 무의미한 것이라고 주장했다. 즉, 창조를 묻는 사람은 자연과 인간이 존재하지 않는 상황을 가정함으로써 시작되는데, 여기서 이런 가정이 질의자를 논쟁의 무대에서 제거하게 되고 질의자가 제기하는 문제마저 사라지게 되고 만다는 것이다. 그러므로 모든 것을 제거함으로써 아무것도 남지 않게 되며, 결국 창조론의 문제는 무의미한 추상에 불과하게 된다고 보았다.[11]

---

10 Karl Marx, "Notes to the Doctoral Dissertation," *Writings of the Young Marx on Philosophy and Society*, tr. & ed. by Loyd D. Easton and Kurt H. Guddat(Garden City, N.Y.: Doubleday, 1967), 65
11 Karl Marx, "Private Property and Communism," *Economic and Philosophic*

마르크스는 이렇게 신에 대한 논의조차 무의미한 것으로 거부했는데, 이런 입장은 프로메테우스를 언급하면서 더 구체화된다. 그것은 신의 존재에 관한 것이라기보다는 현실 속에서 인간이 겪고 있는 억압과 고통의 문제와 관련된 것이었다. 프로메테우스가 제우스에게서 불을 훔쳐 인간에게 건네줌으로써 인간은 불을 소유하게 되고 사물을 제 힘으로 변혁시켜 나갈 수 있게 되었다. 인간은 더 이상 신의 자비에 의존할 필요가 없게 된 것이다. 이에 제우스는 격노하여, 불을 신에게로 가져오든지 아니면 바위에 영원히 묶인 채로 독수리에게 간을 파먹히는 고통에 시달리든지 하라고 최후통첩을 보낸다. 이에 프로메테우스는 "나는 노예라는 나의 비참한 운명을 바꾸지 않을 것임을 확신한다. 나는 제우스의 비열한 노예가 되느니보다 이 바위에 묶인 채로 남겠다"라고 말한다. 여기서 마르크스는 프로메테우스의 편을 들면서 "나는 모든 신을 증오한다"라고 썼다.

　　마르크스가 비유적으로 제시한 제우스와 프로메테우스는 두 가지의 상반된 기능으로 나타나는 신을 의미한다. 제우스는 인간을 노예 상태로, 소외 상태로 묶어 두기를 원하는 신, 억압자로서 신을 의미한다. 반대로 프로메테우스는 인간을 자기를 실현하는 자유로운 존재로 만들기 원하는 신, 해방자로서 신이다. 무엇보다 마르크스는 프로메테우스의 '반역적인 행위'를 적극적으로 평가하는데, 그것은 무엇보다 자신을 위해서가 아니라 인간 전체에 대한 관심 때문이다. 물론 여기서 마르크스는 신 존재 자체에 대한 논증보다는 지금 신의 이름으로 자행되고 있는 불의한 사회 현실에 더 관심을 기울이고 있다. 그런 의미에서 그의 무신론은 '단순히 이론만을 반복하는 '이론적인 무신론'이 아니라 인간 해방과 사회변혁이라는 문제를 실천적으로 해결하기 위해 억압의 도구인 신을 거부하는 일종의 '실천적 무신

　　Manuscripts of 1844 (Moscow: Progress Publishers, 1959), 112.

론'이라고 말할 수 있다. 마르크스에 따르면, 제우스와 같은 신은 인간을 인간 자신으로부터 떼어 놓고 인간이 온전한 인간으로 되는 것을 허락하지 않는다. 그러므로 단순하게 신이 없다고 주장하거나 믿는 무신론자가 되는 것만으로 부족하고, 좀 더 적극적으로 유신론을 반대하는 전사가 되지 않으면 안 된다. 물론 이 말은 무신론만을 적극 선전하는 것이 아니라 각종 신의 이름으로 인간을 억압하고 노예화시키고 경멸하는 그런 모든 사회적 조건을 타도하는 것을 의미한다. 이런 맥락에서 신학자 골비처(H. Gollwitzer) 역시 마르크스의 무신론을 이렇게 평가한 바 있다. "무신론은 비방되기보다 세상 안에 존재하는 악에 대한 반항으로서 또 인간 해방을 위한 노력으로 이해되어야 한다."[12]

V. 나가는 말

그리스도교를 비롯한 종교는 인류 역사상 많은 부정적인 역할을 해왔다. 인간을 달래서 마약 같은 환상에 빠지게 함으로써 억압을 제거하려는 인간의 노력을 무력화했을 뿐 아니라, 때때로 불의한 지배계급의 편을 들어 그들의 억압의 도구로 사용되곤 하였다. 즉, 그리스도교는 부르주아들의 억압을 지지하고 보증하기 위해 억압받는 자들에게 세상 소유물을 천국에 저당 잡히라고 설교했고, 억압받는 사람들에게 신의 뜻에 복종하면서 천국의 보상을 끈기 있게 기다릴 것을 가르쳤으며, 그들에게 죽은 후에 착취자의 악을 갚아주겠다고 약속했다. 더 나아가 그리스도교는 종종 악행자들에게 자비를 실천하고

---

12 H. H. Schrey, "그리스도교와 사회주의 – 1970년대 문헌들에 대한 검토", 『신학사상』 제57집(1987년 여름), 77.

훔친 것의 일부를 가난한 사람들에게 선한 마음으로 돌려주라고 훈계했다. 하지만 그리스도교는 소수의 특권층이 가난한 자들을 억압했던 불의한 사회질서 자체를 변화시키기 위해서 그 어떤 일도 하지 않았다. 오히려 그리스도교는 아무것도 가진 것 없는 가난한 민중을 억압자의 무자비한 손에 내맡기고, 그런 억압의 질서를 오히려 신의 뜻으로 보증해 주곤 했다. 마르크스는 『자본론』의 한 구절에서 "성직자들은 타인들의 과로, 궁핍, 배고픔을 감당하는 겸손한 행위를 보여줌으로써 자신들의 그리스도교를 드러낸다"고 비판했다.

인류 역사상 많은 곳에서 종교지도자들이 종교를 억압의 도구로 이용해 왔다. 그들은 마치 신이 부여한 권위를 지닌 신의 사자(使者)로 행세하면서 종교와 신을 비인간적인 조건들을 만들어 내고 불의한 권력을 유지하는 도구로 사용해 왔다. 너무도 자주 그들은 자신들의 계급적인 욕망과 이기심을 신의 뜻과 동일시해 왔다. 과연 종교는 기득권자의 억압의 도구로 사용되고 있는가? 몇 가지 예를 들어 보자.

먼저, 구약성서만 보더라도 이스라엘 민족은 야웨의 동의와 함께 팔레스타인 토착민족을 제거하는 데 앞장섰다. 야웨는 이른바 이교도들의 거짓 신들을 숭배하는 사람들에 의해 오염되는 것을 원치 않았다는 것이다. 아메리카 대륙에 들어온 백인 그리스도인들이 이른바 '이교도' 인디언들을 살해하는 것을 인가하는 방식 역시 이와 동일했다. 오늘날 팔레스타인 지역에서 벌어지고 있는 이스라엘의 불법 점령과 팔레스타인에 대한 학살 및 인종차별(apartheid) 정책 역시 구약성서에 근거해 있다. 중세 시대 그리스도교는 이른바 신이 원한다고 설교하면서 이교도들인 무슬림으로부터 성지를 회복하기 위해 십자군을 일으켰고, 수많은 사람을 죽였으며, 예루살렘에 살던 많은 유대인까지 학살했다. 19세기에 초기 자본주의 사회에서 자행되었던 심각한 노동자 착취에 대해서 교회 지도자들은 공식적으로 아무 말도

하지 않았고, 오히려 부르주아 계층의 후원을 두려워하여 그들을 지지했다. 무신론자 마르크스는 "공산당 선언"을 통해 이런 문제를 신랄하게 비판했다. 남아프리카의 화란 개혁교회들은 흑인과 유색인종에게 주어지는 동등한 권리 부여에 대해 성서의 신학적인 결론으로써 이를 거부했다. 미국의 백인들은 신이 인종들이 섞이기를 원했다면 흑인과 백인으로 따로 만들지 않았을 것이라고 말하면서 아직도 인종 간의 통합에 반대하면서 인종차별주의를 자행한다.

　이는 비단 그리스도교에만 해당되지는 않을 것이다. 오늘날에도 여전히 자행되고 있는 극단적인 종교 세력들, 가령 그리스도교 계통의 백인우월주의 집단인 KKK라든지, 알라의 이름으로 쉽게 테러를 자행하는 이슬람의 알카에다나 탈레반 및 IS(이슬람국가) 같은 자들 역시 사람을 죽이는 데 신의 이름을 내세운다. 이들은 신이라는 존재를 자신들의 테러를 정당화하기 위해 이용하고 있다. 마르크스는 바로 이런 신들을 제우스에 비유하면서 비판하였다. 어떤 신의 이름으로든, 그것이 인간의 해방을 방해하고 오히려 억압하는 데 사용되고 있다면 그것은 거짓 신이요 허구에 불과하다는 것이다. 마르크스의 관심은 신이라는 존재가 존재하느냐가 아니라 신의 이름으로 자행되는 불의한 사회구조 자체에 있었다. 이런 거짓된 신으로부터 프로메테우스처럼 과감히 벗어나는 인간 해방이 그의 목표였다. 따라서 적어도 이런 모습을 띤 종교가 이 땅에 존재하는 한 그의 비판은 정당하며 오늘도 계속 적용되어야 할 것이다.

　그렇다면 마르크스의 종교 비판에는 문제가 없는가? 마르크스가 종교와 신을 말하면서 간과한 부분은 없는가? 먼저, 마르크스는 당시 사회에서 부정적으로 나타나는 종교에만 관심을 기울인 나머지 종교의 긍정적인 기능을 파악하지 못한 것은 아닌지 비판이 제기될 수 있다. 종교는 물질적인 측면이 가져다주지 못하는 차원의 위로를 제공하며, 이런 종교적 차원의 위로는 아편적인 기능도 할 수 있지만, 그 반대로 사회혁명의 동력이 될 수도 있다. 즉, 종교적 위로는 세상적 위로의 상상적인 대체물이 아니라 보다 본질적인 차원, 인간을 넘어선 어떤 초월적인 존재로부터 오는 신비의 측면일 수 있다. 따라서 초월적인 신을 믿는 사람은 더 기꺼운 마음으로 인간 해방의 과정에 동참할 수 있으며, 오히려 무신론자가 보지 못하는 측면까지도 볼 수 있다. 그는 모든 사람을 향한 인간애(人間愛)야말로 신의 뜻이라고 보면서 혁명에 참여함으로 오히려 혁명 자체가 비인간적일 수 있고 폭력적일 수 있다는 점을 누구보다도 더 잘 인식할 수 있었다. 더 나아가 종교가 사회변혁에 긍정적으로 기여해 온 여러 가지 역사적인 실례들을 지적하지 않을 수 없다. 마르크스는 이런 종교의 긍정적인 기능에는 미처 주목하지 못했다.

또 하나의 지적은 마르크스가 비판했던 신은 누구였는가 하는 점이다. 그 신은 프로메테우스가 인간을 돕고자 했을 때 그를 절벽에 매단 제우스의 모습이었다. 그 신은 인간의 해방을 반대하고 이 세계의 진보에 반대하는 신이며, 이 세계의 불의하고 비이성적인 상태를 방치만 하는 신이었다. 마르크스가 비판한 이런 신은 그리스도교의 참된 신, 적어도 예수를 통해 알려진 인간 해방의 신과는 거리가 멀다. 오히려 그리스도교의 참된 신은 프로메테우스에 더 가깝다고 말할 수 있다. 그가 제우스라고 비판한 신은 다름 아닌 구약의 예언자들이 비판했던 우상에 불과한 것들이었다. 또 예수가 비판했던 형식 위주, 의례위주에 빠진 나머지 실제적인 해방의 힘을 상실한 당시 유대교의 신이다. 만일 마르크스가 비판한 모습이 신의 유일한 모습이라면 우리는 당연히 그런 신에 대항하기 위해 마르크스와 함께해야 할 것이다. 그런 신은 성서적, 그리스도교적 계시가 보여주는 신, 인간 공동체를 창조하고 인간을 억압으로부터 해방시켜 참인간이 되게 만드는 신과는 거리가 멀다.

마르크스는 위대한 휴머니스트였다. 그는 인간을 억압하는 거짓 신인 우상들에게 반기를 들었고, 가난한 자와 억압당하는 자의 편에 섬으로써 참된 휴머니즘을 보여주었다. 이런 점에서 그는 구약의 예언자적 전통에 서 있는 시대적인 예언자라고 볼 수 있다. 특히 인간 해방에 온 삶을 다 바친 휴머니즘적 예언자라고 말할 수 있을 것이다. 이는 로마의 억압체계와 맞섰던 예수의 하나님 나라 운동과 여러 면에서 상통한다. 이런 점에서 마르크스는 진정한 예수의 제자라고 할 수 있다. 프랑크푸르트 학파 심리학자인 에리히 프롬(Erich Fromm) 역시 마르크스의 목표는 인간 해방, 경제적 욕망이라는 억압으로부터의 해방을 통한 인간 회복에 있었다고 지적했다. 그러면서 마르크스의 목표인 사회주의 역시 이런 관점에 기초를 두고 있으며, 본질적으로 그의 철학은 19세기에 등장한 일종의 '예언자적인 메시아사상'이라고 보았다.

물론 마르크스는 신학이나 종교학에 관심이 없었고, 시대적인 한계에 갇혀서 종교의 해방적인 기능을 간과하고, 특히 예수의 혁명적인 면모를 보지 못했다. 이 점이 마르크스의 한계이기도 한데, 그만큼 현실 변혁의 문제가 그에게는 절박했던 것이다. 잘 알려져 있듯이 마르크스는 말년을 극심한 가난 가운데 살면서 자본주의의 문제를 파악하는 데 심혈을 기울였다. 그는 당시 부정적인 모습으로 각인된 종교를 재해석할 여유가 없었다. 오늘날 그리스도교는 많은 경우 현실의 고난을 피안의 위로로, 불의한 제도를 신의 뜻으로 받아들일 것을 강요하는 힘으로 작용하고 있다. 따라서 마르크스의 종교 비판은 그리스도교의 본래적인 형태, 즉 예언자적 비판과 해방의 실천이라는 형태를 재발견하게끔 도와준다. 더 나아가 '종교는 민중의 아편'이라는 그의 예언자적 메시지는 모든 종교의 본질을 다시금 생각하게 해준다. 또한 그리스도교를 비롯하여 종교가 왜 존재하며 어떤 기능을 해야 하는가 따위의 물음을 계속 던지게 한다. 물론 종교는 포이어바흐나 마르크스의 지적대로 인간 자신이나 인간의 사회구조가 만들어

내는 산물로만 볼 수는 없다. 분명 종교는 그것을 넘어서 있는 어떤 궁극적이고 초월적인 측면이 있다고 생각한다. 그리고 필자는 사회 구조적 변혁만으로 인간의 억압과 고통, 소외 등의 문제가 완전히 사라질 것이라고 보지도 않는다. 특히 마르크스가 노동의 문제를 분석하면서 인간소외 문제를 제기했는데, 이 문제는 사회정치적인 구조의 문제뿐 아니라 보다 깊은 차원의 문제와 관련되어 있다. 여기에 종교의 역할이 필요하다.

오늘날 갖가지 종교가 위세를 떨치고 있는 한국 사회는 어떠한가? 종교는 어떻게 존재하고 있는가? 각종 종교에서 내세우는 신이나 절대적 존재는 과연 인간을 해방하고 구원하는 존재인가, 아니면 인간을 오히려 억압하고 불의한 사회질서를 옹호하는 이데올로기에 불과한가? 종교는 민중의 아편인가, 아니면 해방의 누룩인가? 마르크스는 오늘도 여전히 살아서 질문을 던지고 있다.

제3장

::

신은 죽었는가?

― 무신론적 휴머니즘의 예언자 니체

> 근래의 가장 큰 사건 ― '신은 죽었다'는 것, 그리스도교의 하나님 신앙이 믿을 수 없게 되어 버렸다는 것 ― 이것은 지금에 와서야 유럽에 처음으로 그 그림자를 드리우기 시작했다. 적어도 이 거대한 장면을 꿰뚫어볼 만큼 시력이 충분히 강하고 예민한 소수의 사람들만이, 그 눈에 회를 품고 있는 소수의 사람들만이 어떤 태양이 지고 있으며, 오래된 어떤 심오한 신뢰가 의심으로 바뀌고 있음을 느끼고 있다.
> ― 니체, 『즐거운 학문』[1]

I. 들어가는 말: 니체 철학에 대한 왜곡과 진실

현대 무신론의 가장 중요한 인물로 니체를 빼놓을 수 없을 것이다. 특히 그가 선언한 "신은 죽었다"라는 말은 전 세계에서 가장 유명한 말로 사용되고 있다 해도 과언이 아니다. 이 말은 종교, 특히 그리스도교를 공격하는 무신론자들의 대표 무기로 종종 사용되곤 한다. 그들은 마치 교주처럼 니체를 추앙하여 적극 내세운다. 다른 한편으로 보수 그리스도교 측에서는 니체를 신을 부정한 철저한 무신론자요, 그리스도교를 파괴하려 한 불온한 철학자요 위험분자로 몰아붙이곤 한다. 하지만 과연 니체가 그러한 자였는가? 과연 니체가 그를

---

[1] Friedrich Nietzsche, *The Gay Science*, tr. by Walter Kaufmann(New York: Vintage Books, 1974), 279.

비판하고 몰아붙이는 자들이 이해하는 그대로 "신은 죽었다"라는 말을 선언했는가? 그가 선언한 신 죽음의 참된 의미는 무엇이었는가? 그가 거부했고 사망선고를 내린 신은 어떤 신이었는가? 그리고 그가 그토록 경멸했던 그리스도교는 어떤 그리스도교였는가? 우리는 많은 질문을 던지게 된다. 그만큼 니체의 유명한 '신 죽음의 선언'은 많은 사람에게 자주 사용되면서도 그 본뜻이 왜곡되어 왔기 때문이다. 아니 그의 철학 전체가 역사의 중요한 시기마다 종종 왜곡되어 왔다고 보는 것이 더 정확할 것이다.

가장 대표적인 예가 나치 히틀러에 의한 니체 사상의 왜곡이다. 니체는 유럽 문명이 뿌리내리고 있는 그리스도교의 근본인 신의 죽음을 선포하면서 그 대안으로 '초인'(Übermensch)을 제시했는데, 1900년 전후로 이 단어가 크게 유행하여 '초인'의 여성 형태인 '위버바이프'(Überweib)까지 등장했다고 한다. 더 나아가 나치의 제3제국 통치 시대에는 당시 독일의 정치적 상황과 관련하여 초인 개념이 과장된 채 일방적으로 해석되었다. 히틀러는 바이마르에 있는 니체 문서보관소를 방문하여 니체에 대한 자신의 깊은 지식을 과시한 바 있으며, 선전상 괴벨스를 비롯한 당시 국가 사회주의 지도자들은 니체를 독일 국가 철학자로 추앙하고 니체의 초인 개념을 찬양하였다. 이들에게 히틀러가 바로 초인이라는 것이다. 이들은 자신들의 인종차별 주의 정책에 니체를 적극 활용하였다. 즉, 독일이 니체의 가르침에 귀 기울여 초인의 출현이라는 역사적 요구에 부응해야 하고, 또 그러기 위해서는 인근의 저급한 민족들과의 유대를 단절할 것을 요구하였다.

하지만 니체는 자신의 철학을 인종주의적으로 언급한 적이 없다. 특히 유대인과 관련하여 그들이 저급하므로 학살해도 된다고 말한 적이 없다. 니체가 말한 신의 죽음이나 초인의 출현은 당시 그리스도교, 특히 나약하고 비관적이며 현실도피적인 도덕만을 강조하는 그리스도교에 대한 비판에서 비롯되었다. 제2차 세계대전이 끝난 후로도 니체 철학은 전쟁과 관련하여 비난을 받았다. 니체가 전쟁을 신성시하고 독려함으로써 약육강식의 논리를 옹호하고 이른바 저급한 시민을 문화 창조의 대열에서 제외시킴으로써 영국, 프랑스 등에서 시민혁명 이후 팽배해 있던 민주화의 흐름에 찬물을 끼얹었다는 것이다. 또 초인은 대다수 인간의 희생 위에나 가능한 권력 독점과 같은 부정적이고 파괴적인 이상에 불과하다는 것이다.

과연 니체 철학의 진실 또는 참 의미는 무엇인가? 모든 왜곡은 무엇보다도 니체 철학이 지닌 난해성과도 관련된다. 철학자요 음악가이자 시인이기도 했던 니체는 매우 독특한 사유방식을 전개했기 때문에 그를 연구하는 자마다 고민과 갈등에 빠지게 된다. 예를 들어 니체가 '초인'이라는 단어를 매우 빈번하게 사용했음에도 불구하고 그가 이 개념을 어떻게 이해하고 있는지 명확하게 밝힌 적은 없다. 니체 철학은 그만큼 해석의 다양성 또는 왜곡의 여지가 크다. 니체 자신도 초인을 언급하면서 어떤 확정적이고 최종적이며 분명한 성격을 부여하기를 주저했으며, 아마도 전 생애를 통해 탐색하고 추구해야 할 과제로 여겼던 듯하다. 이런 니체 철학의 난해성에 대해 프랑스의 철학자 미셸 푸코(Michel Foucault)는 "단 하나의 니체주의란 존재하지 않으며, 사실 니체주의가 무엇을 의미하는지조차 모른다"라고 지적한 바 있다. 오히려 우리에게 필요한 것은 "니체가 우리 삶에 갖는 효용성은 무엇인가"라는 질문이라는 말이다. 또 어떤 학자는 니체를 창조와 변신의 철학자로 제시하면서 하나의 니체가 아니라 천 개의 니체가 존재한다고까지 지적한 바 있다. 니체 자신도 많은 저작을 남겼지만, 이를 해석하고 연구한 논문과 2차 자료 역시 헤아릴 수 없이 많다. 이것은 니체가 매우 많은 영역에 영향을 끼쳐 왔음을 의미한다. 또한 한 가지의 논지나 해석으로는 설명될 수 없는 니체 사상의 중층성(中層性)을 의미하기도 한다.

전후에 니체를 영어권 독자들에게 소개한 학자는 카우프만(Walter Kaufmann)이다. 그는 나치에 의해 날조된 니체의 이미지를 바로잡고 영어권 독자들에게 니체를 번역, 소개하는 데 자신의 평생을 바쳤다. 그의 연구 성과는 수많은 사람에게 영향을 끼쳤는데, 놀랍게도 그는 자신이 니체주의자가 아니라고 밝혔다. 이 말은 니체주의가 무엇을 의미하는지조차 불분명함을 잘 보여준다. 따라서 니체의 무신론을 말하기에 앞서 니체 철학이 지니는 난해성 또는 중층성을 염두에 두면서 그가 말한 '신의 죽음'과 '초인의 출현'에 대해 그 의미를 이해하는 것이 필요할 것이다. 이제 니체의 무신론과 그리스도교 비판을 중심으로 살펴보고자 한다.

II. 니체의 생애와 주요 저작

니체가 죽은 후 그의 철학은 많은 사람에게 읽히고 논란의 주제가 되었다. 어떻게 하면 니체의 저작들을 잘 읽어낼 수 있는가 하는 것도 문제 중 하나였다. 그가 철학적인 문제의식을 가장 아름다운 문장으로 표현해 낸 철학사상 유례가 없는 명문장가요 문헌학자였기 때문인 듯하다. 그는 루터, 괴테와 함께 독일어를 좀 더 높은 수준의 언어로 발전시킨 인물로도 추앙되고 있다. 니체는 짧은 경구와 좀 더 긴 아포리즘(aphorism), 시, 에세이, 찬가 등의 다양한 형식으로 글을 썼는데, 무엇보다도 자기 글을 읽는 것이 깊이 있는 사고를 요구하는 예술의 일종이 되기를 원했다. 그래서 니체의 글을 이해하려면 해석과 주석의 기술이 필요하다. 이를 위해 그의 성장 배경을 먼저 알아보자.[2]

---

2 프리드리히 니체/정희창 역, 『차라투스트라는 이렇게 말했다』(서울: 민음사,

니체(Friedrich Nietzsche, 1844-1900)는 루터교 목사의 아들이자 손자로 태어나서 그리스도교 배경에서 성장하였다. 자신도 목사가 되기로 결심했지만 청소년기에 심각한 종교적 회의를 겪으면서 방향을 바꾸게 된다. 그는 본 대학에 입학하여 신학과 고전문헌학을 공부하기 시작했는데, 라이프치히 대학으로 옮긴 후 신학을 그만두고 고전문헌학만을 공부한다. 그는 라이프치히 대학에서 우연히 쇼펜하우어의 『의지와 표상으로서의 세계』를 읽은 후 염세주의 철학에 심취하게 된다. 그리고 독일·프랑스 전쟁에 참전했다가 낙마하여 부상을 입고 귀향한다. 그는 라이프치히 대학에서 아직 박사 학위를 받기 전인데도 고전문헌학 분야의 자질을 인정받아 스승인 리츨의 소개로 바젤 대학 고전문헌학과 교수로 임용된다. 이후 그는 바젤에서 멀지 않은 곳에 사는 음악가 바그너를 만나 교제하면서 영향을 받고 『음악 정신에서의 비극의 탄생』이라는 최초의 저서를 출간하기도 한다. 이 책에서 그는 고통스럽고 무의미한 현실 세계를 구원하는 수단으로 인간의 예술적 능력을 언급한다. 그는 그리스 문화를 구성하는 두 가지 예술적 힘인 아폴론적인 힘과 디오니소스적인 힘의 통합과 그리스 비극의 기원을 탐구했는데, 특히 디오니소스적 자유와 열정을 추구했지만 반대로 바그너의 아폴론적인 형식과 예수에 대한 지나친 찬양, 반유대주의에 싫증을 느끼고 바그너와도 결별을 고한다.

니체는 본 대학에서 공부할 때 예수의 신성과 계시를 거부하는 스트라우스의 『예수의 생애』를 읽고 많은 영향을 받은 바 있다. 그는 중세의 그리스도교적 사고방식을 인간에 대한 혐오로 받아들이기 시작했고, 급기야 영원한 복과 형벌에 대한 종교개혁자들의 예정론조차 매우 수치스럽고 야만적인 것으로 간주하였다. 니체는 라이프치히 대학으로 옮겨간 후부터는 완전히 무신론자로 바뀐다. 이때 그의

2014), 585-588 참조.

나이 21세였다. 그는 친구에게 쓴 편지에서 그리스도교가 역사적 사건과 인물을 가리킨다면 더 이상 그리스도교와 관계를 맺고 싶지 않으며, 단지 그리스도교가 장점을 지닌다면 그것은 쇼펜하우어의 근본사상과 조화를 이루는 정도라고 말했다. 니체는 바젤 대학에서 10여 년간 고전문헌학을 가르치다가 건강을 이유로 교수직을 사임하고 이탈리아, 스위스 등 유럽 곳곳을 여행하면서 자신의 철학을 발표하기 시작한다. 니체는 평생을 독신으로 살면서 말기에는 정신착란의 증세를 보이기도 했지만, 끊임없는 지적 탐구와 왕성한 창작열에 불타 있었다. 그러다 45세에 시작된 병세로 인해 1900년 56세의 나이로 생을 마감했다.

니체의 저작은 세 시기로 나눌 수 있는데, 각각의 시기는 그의 지적 발전의 단계를 보여준다. 먼저, 1872-1882년은 철학자 쇼펜하우어와 음악가 바그너의 영향을 강하게 받았던 시기이다. 이때 니체는 '예술가의 형이상학과 문화적 재생'이라는 주제에 몰두했다. 두 번째 시기는 1878-1885년으로 유명한 '자유정신 3부작' 『인간적인 너무나 인간적인』, 『아침놀』, 『즐거운 학문』이 출간된다. 이 저작들을 통해 니체는 형이상학을 극복하고 새로운 철학적 성숙을 도모한다. 그리고 이 시기 말에 『차라투스트라는 이렇게 말했다』를 출간함으로써 인간 스스로를 극복한 존재, 즉 초인이 이 땅의 주인이 될 것이라고 역설한다. 마지막 시기인 1885-1888년에는 여러 권의 명저를 출간한다. 『선악을 넘어서』, 『도덕의 계보학』, 『우상의 황혼』, 『반그리스도』, 『이 사람을 보라』 등이다. 초기에 저술된 '자유정신 3부작'에서 드러나는 '긍정의 정신'과는 대조적으로 후기에 들어 니체는 모든 가치를 재고하고 그리스도교 도덕을 근본적으로 거부하며 비판하는 이른바 '비판과 거부의 정신'을 보여준다.

Ⅲ. 허무주의의 대답으로서 '힘에의 의지'

　니체를 흔히 '쇠망치를 든 철학자'라고 부른다. 이것은 그가 서양 철학 전체가 근본적으로 잘못되어 있다고 보고, 철학적 쇠망치로 서양사상과 문명이라는 거대한 건축물을 때려 부수려고 했기 때문이다. 좀 더 직접적으로 말한다면, 그는 인간의 자유정신을 가두어 두었던 형이상학이라는 견고한 성과 모든 우상 및 종교적 독단을 과감히 두드려 부수어 버렸다. 그는 파르메니데스부터 자기 시대에 이르는 서양의 도덕, 철학, 종교 등 서양사상 전체가 허무주의로 귀결된다고 주장한다. 바로 이 허무주의의 귀결을 니체는 "신은 죽었다"라는 말로 요약했다. 여기서 그가 말한 허무주의란 인간이 구체적으로 발을 딛고 살아가는 현실 세계를 부정하고 현실적 삶의 궁극적 근원이 되는 일체의 가치, 즉 실재, 신앙, 도덕 등을 부정하는 것을 의미한다. 따라서 니체 철학의 궁극적인 목적은 현대인의 정신적 공황 상태인 허무주의를 극복하고 다시 인간의 삶에 관한 긍정적인 해석을 제시하는 데 있다. 그러한 처방으로 니체는 생성의 존재론, 힘에의 의지, 디오니소스적 긍정, 영겁회귀론, 초인의 도래 같은 개념을 제시했다. 니체는 철학자로서 자신의 사명을 이렇게 선포했다.

　　나의 의지, 나의 타오르는 창조적 의지는 언제나 새로이 나를 인간에게로 몰아간다. 그리하여 망치가 돌을 치도록 만든다. 아, 그대 인간들이여, 돌 속에는 하나의 형상이, 내가 바라는 형상들 중에서 가장 뛰어난 형상이 잠들어 있다! 아, 그 형상이 단단하기 그지없는 돌 속에서 잠들어 있어야 한다는 말인가! 이제 나의 망치가 그 형상을 가두고 있는 감옥을 잔인하게 두들겨 부순다. 돌 조각이 사방으로 흩어진다. 하지만 그게 무슨 상관인가? 나는 이 형상을 완성하려고 한다. 어떤 그림자가 나를 찾아왔기 때문이다. 만물 가운데서 가장 조용하고 가장 가벼운 것이 나를 찾아왔던 것이다. 초인의 아름다움이 그림자로서 내게 다가왔던 것이다. 아, 형제들이여! 신들이 나와 무슨 상관이란 말인가?[3]

먼저, 니체가 전통 서양사상 전제를 허무주의로 진단하는 데는 플라톤적 그리스도교의 세계관에 대한 비판이 작용한다. 플라톤의 이데아론에 따르면, 생성 변화하고 있는 이 현실 세계는 변하지 않는 참된 이데아 세계의 모방에 불과하다. 당연히 현실 세계의 의미와 가치의 근거는 이데아의 세계, 초월 세계에 있게 된다. 이런 세계관에 입각하면 현실 세계를 경시하거나 부정하게 되고, 반대로 보이지 않는 초월 세계만을 긍정하게 된다. 이런 세계관이 그리스도교에 그대로 적용되어 이제 초월적인 신에 대한 긍정과 신앙이 현실 세계를 부정하는 허무주의로 나타나게 되었다는 것이다. 이런 존재와 생성이라는 이분법적 사고는 다른 면에서 볼 때 인간의 생존과 관련된 삶의 유용성과도 관련된다. 즉, 온갖 고통을 일으키는 현실 세계, 늘 변화하고 생성하는 현실 세계에 대한 원인과 이유를 불변하는 또 다른 세계, 존재의 세계에서 찾게 되고, 이에 상응하는 도덕 가치를 발전시켜 왔다는 것이다. 이런 존재의 세계 정점에 신이라는 존재가 있다. 따라서 이런 세계관이 허무주의로 귀결된다면 그것은 당연히 신에 대한 부정으로 나타날 수밖에 없다는 것이다. 그러므로 "신은 죽었다"라는 말은 바로 이런 맥락에서 선포된 것이다.

그렇다면 니체가 제시한 해결책은 무엇인가? 니체는 한마디로 존재와 생성의 이분법을 부정하고 오직 생성만이 유일한 실재임을 주장한다. 만물은 변화한다는 것이다. 모든 존재는 변화하는 것이지

---

[3] 위의 책, 150.

변화와 무관한 채 자기동일성만을 유지하고 있는 것이 아니라는 것이다. 이와 관련하여 제기되는 중요한 개념이 있는데, 바로 "힘에의 의지"(Wille zur Macht)이다. 힘에의 의지는 세계와 인간의 본질이자 근원이다. 힘에의 의지는 모든 존재를 유지, 발전시켜 주는 근본 원리이자 생명 자체이다. 힘에의 의지는 생성의 실현이며, 그 생성 과정은 끝이 없다. 니체에 의하면, 모든 존재가 힘에의 의지를 존재의 본질로 삼고 있기 때문에 세계는 늘 힘에의 의지를 확대하고 투쟁하는 상태 가운데 있다. 인간 역시 예외가 아니며, 자연의 일부로서 자연도태와 생존경쟁을 통해 살아남은 자연계의 최강자로서 일종의 맹수와 같다고 니체는 진단한다. 물론 인간은 힘을 얻게 되면 그 삶이 환희와 희열로 충만한 상태로 고양된다.

인간의 경우 힘에의 의지가 가장 잘 나타나는 것이 육체의 본능과 욕망이다. 이런 이유로 니체는 그동안 육체를 경시하고 욕망을 죄악시한 그리스도교를 비판한다. 왜냐하면 이것을 제거하면 삶의 존재 자체가 부정되기 때문이다. 바로 욕망이 삶의 근원으로 작용하여 삶의 희열과 기쁨을 느끼게 하고 인간으로 존재하게 만들기 때문이다. 그러므로 영혼을 중시하고 육체를 천시하거나, 내세를 구실로 현실 세계를 멀리하게끔 만드는 사상, 합리와 논리를 우선시해 창조적인 정열과 의지를 약화시키는 철학은 잘못된 것이다. 삶의 근원인 '힘에의 의지'를 부정해 버렸기 때문이다. 그리고 바로 이런 짓을 그리스도교가 해왔다는 것이다. 그러므로 니체는 이렇게 말한다. "간곡히 바라노니 대지에 충실하라. 하늘나라에 대한 희망을 말하는 자들을 믿지 말라. 그들은 스스로 알든 모르든 독을 타서 퍼뜨리는 자들이다."[4] 니체는 이러한 힘에의 의지를 일찍이 디오니소스적 자유를 추구하는 데서 찾은 바 있다. 디오니소스적 욕구는 가장 원초적이며 자

---

4   위의 책, 16.

유로운 것으로 삶 자체를 찬양하면서 노래와 춤, 향락을 추구한다. 이와 반대되는 것은 로고스와 관념, 지식을 중시하는 아폴론적인 욕구, 즉 이성의 힘이다. 니체가 말하는 '힘에의 의지'는 바로 디오니소스적 욕망을 되찾으려는 것을 의미한다. 또한 인간은 서로 힘에의 의지를 추구하므로 충돌이 생기며, 실제적으로 힘을 가진 소수만이 힘에의 의지를 향유하게 된다. 그리고 여기서 각종 계급이 형성되며, 니체의 그 유명한 가치전도론이 등장한다.

IV. 약자와 노예 도덕으로서의 그리스도교

니체에 의하면, 가치에 대한 물음은 객관적인 물음이 아니라 묻는 자의 의도나 욕망에 근거한 물음이다. 즉, '진리란 무엇인가'라는 물음처럼 본질을 묻는 물음이 중요한 것이 아니라, '누가 왜 진리를 묻는가'라고 물어야 한다는 것이다. 이런 물음에는 질문자의 의도(계보)가 무엇인지를 드러내야 하며, 이런 물음에는 이미 상대방을 제압하려는 힘과 힘의 싸움, 힘에의 의지가 들어 있다는 것이다. 니체는 가치의 발생과 유래를 철저히 추적함으로써 그런 가치의 기원과 목적을 신성화하기 위해 가해졌던 폭력과 위선을 드러내고자 한다. 이것이 바로 그가 말하는 계보학적 물음으로서『도덕의 계보학』이란 저술에서 논의하는 바이다.[5]

니체는 이런 계보학적 물음에 따라 종래의 윤리적 가치들을 거꾸로 해석한다. 즉, 도덕의 핵심가치로 믿었던 여러 개념, 가령 선, 악 같은 개념은 그 뿌리를 캐어보면 자기가 속한 공동체의 보전과 관련되어 있다. 좀 더 구체적으로 말하자면, 선과 악의 개념은 원래 강자

---

5   프리드리히 니체/홍성광 역,『도덕의 계보학』(서울: 연암서가, 2011).

인 귀족과 약자인 노예라는 두 종류의 신분적인 특성을 구별하기 위해서 생겨난 것이다. 귀족은 힘에의 의지를 얻은 집단이고 노예는 그렇지 못한 집단이라는 말이다. 여기서 귀족 계급은 좋음을 대표하고 노예 계급은 나쁨을 대표한다. 또 노예 계급은 힘에의 의지를 얻지 못했기 때문에 귀족들에게 원한과 증오를 품게 되었는데, 바로 그 원한에 의해 가치전도가 이루어져 원한의 대상이 자신 밖으로 향하게 되고, 그 결과 선과 악을 거꾸로 받아들이게 되었다는 것이다. 약자인 노예는 심리적인 또는 상상적인 복수를 통해 자신들의 무력감을 심리적으로 보상하려고 하고, 자신들의 가치를 보편적, 절대적인 것으로 믿으려 한다. 그럼으로써 귀족을 극복하려 한다. 여기서 가치가 전도되어 노예들만의 도덕들이 발생한다. 그것은 겸손, 순종, 동정, 친절, 이타주의적 행동 등이다. 이것들은 약자들의 복수 수단인 가치전도에 의해 만들어지고 전해져 왔으며, 심리적인 만족감으로 작용해 왔다.

니체에 의하면, 그리스도교는 약자이자 무능한 천민 노예들이 지배자인 귀족들에게 보복하기 위해 꾸며낸 간교한 복수 집단이다. 다시 말해 그리스도교는 원한과 증오심으로 병든 약자인 유대인들이 만들어 낸 종교이다. 즉, 유대인들이 가치전도의 필요성에 따라 무의식적으로 공모해서 강자에 대한 복수를 감행했고, 이런 가치전도는 처음에는 먹혀들어가지 않았지만 점차 시간이 지나면서 약자와 강자 모두 그런 뒤집힌 가치를 믿게 되었다는 것이다. 이런 전도된 가치관에 의해 다음과 같이 그리스도교의 본질이 형성되었다. 먼저, 그리스도교는 이 세상의 삶을 부정하게 되었다. 현재의 삶은 악하고 무가치한 것이고, 오직 죽음 후에 오는 내세를 위해 희생되어야 할 세계이다. 둘째, 현실 세계가 부정되지만 빈곤함, 약함, 측은함 같은 가치들은 추앙된다. 반면에 풍요함, 강함, 육체적 건강함은 부정된다. 한마디로 노예들의 전도된 가치가 주를 이루게 된다. 니체에 따르면, 그리스도교는 삶 대신 죽음, 행복 대신 불행과 슬픔을 찬양해 왔다. 그리스도교는 노예들의 도덕만을 찬양해 왔으며, 서양 문명은 가치전도에 의해 이루어진 이런 그리스도교의 세계관에 뿌리내리고 있기 때문에 문제라고 보았다.

니체가 보기에 그리스도교보다 더 인간을 바닥으로 끌어내리고 노예로 전락시키는 종교는 없었다. 성직자와 신학자들은 거짓말쟁이이며, 이 점에서 그리스도교는 타파되어 마땅하다. 그래서 니체는 예언자처럼 이런 일을 하고자, "나는 인간이 아니다. 나는 폭탄이다"라고 선언한다. 더 나아가 그리스도교는 자신의 노예 도덕을 변호하기 위해 신에게 호소한다. 약자의 분노를 강자에게 제약을 가하는 도구로 사용될 수 있는 '전도된 정의론'으로 바꾸어 놓는다. 또한 그리스도교는 한 명의 목자 아래 돌봄을 받는 하나의 동일한 양 무리를 원하며, 불평등한 것을 평등하게 만들고자 한다. 그러나 니체는 인간은 평등하지 않으며, 오직 강자와 약자만이 있을 뿐이라고 주장한다. 이것이 세상의 현실이라는 것이다. 다음으로, 그리스도교의 덕들은 인간을 퇴보하게 만든다. 그것들은 자연도태의 법칙을 방해하기 때문이다. 즉, 인간이라는 종(種)을 건강하게 유지하기 위해서 부적격자와 약자를 제거해야 하는데, 그리스도교는 오히려 그들에 대한 자비와 사랑을 역설한다. 그야말로 그리스도교의 이런 덕목들은 본래적인 인간의 삶을 거부하게 만들고, 삶의 패자로 만든다. 그리스도교의 겸손, 절제, 자기포기는 인간을 현실 세계에서 도피하게 만들고 긍정하지 못하게 만드는 수단일 뿐이다.

셋째로, 그리스도인들은 저 세상을 명상하는 태도로 인해 더욱 움츠린 존재가 되고 대지에 불충실한 자들이 된다. 즉, 세계를 멸시하게 되고 더욱 육체를 멸시하게 된다는 것이다. 그럼으로써 육체가 악한 것처럼 믿고, 건강법을 육욕적인 것으로, 성을 불결한 것으로까지 여기게 된다. 더 나아가 그리스도교는 모든 기쁨을 불신한다. 그리스도교는 아름답고 영광스럽고 자랑스럽고 부요한 모든 것을 의심스럽게 바라본다. 그러므로 니체에 따르면, 그리스도교는 약한 사람들만 사는 세상, 강자를 질투하는 약자들만 사는 세상, 강자 밑으로 들어가고 싶은 낙오자들만 있는 세상에서만 존재할 수 있다. "어느 누구도 자유롭게 그리스도인이 되거나 되지 않거나 할 수 없다. 어느 누구도 그리스도교로 개종되지 않는다. 그리스도인이 되려면 사람들은 충분히 병들어 있어야 한다."[6] "그리스도교는 또한 모든 건강한 지성적 바탕과는 대립적 입장에 선다. 즉, 그리스도교는 병적인 정신만을 그리스도교적 정신으로 이용할 수 있다. … 병이 그리스도교의 본질이기 때문에 전형적인 그리스도교적 상태, 즉 신앙 역시 병의 형태를 띠지 않을 수 없다."[7] 니체는 이처럼 그리스도교를 철저히 혐오하고 비판했다. 그의 비판은 『반그리스도』에서 제시한 다음과 같은 주장에서 절정을 이룬다.

> 나는 그리스도교를 하나의 커다란 저주, 커다란 내면적인 부패, 커다란 복수 본능이라 부른다. 그 어떤 수단을 쓰더라도 그리스도교보다 더 충분히 유독하고 비밀스러우며 은밀하고 비열한 것은 없기 때문이다. 나는 그리스도교를 인류의 영원한 오점이라 부른다. … 나는 결론에 도달했으며, 이제 판결을 내리고자 한다. 나는 그리스도교에 유죄를 선언한다. 나는 그리스도교에 일찍이 탄핵자들이 선언한 모든 탄핵들 중에 가장 무서운 탄핵을 선언한다. 그리스도교가 모든 부패 중에서 가장 심하게 부패된 것이며, 가능한 마지막까지 부패하

---

[6] Friedrich Nietzsche, *The Anti-Christ, Ecce Homo, Twilight of the Idols, and Other Writings*, ed. by A. Ridley & J. Norman(Cambridge: Cambridge University Press, 2005), 50.
[7] 위의 책, 51.

려는 의지를 갖고 있었다.[8]

바로 이런 맥락에서 니체는 그런 그리스도교를 부정하였고 또한 신은 죽었다고 선언했던 것이다. 니체는 이렇게 썼다.

"신은 어디로 갔느냐?" 광인이 소리쳤다. "내가 말해 두겠는데, 당신과 나, 우리가 그를 죽였어. 우리는 모두 그의 살해자야. 그런데 우린 어떻게 이 일을 해치웠지? 우리가 어떻게 바닷물을 다 마셔 버릴 수 있었지? 누가 우리에게 지평선을 몽땅 지워 버릴 걸레를 줬지? 우리가 태양에서 지구를 떼어낼 때 무얼 했던 거지? 지금 어떻게 되고 있는 거야? 우린 지금 어디로 가고 있는 거지? 모든 태양으로부터 멀어지는 거야? 마구 끝없이 빠져들고 있는 건 아닌가? 뒤로 옆으로 앞으로 아무 데로나 마구 말이야? 더 올라가거나 내려갈 데가 있나? 우린 무한대의 무(無)를 통과하는 것처럼 헤매고 있는 거 아냐? 우린 공허한 우주의 숨결을 못 느끼나? 더 추워져 버린 거 아냐? 밤이, 더 많은 밤이 계속 오고 있는 거 아냐? 아침에 등불을 켤 필요는 없는 건가? 우린 아직 신을 묻고 있는 무덤꾼들의 소릴 못 들었나?"[9]

여기서 니체는 단순히 "신이 죽었다"라고 말하지 않고 광인으로 하여금 "우리가 신을 죽였다"라고 선언하게 한다. 이 선언은 궁극적 실재에 대한 형이상학적 탐구가 아니라 유럽의 문화가 처한 상황과 그것이 나아가야 할 바에 대한 진단이자 일종의 처방이었다. 신의 죽음이라는 가장 중요한 시대적인 사건이 이제 막 그 그림자를 유럽에

---

8   Friedrich Nietzsche *Portable Nietzsche*, tr. by Walter Kaufmann(New York: Viking Press, 1968), 656.
9   위의 책, 181.

드리우기 시작했다는 것이다. 하지만 그 의미를 제대로 이해하는 사람은 많지 않았다. 광인이 무신론자들에게 신의 죽음을 고하는데도 그들은 비웃음과 조롱으로 응답할 뿐이다. 그만큼 신의 죽음으로 대변되는 유럽 문화의 몰락, 이제 신이라는 중심의 붕괴로 다른 모든 것이 흔들리기 시작하는데도 사람들은 이를 이해하지 못하고 여전히 낡은 신과 그리스도교에 매달리고 있다는 것이다. 여기에 니체의 예언자적 면모가 드러난다.

V. 신의 죽음과 도래하는 초인, 그는 누구인가?

니체는 그리스도교적 배경에서 성장했지만 청년기에 지적 방황을 겪은 후 무신론자가 되었다. 그에게 신으로 대표되는 그리스도교는 병약한 인간, 노예적인 인간을 만들어 내는 거짓 환상에 불과할 뿐이다. 이제 그에게는 오직 두 종류의 인간, 강한 인간과 병약한 인간만이 있을 뿐이다. 니체는 신에 대해 이렇게 선언한다.

> 만일 신들이 존재한다면, 어떻게 내가 신이 아니라는 사실을 참고 견딜 수 있을 것인가? 그러므로 신들은 존재하지 않는다. … 신이란 하나의 억측에 불과하다. 하지만 이런 억측의 그 모든 고통을 마시고도 죽지 않을 자가 있을 것인가? 창조하는 자로부터 그 믿음을, 독수리로부터 높은 하늘에서 떠도는 재주를 빼앗으란 말인가? 신은 모든 곧은 것을 구부러지게 하고, 서 있는 모든 것을 비틀거리게 하는 사상이다.[10]

---

10 프리드리히 니체/정희창 역, 앞의 책, 147-148.

또 다른 곳에서 니체는 신에 대한 인간의 믿음을 심리학적으로 설명한다. 삶의 두려움을 표현하는 데서 신이 탄생했다는 것이다. 즉, 인간은 자신을 제압하는 어떤 것에 의해 압도당하는 느낌을 가질 때 그 느낌을 그 존재, 즉 신에게 귀속시키게 된다. 여기서 두 가지 감정이 나타나는데, 약함을 인간이라 부르고 강함을 신이라고 부르게 되었다. 더 나아가 이러한 신 개념에서 모든 도덕 명령이 비롯된다. 그것들은 강자의 힘을 계발하지 못하게 만들고 현실 삶에 부정적이다. 또한 힘의 의지와는 적대적이다. "삶의 반대 개념으로서 만들어진 신(神)이라는 개념, 이 신이라는 개념 속에는 해롭고 유독하고 중상모독적인 모든 것과 생에 대한 불구대천의 적개심, 이 모두가 종합되어 하나의 무시무시한 개체를 이루고 있다는 것이다."[11] 자칭 비도덕론자로서 니체는 또한 이렇게 역설한다.

> 나는 도덕 그 자체의 형태로 타당성이 인정되고 지배력을 행사하는 그러한 종류의 도덕, 즉 퇴폐의 도덕, 더 간단하게 표현하여 그리스도교의 도덕을 거부한다. … 모든 사람이 선한 사람이 되고 아름다운 영혼이 되고 … 이타적이어야 한다는 요구는 인간존재로부터 인간존재의 위대한 특성을 상실시키고 인간을 거세하라는 것을 의미한다.[12]

니체는 일찍이 젊은 시절에 작성한 한 『노트』(1870)에서 "모든 신은 죽었음에 틀림없다"는 독일 속담을 믿는다고 적고 있다. 심지어 이보다 이른 시기인 1862년에 학교 친구들에게 보낸 편지에서 이미 신을 부정한다고 밝힌 바 있다. 그는 무한한 존재에게 축복을 구하는

---

11 Friedrich Nietzsche, *The Anti-Christ, Ecce Homo, Twilight of the Idols, and Other Writings*, ed. by A. Ridley & J. Norman(Cambridge: Cambridge University Press, 2005), 150.
12 위의 책, 145-146.

대신 천국을 지상 위에 건설해야 한다고 적었다. 세계 너머의 삶에 대한 환상은 현실의 삶과 잘못된 관계를 맺도록 할 뿐이다. 신, 특히 그리스도교의 신은 인간이라는 현세적 동물과 이 세상에 대한 병적 증오를 키우는 데 기여할 뿐이다. 바로 그런 신은 이제 죽어 버렸다는 것이다. 그럼으로써 신학적·철학적·과학적 신념의 근거가 상실되었고, 우주가 질서와 목적을 가지고 있음을 보장한다는 생각도 무너지게 되었다. 니체는 이제 신의 그림자가 더 이상 인간의 마음을 어둡게 할 수 없다고 주장한다. 이를 위해 철저히 신을 제거하는 것이 필요하다는 것이다. 신은 죽었지만 신의 개념은 계속 극복되어야 한다. 여전히 많은 사람이 신의 그림자를 붙잡고 있기 때문이다. 니체는 이렇게 주장했다. "신은 죽었다. 그러나 인간의 방식이 그렇듯이 앞으로도 신의 그림자를 비추어주는 동굴은 수천 년 동안 계속 존재할 것이다. 그리고 바로 우리가 신의 그림자를 극복해야 할 것이다."[13]

니체는 신의 죽음을 선언하면서 동시에 초인의 출현을 요청한다. 그는 새로운 인간상을 '초인'으로 제시한다. 이제 인간이 자신의 주인이 되기 위해서는 신을 부정하고 이 세계를 긍정해야만 한다. 그러므로 초인의 도래를 위한 니체의 투쟁은 인간의 세계 부정에 대한 투쟁인 것이다. 그는 이렇게 선언한다. "모든 신들은 죽었다. 이제 우리는 초인으로 하여금 살게 하겠다." 신의 죽음은 서양 정신사를 통해 서서히 이루어져 온 사건이며 초인에 대한 요구 역시 어떤 형이상학적 이상이 아니라 역사가 제기하는 현실적인 요구이다. 그렇다면 신의 죽음으로 이제 인간들이 기댈 곳은 초인인가? 과연 초인은 죽은 옛 신의 역할을 대신하게 될 새로운 신이거나 그것에 필적할 만한 존재인가? 니체는 이렇게 말한다. "일찍이 인간들이 멀리 있는 바다에 시선을 보냈을 때 그들은 하나님을 말하였다. 그러나 이제 나는 너희들에

---

13 Friedrich Nietzsche, *The Gay Science*, tr. by Walter Kaufmann, 167.

게 초인이라고 가르쳤다." 언뜻 보면 초인이 새로운 신적 존재가 아닌가 하는 생각이 들지만, 초인이 요청되는 정신사적 배경과 그에게 부여된 역할과 의미를 볼 때 그는 신과 같은 존재는 아니다. 이 세계, 이 대지를 유일한 현실로 받아들이고 어떤 초월자나 초월적인 세계도 받아들이지 않는 니체에게는 더 이상 전통적인 의미의 신이란 무의미한 존재이다. 더욱이 초인의 이상이 초월자나 초월 세계가 허구임을 깨닫고 전통적인 형이상학적 세계관이 극복되고 도달해야 할 인간상이라면, 초인은 신이 아니다. 다시 말해 인간 모두가 자기 극복을 통해 스스로의 힘으로 도달할 수 있는 현실적인 목표인 초인은 신이 아니라 인간이다. 여기에 니체의 인간적인 면모가 드러난다. 자신의 저서 『인간적인 너무나 인간적인』의 제목처럼 니체는 끝까지 인간 그 자체에 초점을 맞추었다.

니체는 『차라투스트라는 이렇게 말했다』에서 예언자 차라투스트라의 입을 빌려 초인에 관한 메시지를 선포한다. 차라투스트라는 원래 페르시아의 조로아스터교(일명 배화교)를 창시한 자인데, 그의 이름을 독일어식으로 발음한 것이다. 그는 이렇게 선언한다.

> 나는 그대들에게 초인을 가르치려 하노라. 인간은 극복되어야 할 그 무엇이다. 그대들은 자신을 극복하기 위해 무엇을 하였는가? … 보라. 나는 그대들에게 초인을 가르친다! 초인은 대지(大地)의 뜻이다. 그대들의 의지로 하여금 말하게 하라. 초인이 이 대지의 뜻이 되어야만 한다고! 형제들이여 간곡히 바라노니 '대지에 충실하라!' 그리고 하늘나라에 대한 희망을 말하는 자들을 믿지 마라! 그들은 스스로 알든 모르든 독을 타서 퍼트리는 자들이다. … 지난날에는 신에 대한 불경이 최대의 불경이었다. 그러나 신이 죽었으므로, 신에 대한 불경을 저지른 자들도 함께 죽었다. 이제 가장 무서운 것은 이 대지에 불경을 저지르고, 탐구할 수도 없는 것의 뱃속을 대지의 뜻보다

더 높이 존중하는 것이다.[14]

니체에 따르면, 그리스도교로 대표되는 서양 문명은 이미 허무로 귀결되었으므로, 즉 신은 이미 죽었으므로 이제 인간이 발을 딛고 사는 이 땅(대지)이 모든 가치의 출처이고 삶의 바탕이다. 여기서 대지는 인간에게 유일하게 남아 있는 현실 세계를 가리킨다. 그리고 초인은 어떤 이상 세계에서 이 세상을 구원하려 나타나는 메시아가 아니라, 바로 이 대지의 뜻에 따라 살아가는 인간을 의미한다. 즉, 현실 세계를 긍정하고 힘차게 살아가는 건강한 인간, 힘에의 의지를 가지고 스스로 가치를 창조하며 자율적인 도덕을 만들어 내는 자이다. 또한 초인은 힘에의 의지를 실현할 뿐 아니라, 이원론적 세계관과 목적론적 세계관의 오류를 인식하는 자요, 모든 것은 그대로 되돌아온다는 사실을 용기 있게 받아들이는 자, 디오니소스적 긍정을 실천하는 자이다. 그래서 삶의 온갖 모순적이고 부정적인 면을 그대로 긍정하며 받아들이는 자, 생성과 변화하는 세계의 고통과 육체로서의 인간 그 자체를 긍정하는 자이다.

니체에 의하면 초인은 그냥 되는 것이 아니라 일정한 단계를 거쳐 이루어진다. 그것은 인간의 정신이 낙타의 정신에서 사자의 정신으로, 그리고 어린아이의 정신으로 변화하는 과정이다. 니체는 "세 가지 변화에 대하여"라는 장에서 이 변화를 설명한다. 첫째 단계는 낙타의 단계이다. 즉, 무거운 짐을 지기 위해 무릎을 꿇는 낙타처럼 기존 가치에 저항하지 않고 그대로 순종하는 상태를 의미한다. 여기서 낙타는 신에게 맹목적으로 굴종해 왔던 서양철학의 전통 형이상학과 그리스도교적 가치를 의미한다. 인간은 이제 옛 가치의 거짓됨을 깨닫고 사자의 정신이 되어 자유를 구가하면서 사막의 왕자가 되

---

14 프리드리히 니체/정희창 역, 앞의 책, 16.

고자 한다. 또한 사막의 왕자가 되기 위해 그동안 낙타였던 자기를 지배해 왔던 거대한 용과 싸워 이기려 한다. 이 용은 모든 가치는 이미 창조되었고 "그런 가치는 바로 나다"라고 말하면서 끊임없이 "해야만 한다"라고 명령했던 신을 상징한다. 이제 인간이 용과 싸워 이기려 한다는 것은 신의 죽음에 대한 자각을 의미한다. 사자는 "그대는 해야만 한다"라는 용의 명령에 대해 "나는 하고자 한다"라는 것으로 맞서기 시작한다. 즉, 인간은 사자의 정신으로 스스로의 주인이 되어 스스로에게 명령하고 스스로의 결단에 따라 행동하는 자유인이 된다. 그런데 이것으로 새로운 가치창조는 이루어지지 않는다. 신에 대한 부정만으로는 소극적인 자유만을 누릴 수 있을 뿐이다. 이제 인간은 어린아이의 정신이 되어 새로운 가치를 창조해야 하는데, 이 어린아이가 바로 초인이라는 것이다. 어린아이는 생성하고 변화하는 세계를 있는 그대로 거짓 없이 받아들이고, 자기 힘으로 가치를 창조한다. 니체는 이렇게 말한다. "어린아이는 천진난만하며, 망각이다. 새로운 시작이자 놀이이다."[15]

니체가 말하는 세 가지 변화는 인간의 정신이 겪는 변화이다. 그렇다면 어떻게 초인에 이르게 되는가? 니체는 이에 대해 분명히 밝히지 않았다. 다만 두 가지 가능성을 이곳저곳에서 암시하고 있다. 먼저, 니체는 위에서 말한 인간 정신의 세 가지 변화, 즉 개별자로서의 인간의 자기극복의 과정, 궁극적으로 '초인'에 이르는 과정을 제시한다. 이 세 단계는 다윈의 진화론적 세계관처럼 기계적으로 지속성을 갖고 발전하는 것이 아니다. 오히려 인간 개개인의 정신적 각성과 성찰을 통해 이루어지는 비약과도 같은 것이다. 그래서 어떤 사람은 자기극복을 체험하지만 또 어떤 사람은 다시 원숭이로 되돌아갈 수 있다고 니체는 주장한다. 즉, 인간은 원숭이와 초인 사이를 지나가는 다리

---

[15] 위의 책, 26-29.

와 같은 존재이다. 이것 역시 독일어 단어 '위버멘쉬'(Übermensch)에 들어 있는 또 다른 뜻이다. 결국 이런 변화 과정은 인류의 역사가 거쳐야 할 세 과정이기도 하다. 니체는 이런 세 단계의 변화에 비추어서 유럽의 문명을 진단한다.

또한 니체는 초인에 이르는 길이 유(類)나 종(種)으로서 인간 모두가 생물학적 법칙에 따라 자연스럽게 도달할 수 있는 목표가 아니라 소수의 탁월한 인물에 의해 성취되는 개별적인 것이라고 주장한다. 신이 죽은 시대에 도래할 바람직한 인간인 초인이 되기 위해 우수한 남녀들을 선별하여 그들로 하여금 미래 인류 사회의 어버이가 되게 하고, 반면에 기력을 잃은 무능력한 인간을 과감히 도태시킬 것을 주장한다. 더 나아가 그는 이와 같은 의도적인 진화, 약육강식, 자연적인 선택 등이 인간세계에서 정당화될 수 있는 윤리체계까지 주장한다. 이러한 급진적인 주장은 인종주의적인 측면으로 발전 왜곡되어 사용되곤 했다. 그래서 나치주의자들은 니체의 이 주장에 초점을 맞추어 열광했고, 반면에 반(反) 나치주의자들은 이런 점 때문에 니체를 신랄하게 비판했다.

니체는 늙은 신, 오래된 신들이 모두 죽어 버렸다고 말하면서 초인의 도래를 선언했다. 그렇다면 옛 신들의 비어 있는 권자는 누가 차지하는가? 초인이 이 자리를 대신하는 것인가? 인간은 이제 신 없는 세계에서 어떻게 살아가야 하는가? 니체의 답은 새로운 신이란 더 이상 필요 없다는 것이다. 그동안 신이 해온 역할 가운데 하나는 모든 가치의 근원과 기준, 선과 악의 기준이었다. 이제 그런 기준이 없다면 삶은 그 자체가 허무와 무정부 상태에 빠지게 되는 것 아닌가? 여기서 니체가 제시한 초인은 새로운 가치의 원천이나 기준이 아니라 옛 가치의 허구성을 깨닫고 새로운 가치로의 전환을 의식적으로 수행하는 자를 의미한다. 그렇다면 새로운 가치는 어디서 비롯되는가? 니체는 그것을 대지(大地)라고 불렀다. 대지야말로 이제 모든 가치의 출처요, 유일한 현실로서 삶의 바탕이 되어야 한다. 초인은 바로 이 대지의 뜻에 합당하게 살아가는 인간이다. 초인은 지금까지 하나밖에 없는 삶의 터전에 등을 돌리고, 있지도 않은 저 세계를 동경하게 만든 종교적, 형이상학적 환상에서 깨어나, 자연과 세계를 그대로 받아들이고 가식이나 속임수 없이 자연과 세계의 뜻에 맞게 살아가는 순수하고 용기 있는 사람이다. 바로 이 초인에 의해 삶의 뜻이 회복되며 새로운 역사가 시작된다. 니체는 『이 사람을 보라』에서 이렇게 주장한다. "초인이라는 말은 최고로 완성된 유형의 인간을 가리키는 것으로, 현대인, 선한 인간, 그리스도인, 또 다른 허무주의자들과 반대되는 말이다. 그것은 기성 도덕의 파괴자인 차라투스트라의 입에서 그 말이 나오게 되면 대단히 의미심장한 말이 된다."[16]

VI. 나가는 말

니체는 서양 문명을 신랄하게 비판하면서 신이 죽었다고 선언했다. 그는 망치로 기존의 사상체계를 깨뜨려 버리고 스스로 폭탄이 되어 모든 가치들을 뒤집어엎으려 했다. 일부에서 니체가 말년에 앓았던 정신병을 문제 삼아 그를 광인으로 취급하는데 이는 옳지 않다. 그런 비평가들에 대해 니체 자신이 이미 생전에 비판한 적이 있다. 그리고 니체의 저술이 반미치광이의 헛소리에 불과하다면, 그가 죽은 후 수많은 사상가의 관심과 1만 5,000권 이상 되는 니체 연구서와 논문들은 어떻게 설명해야 하는가?

---

16 Friedrich Nietzsche, *The Anti-Christ, Ecce Homo, Twilight of the Idols, and Other Writings*, ed. by A. Ridley & J. Norman(Cambridge: Cambridge University Press, 2005), 101.

니체 철학의 의의는 일일이 다 열거할 수 없을 정도이다. 그는 후대의 철학자와 문학가들에게 강력한 영향을 끼쳤다. 특히 프란츠 카프카는 20세기 문인들 중 가장 열렬한 니체 독자였으며 그의 사상에 크게 영향을 받았다. 그 외에도 바타유, 벤, 카뮈, 앙드레 지드, 헤세, 로렌스, 앙드레 말로, 토마스 만, 사르트르, 버나드 쇼, 예이츠 등을 비롯한 훌륭한 문인들이 니체의 철학에 영향을 받았다. 심지어 오늘날 포스트모더니즘 사상을 논하는 데도 니체는 단골손님이다.

무엇보다 니체 철학의 가장 큰 의의는 그가 인간 본연의 모습을 회복시키려 했다는 데 있다. 그는 스스로 광인이 되어, 아니 방랑하는 차라투스트라가 되어 병들고 나약한 인간을 일깨웠다. 그 스스로 시대의 예언자라는 짐을 기꺼이 짊어지고, 신과 종교의 이름으로 인간들을 억누르는 모든 사상과 체제에 반기를 든 것이다. 현실보다는 내세에 초점을 두고, 내세를 위해 무조건 참고 인내하라는 그런 도덕 명령을 약자들의 도덕이요 노예들의 도덕이라고 그는 신랄하게 비판했다. 또한 그는 그런 도덕을 조장하는 신은 이미 죽었다고 선언하고, 그 대신 인간 스스로 정신적인 자각을 통해 이르게 되는 새로운 인간상인 '초인'을 제시했다. 이 땅의 현실을 외면치 않고 오히려 긍정하며 이 땅 위에 뿌리를 내린 건강한 인간, 삶의 원초적인 의지를 긍정하고 그것을 긍정적으로 즐기며 살아내는 인간을 미래의 바람직한 인간상으로 제시한 것이다. 이런 인간상은 그동안 그리스도교에 의해, 신의 이름으로 억눌리고 왜곡된 인간상의 회복이요 진정한 인간 해방을 의미한다. 니체는 이런 점에서 참된 휴머니즘의 예언자라고 볼 수 있다.

니체의 신에 대한 거부는 역설적으로 인간을 건강하고 행복하게 만드는 참된 신에 대한 추구였는지도 모른다. 또 차라투스트라가 니체 자신의 이상화된 모습이라면 차라투스트라를 뒤쫓아 오는 그림자는 니체 자신이 완전히 떨쳐 버리지 못한 신의 모습이었는지도 모른다. 그는 『차라투스트라는 이렇게 말했다』 후반부에서 차라투스트라의 발꿈치에 못 박혀 있는 그림자인 신에 대한 향수를 이렇게 묘사했다.

> 멀리
> 그는 스스로 사라졌다.
> 나의 마지막 한 벗,
> 나의 최대의 적,
> 나의 미지의 신,
> 나를 목매달은 신,
> 아니, 돌아오라!
> 그대의 온갖 고뇌를 걸머지고!
> 최후의 외로움을 지닌 나에게
> 오, 돌아오라!
> 내 모든 눈물은 강이 되어
> 그대에게로 흐르노니
> 그리고 내 마지막 마음의 불꽃
> 그대를 향해 타오르나니,
> 오, 돌아오라
> 나의 미지의 신이여! 나의 아픔이여!
> 나의 마지막 행복이여![17]

물론 그의 신 이해와 그리스도교 비판에도 문제가 없는 것이 아니다. 무엇보다 그가 신을 거부하고 그리스도교를 비판하는 데는 일종의 도덕주의적 관점이 주류를 이룬다는 점이다. 니체 자신이 극복하기를 원하는 신은 바로 도덕의 신이요, 그리스도교는 노예 도덕의

---

17 Friedrich Nietzsche, *Portable Nietzsche*, tr. by Walter Kaufmann, 367.

총체이다. 이것은 분명 그가 시대적인 한계 안에 살았음을 의미한다. 또한 그의 그리스도교 비판은 자신의 철학적 입장을 해명해 주는 일종의 상징적 역할을 했을 뿐이지, 그리스도교가 하나의 교리로서 틀렸다고 주장하지는 않았다는 점이다. 그의 신 죽음에 대한 선언 역시 신 자체에 대한 거부라기보다는 비인간적인 세계에서 인간을 해방시키려는 염원의 표현이라고 말할 수 있다. 더 나아가 니체가 유대인을 고발하고 규탄한 이유도 니체가 반유대주의자이기 때문이 아니다. 오히려 그는 반유대주의자들을 맹렬하게 비난했다. 그가 종종 언급하는 유대인은 본능과 욕망을 경시하는 지적 인간을 상징한다. 그리스도교 역시 삶의 뿌리인 본능과 욕망, 힘에의 의지를 부정하는 일체의 제도를 상징한다. 그런 그리스도교는 신이라는 존재로 대표된다.

니체의 그리스도교 비판의 주요 논지는 다음과 같이 요약될 수 있다. 첫째, 그리스도교는 현실을 도피하고 오로지 저 세상만을 바라본다. 즉, 그리스도교는 현실을 외면하고 언제나 영적인 것, 즉 영혼 구원에만 관심을 기울인다. 둘째, 그리스도교는 이른바 섭리 개념을 통해 인간을 무력한 존재, 즉 신에게만 의존하는 존재로 만든다. 셋째, 그리스도교는 율법적으로 인식된 도덕을 부과한다. 즉, 그리스도교는 외부의 입법자가 명령을 발하고 외적으로 부과된 형벌로 위협함으로써 복종을 강요한다. 넷째, 그리스도교는 보편적인 도덕규범에 대한 순응을 요구함으로써 인간 개개인의 차이를 무시한다. 대표적으로 복종이나 겸손과 같은 도덕을 강요함으로써 일종의 노예들을 양산해 낸다는 것이다.

이상과 같은 논지는 의의도 있지만 많은 한계도 드러낸다. 한마디로 니체가 비판하는 그리스도교의 모습은 그가 살던 19세기 유럽의 전형적인 그리스도교의 모습으로서, 당연히 비판받아야 할 대상이었다. 그런 그리스도교의 모습이 오늘날에도 존재하는 한 그의 비판은 여전히 유효하다. 특히 현실도피적이고 영혼 구원에의 집착, 영과 육의 분리, 내세에 대한 강조 등이 당시 그리스도교의 주요 특징인데, 그것들이 그리스도교의 본질이 아니라고 볼 때 니체의 비판은 정당하다고 볼 수 있다. 또한 니체가 곳곳에서 지적하는 바, 플라톤의 이원론적 세계관에 입각한 그리스도교 역시 비판받아 마땅하다. 문제는 무엇이 그리스도교의 본질이며, 그리스도교는 어떤 신을 믿고 있는가이다. 또한 신이라는 존재는 니체가 지적한 대로 그런 부정적인 역할만 하는 존재인가 하는 점이다.

그리스도교는 20세기에 들어와 세계 각국으로 전파되면서 여러 가지 다양한 모습으로 발전했다. 이제 니체가 비판한 모습의 그리스도교와는 전혀 다른 모습의 그리스도교, 갈릴리 예수의 하나님 나라 운동에 토대를 둔 그리스도교, 성서의 예언자적 전통과 민중해방 전통을 계승하려는 그리스도교 교회들과 교인들이 이곳저곳에서 많이 등장하고 있다. 이들이 믿는 하나님은 철저히 인간을 온전한 인간으로 해방시켜 인간으로서의 존엄을 누리며 살게 만드는 해방자 하나님이시다. 이런 하나님은 인간의 삶의 근거와 터전으로 매일 매일의 삶에 힘을 주고 참된 의미를 갖게 한다. 이런 하나님은 니체가 죽음을 선언했던 그런 하나님과는 다른 분이다. 즉, 인간 개개인을 고귀한 하나님의 형상이 들어 있는 존재로 존중하며, 특히 사회에서 눌리고 밀려난 약자들을 보듬어 일으키는 하나님이시다. 니체는 이런 그리스도교의 모습을 알지 못했고, 특히 성서에 나타난 전혀 다른 전통, 예언자적이고 해방적인 전통을 알지 못했다. 그는 신학자가 아니었기 때문이다. 또한 종교 그 자체를 연구하여 비판하는 데 그의 철학의 목표를 두지 않았기 때문이다. 오히려 그가 초점을 맞춘 대상은 인간이었고, 종교와 그릇된 형이상학적 세계관에 억눌린 인간을 해방시키는 데 그의 철학의 목표가 있었다. 이렇게 볼 때 그는 당연히 예언자적 전통에 서 있다고 말할 수 있을 것이다. 물론 그는 신의 이름을 빌리지 않은 이른바 무신론적 예언자라고 볼 수 있을 것이다.

오늘날 이 땅에 서 있는 수많은 교회는 어떤 모습을 하고 있는가? 하나님의 이름으로 또다시 인간을 억누르고 있지는 않은가? 하나님의 이름으로 철저히 현실을 외면한 채 오로지 소수의 선택받은 자만이 갈 수 있다는 내세에만 집착하고 있지는 않은가? 도대체 종교의 목적이 무엇인가? 사람을 살리는 것인가? 아니면 내세를 담보로 사람을 억누르고 죽이는 것인가? 오늘날 이른바 종교적 인간은 대지에 뿌리를 내리고 이웃과 삶의 의지를 함께 실현하는 건강한 인간인가? 아니면 병들고 약하며 체제 순응적인 그런 인간인가? 니체는 단언한다. "그런 신들은 죽었다." 이제 나약함과 왜소함에서 벗어나 너와 내 안에 잠재되어 있는 초인이 되는 것, 참된 인간으로 존재하게 되는 것이야말로 그것은 우리 모두가 감당해야 할 몫이다.

제4장

신은 환상인가?

―프로이트의 심리학적 종교 이해

> 종교는 인간의 보편적이고 강박관념적인 신경질환이다.
> ― 프로이트

I. 들어가는 말

2014년 9월부터 한국 사회 일각에서 이른바 전쟁 예언이 확산된 적이 있다.[1] 스스로를 선지자라 부르는 자들이 이 전쟁 예언의 주인공들이다. 특히 홍 아무개 씨는 이 분야의 전문가처럼 매우 적극적으로 활동하며 각종 간증집회를 이끌고 있다. 그가 인터넷상에 올린 다양한 영상의 내용은 대강 이렇다. "3월 26일에 주님이 메시지를 주셨다. 앞으로 한국에서 많은 사람이 죽을 것이다. 목회자의 75-85%는 회개하지 않으면 지옥에 갈 것이다. 대한민국에 종북세력이 많고 심

---

1 이 전쟁 예언 사건은 곳곳의 언론에 보도되었다. 몇몇 기사를 소개하면 다음과 같다. "한국전쟁설 퍼뜨리는 국내 신흥 예언자들", 「뉴스앤조이」 2014. 10. 30., http://www.newsnjoy.or.kr/news/articleView.html?idxno=197824, "불안을 야기하는 '예언', 12월 한국 전쟁설", 「현대종교」 2015. 1. 12., http://www.hdjongkyo.co.kr/news/view.html?section=22&category=1004&page=9&no=14389, "SBS 그것이 알고 싶다" 2015년 2월 8일 방영 프로그램 인터뷰, "목사도 교인도… '12월 전쟁' 거짓 예언 믿고 외국행", 「국민일보」 http://news.kmib.co.kr/article/view.asp?arcid=0008874588

지어 청와대와 국방부 고위직에도 있다. 박 대통령은 이들을 해고해야 한다. 만약 그러지 않으면 12월에 남북에 전면전이 일어날 것이다. 전쟁은 5개월 지속될 것인데, 나의 기도로 1-2개월 감면받았다."
홍 씨는 어째서 전쟁과 심판을 종북세력과 연관시키는지, 그리고 종북세력의 실체는 무엇인지 밝히지도 않은 채 자신의 일방적인 극우 이념을 드러내고 있다. 그런데 이 말도 안 되는 얘기를 일부 그리스도인들이 소셜미디어를 통해 열심히 확산시켰다. 그 결과 일부가 전쟁을 피하기 위해 해외로 도피했다. 50여 명의 사람이 미국에 마련된 '노아의 방주'에 피신하기 위해, 그리고 30여 명이 남 아무개 목사의 주도로 베트남으로 피신했다.

더 놀라운 것은 자칭 선지자 홍 씨가 전쟁이 일어나는 날짜를 12월 14일(일) 새벽 4시 30분으로 확정지어 선언했다는 것이다. 이른바 하나님이 그렇게 말씀하셨다는 것이다. 홍 씨는 한국에서는 하나님이 말하지 말라고 하셨는데 미국으로 피신한 사람들의 집회에서 기도 중에 주님이 마음을 바꾸셨다고 전했다. 날짜를 말하면 김정은이 더 일찍 쳐들어올 것을 염려해서 말하지 말라 하셨던 건데, 이제는 하나님이 한 명이라도 더 살리고 싶어 하신다며 이 메시지를 널리 전해야 한다는 것이다. 하지만 12월 14일이 지났는데도 전쟁은 일어나지 않았다. 그날 새벽 4시 30분이 되어서도 아무 일도 일어나지 않았다. 전쟁의 포성은 어디에서도 들리지 않았다. 결국 전쟁이 일어나지 않자, 인터넷에 홍 씨를 비난하는 글들이 올라왔다. 이에 대해 홍 씨는 오히려 이들을 나무라면서 전쟁이 이미 시작되었다고 계속 주장했다. 그것도 자기가 말한 시간에 정확히 일어났는데 언론 보도가 나지 않는 이유는 종북세력이 정부와 언론을 장악했기 때문이라고 했다.

조용하다 싶으면 다시 나타나고 있는 이런 극단적인 말세론에 왜 사람들은 현혹되는가? 21세기 과학문명의 시대에 살고 있는 사람들이 이런 것을 하나님의 계시로 알아듣고 해외로 도망까지 간단 말인가? 참으로 종교의 본질이 무엇인지에 대해 많은 것을 생각하게 하는 사건이다. 무엇보다 자칭 선지자라는 홍 씨의 전쟁 예언 사건은 일종의 사회병리현상, 즉 이 땅보다는 저 세상을 갈망하는 오늘 우리의 현실이 낳은 비극이라고 볼 수 있다. 이 땅에서 살아가는 사람들이 모두 건강하고 행복하다면 종말이니 심판이니 전쟁이니 하는 말에 현혹될 사람은 많지 않을 것이다. 다른 한편으로, 이 땅에 존재하는 기성 종교, 특히 그리스도교가 그만큼 병들어 있다는 증거이기도 하다. 종교가 사람들에게 참된 희망과 위로와 지침을 줄 수 있다면 이런 말도 안 되는 것 따위에 사람들이 현혹되어 외국으로까지 도피하겠는가? 우리는 이런 여러 가지 물음과 함께 가장 본질적인 문제에 직면해야 하는데, 그것은 참으로 신은 존재하는가 하는 물음이다. 신은 환상에 불과한 것 아닌가? 신은 인간이 바라는 무엇을 저 세상에 투사한 것에 지나지 않은 존재인가? 신은 우리가 지닌 심리학적 불안을 해결하기 위한 임시방편적인 존재에 불과한 것인가? 또한 종교는 환상에 불과한 것인가? 이제 프로이트의 심리학적 이론을 중심으로 살펴보고자 한다.

II. 프로이트의 생애와 주요 공헌

종교의 본질, 또는 신이라는 존재를 가장 먼저 심리학적으로 분석한 사람은 프로이트(Sigmund Freud, 1856-1939)였다. 프로이트는 19세기 말 이래 인류 정신사의 한 획을 그은 인물로 평가되고 있다. 상대성의 원리를 발견한 과학자 아인슈타인처럼 프로이트 역시 현대사상을 혁명적으로 변화시킨 자로 추앙되고 있다. 특히 그에 의해 시작된 심리학 분야는 인간의 정신을 새롭게 일깨웠다. 그의 심리학이 영향을 끼치지 않은 분야가 없을 정도로 근대 이후 그의 영향력은 지대하다고 말할 수 있다. 그가 발전시킨 정신분석학을 빼놓고는 현대 심리학의 그 어떤 것도 논할 수 없으며, 오늘날 각 나라에 살고 있는 인간들의 예술과 문화를 이해할 수도 없다. 또한 인간의 정신세계를 제대로 탐구할 수도 없을 것이다.

하지만 프로이트에 대한 왜곡과 편견이 많은 것도 사실이다. 프로이트에 대한 말이 나올 때마다 그의 이론이 비과학적이다, 지나치게 성적이다, 미래를 부정적으로 본다, 가부장적이다, 반종교적이다, 무신론자다 등등의 비판들이 제기되곤 한다. 물론 그런 면이 전혀 없는 것은 아니다. 하지만 전 생애에 걸친 프로이트의 학문적 탐구와 열정을 이해한다면 그런 비판들은 잘못된 것이다. 그는 한마디로 인간을 이해하기 위해서 노력했던 사람이다. 그는 인간을 제대로 이해하기 위해 무엇보다 인간의 정신세계를 과학적으로 분석하려고 시도했다. 인간에 대한 관심과 열정과 사랑이 없었다면, 그의 필생의 연구는 진행되지 못했을 것이다. 먼저 그의 생애를 간단하게 살펴보도록 하자.[2]

프로이트는 1856년 5월 6일 당시 오스트리아-헝가리 제국의 일부였던 모라비아의 소도시 프라이베르크(Freiberg, 지금은 체코 영토)에서 중산층 유대인의 가정에 태어났다. 프로이트의 아버지는 모피 상인이었는데, 프로이트가 태어나고 얼마 지나지 않아 사업이 기울기 시작했다. 그래서 프로이트가 세 살이었을 때 그의 가족은 프라이베르크를 떠나 오스트리아의 빈(Wien)으로 이주했다. 프로이트의 아버지는 중년에 아내를 잃고 재혼을 했는데, 두 번째 부인이 프로이트의 어머니로서 프로이트에게 깊은 사랑과 믿음을 주었으며 학문과 생활에 영향을 끼쳤다. 프로이트와 나이 차이가 많이 나는 두 명의 이

---

2 조시 코언/최창호 역, 『How To Read 프로이트』(서울: 웅진지식하우스, 2007), 6-19, 214-216 참조.

복형이 있었는데 그들은 장성하여 일찍이 분가해서 살고 있었다. 그 외에 7남매가 더 있었는데 프로이트가 맏이였다. 이런 대가족 구조와 어머니의 사랑은 그가 훗날 부모와 자식 사이에 무의식적으로 작용하는 오이디푸스 콤플렉스 같은 개념을 발전시키는 데 많은 영향을 끼쳤다.

　프로이트는 매우 명석한 아이로서 어릴 때부터 공부에 재능이 있었다. 의사가 되겠다는 생각은 없었으나, 김나지움(중·고교 교육학교)을 졸업할 무렵에 학교에서 열린 한 행사에서 "자연"에 관한 에세이를 낭독하는 것을 듣고 자연과학 쪽에 관심을 기울이게 되었고, 의학 쪽으로 관심이 좁혀졌다. 열일곱 살이던 1873년 프로이트는 빈 대학 의학부에 입학했다. 그는 의사 자격 취득을 서두르지 않았고 생물학과 생리학에 관심을 기울였다. 졸업 후에는 당시 유명한 생리학자인 브뤼케(Brücke) 교수가 소장으로 있는 빈 생리학 연구소 실험실에서 연구원으로 6년간 일했다. 자연과학 전반에 걸쳐 프로이트가 가지고 있는 입장은 이 기간 동안 브뤼케 교수에게 배운 것이다.

　프로이트는 유대인으로서 승진이 어려운 데다가 대가족을 부양할 만한 수입을 얻지 못했기 때문에 생리학 연구소를 나와 의사 자격을 취득한 후 빈 종합병원에 신경과 의사로 취직을 했다. 그는 약혼자 베르나이스와 결혼을 위해서도 좀 더 나은 직장으로 옮겨야 했었다. 프로이트는 의사로서 명성을 쌓아가면서 신경병리학과 신경해부학 쪽에도 관심을 두기 시작했다. 1885년에는 프로이트의 삶에 새로운 전환점이 마련되었다. 스승 브뤼케의 추천을 받아 신경질환 치료로 유명하던 프랑스 파리의 살페트리에르 병원으로 장학금을 받고 유학을 가게 된 것이다. 프로이트는 당시 의학계를 주도하던 신경 병리학자 샤르코(Charcot) 밑에서 공부를 하였다. 샤르코의 관심은 히스테리와 최면술에 쏠려 있었다. 그는 최면 암시법을 사용해서 히스테리의 증상을 유발시키거나 제거할 수 있다고 주장했다. 프로이트는 샤르코의 강의와 실습에 관심을 갖게 되었고, 비로소 정신의 탐구를 향해 첫걸음을 내딛기 시작했다. 프로이트는 그때까지 뇌에 관한 병력학(炳歷學) 연구를 계속하고 있었는데, 샤르코의 영향으로 신경학자에서 정신병리학자로 방향을 바꾸게 되었고 마침내 정신분석학을 창시하게 되었다.

1886년 프로이트는 빈으로 돌아와 신경질환 상담자로서 개인병원을 열었다. 프로이트는 어린아이들의 뇌성마비에 대해 연구를 계속하는 동시에 신경증의 치료에도 노력을 기울였다. 그런데 신경증 치료를 위한 전기충격요법 실험이 실패하고 새로운 방법을 모색하던 중 프로이트는 정신과 의사 브로이어(Breuer) 박사를 만나게 된다. 브로이어 박사는 이미 10년 전에 새로운 치료법으로 어떤 여성의 히스테리 증세를 치료했는데, 프로이트 역시 같은 방법을 사용해 좋은 결과를 얻게 되었다. 새로운 방법이라는 것은 히스테리가 환자에게 잊혀진 어떤 육체적 충격의 결과라는 가정에 근거를 두고 있었다. 그리고 이 잊혀진 충격을 떠올리기 위해 적절한 감정을 수반하여 환자를 최면 상태로 유도했다. 프로이트는 브로이어와 함께 1895년에 『히스테리 연구』라는 책을 공동으로 출판했으나 얼마 지나지 않아 입장 차이로 갈라선다. 브로이어는 자신이 지지했던 이론에 회의를 느끼기 시작했고, 프로이트는 히스테리의 주원인이 성욕이라고 주장했기 때문이다. 프로이트의 이론이 의사들의 비판을 받기도 했으나 그는 1896년 빈 의사회에서 사퇴하면서까지 자신의 주장을 굽히지 않았다. 프로이트는 "정신분석"(psychoanalysis)이라는 용어를 처음으로 사용하여 자신의 이론과 사상 체계를 설명하기 시작했다. 프로이트는 1895년부터 생을 마감할 때까지 정신분석학을 연구하고 발전시키는 데 전력했다. 그는 대부분의 삶을 빈에서 보내다가 1938년 나치가 오스트리아를 침공하자 영국으로 이주하였고, 이듬해인 1939년 영국에서 사망했다.

프로이트는 심리학의 아버지요 정신분석학의 창시자로 추앙받고 있다. 하지만 프로이트는 초기에는 외부의 지원을 거의 받지 못하는 무명의 학자였다. 정신분석학이라는 분야를 시작한 지 10여 년이 지난 1906년경이 되어서야 스위스의 정신의학자 다수가 그를 지지하면서 그의 정신분석학은 비로소 유명해지게 되었다. 그를 추종하던 이들 중에는 취리히 정신병원장 블로일러(E. Bleuler)와 그의 조수 융(Carl G. Jung)이 있었다. 1908년에 잘츠부르크에서 정신분석학자들의 국제적인 대회가 열렸고, 1909년에는 미국에서 프로이트와 융을 초청해 각종 강연회가 열리게 됨으로 정신분석학은 세계적으로 확산되기 시작했다.

프로이트가 인류 정신사의 여러 분야에 끼친 공헌은 이루 다 말할 수 없는데, 대개 세 가지로 요약될 수 있다. 첫째, 인간의 정신을 과학적으로 탐구하기 위한 도구를 찾아냈다는 사실이다. 그동안 천재적이고 창조적인 많은 학자가 인간의 정신을 단편적으로 탐구해왔지만, 프로이트 이전에는 체계적인 방법이 없었다. 잠시 그와 함께 연구했던 브로이어가 '히스테리'에서 설명한 이른바 '잊혀진 충격'에서 맨 처음 문제점을 발견한 프로이트는 관찰자나 환자 모두의 경우 즉각 개방되지 않는 정신의 어떤 부분이 있다며 이것을 "무의식"이라고 불렀다. 이후 무의식의 존재는 최면 후의 암시를 통해 사실로 증명되었으며, 환자가 암시 그 자체를 잊었다 하더라도 조금 전 그에게 암시되었던 행동을 탐구할 수 있는 실마리가 되었다. 프로이트에 따르면 정신의 탐구는 의식적인 부분뿐 아니라 무의식적인 부분이 포함될 때 완전해질 수 있다. 프로이트는 처음에는 "최면 암시"라는 수단에 의해서, 후에는 "자유 연상"이라는 새로운 방법을 통해 정신을 탐구함으로 새로운 통찰을 얻게 되었다. 그 결과 그는 정신을 보다 역동적인 것으로 생각하게 되었다. 즉, 정신은 의식과 무의식으로 구성되어 있으며, 우리가 느끼는 의식은 바다 위에 드러난 빙산의 일각에 불과한 것이고, 바다 밑에 들어 있는 거대한 빙산은 무의식이라는 것이다. 이 두 부분이 조화롭게 작용하다가도 때로는 서로 상반되는 정신적인 힘들로 나타난다. 더 나아가 정신의 무의식적인 내용들은 원초적인 육체적 본능에서 그 에너지를 끌어내는 경향을 지닌다. 그리고 그런 원초적인 본능은 성적이거나 파괴적인 경향을 지니며, 사회적이거나 개화된 정신적인 힘과 상충되곤 한다. 특히 프로이트는 성욕(libido)을 무의식 속에 잠재해 있는 인간의 가장 원초적이고 근원적인 힘으로 파악했다. 또한 이와 관련하여, 프로이트는 정신 발달의 중요한 전환점이자 신경증의 발병하는 근거로 이른바 "오이디푸스 콤플렉스"(Oedipus complex)라는 개념을 주장했다. 오이디푸스 콤플렉스란, 아이들이 부모 중에 상대의 성을 가진 대상에 대한 성적인 감정(근친상간적인 욕망)을 억제하면서 반면에 같은 성을 가진 대상(아버지나 어머니)에 대해서는 경쟁의 감정을 갖는 가운데 형성되는 심리 상태를 말한다. 프로이트는 이것을 개인의 발달기는 물론 종교의 형성과 연결시킨다.

둘째, 인간의 정신을 분석하기 위해 꿈의 본질을 탐구하기 시작했다는 사실이다. 이것은 프로이트가 최초라고 말할 수 있다. 프로이트 이전에 그 누구도 꿈을 무의식과 연관하여 과학적으로 분석한 적이 없다. 그는 1900년에 『꿈의 해석』이라는 매우 중요한 저서를 출판했다. 이 책의 마지막 장에서 프로이트는 정신 과정, 무의식, 쾌락 원칙 등에 대해 자세히 설명했다. 꿈은 모든 사람이 경험하는 보편적인 현상이다. 프로이트에 의하면 인간이 꾸는 꿈은 원초적인 무의식적 충동과 2차적인 의식적 충동 사이에서 생겨나는 갈등과 타협의 산물이다. 따라서 꿈을 구성 요소별로 분석함으로써 인간의 정신 안에 숨어 있는 무의식적인 내용들을 추론할 수 있다는 것이다. 프로이트는 꿈의 해석이야말로 신경증 환자의 저항을 파악하기 위한 기술적 도구라는 점을 발견했다.

셋째, 꿈에 대한 분석을 통해 프로이트는 인간 정신의 1차적 과정과 2차적 과정, 즉 정신의 무의식적 영역과 의식의 영역에서 일어나는 일들 사이의 차이점을 파악할 수 있었다. 무의식에서는 독립적인 충동이 다른 충동과 상관없이 만족을 추구하며, 서로 대립되는 충동들조차 갈등 없이 병존한다. 또한 무의식에서는 논리와는 관계없이 생각들의 연상이 이루어진다. 무의식에 속하는 심리기제가 의식적인 생각으로 침투하는 것을 통해 꿈뿐만 아니라 다른 정신병리학적 사건들의 특이성을 파악할 수 있다는 것이다.

프로이트는 이런 초기의 사상들을 확장하고 다듬는 데 후반부의 인생을 바쳤다. 프로이트는 1915년부터 1917년까지 정신분석학을 강의하면서 『정신분석입문』이라는 책을 출판하여, 그때까지의 정신분석학에 관한 자신의 생각을 피력했다. 그의 정신분석학은 정신 신경증이나 정신이상의 심리기제뿐 아니라 예술 창작 같은 정상적인 과정의 심리기제를 설명하는 데도 사용되게 되었다. 더 나아가 응용과학, 즉 고고학, 인류학, 범죄학, 교육학 등의 여러 분야에 새로운 영향을 끼쳤다. 말년에 프로이트는 "무의식"이라는 용어가 지닌 다의성과 모순되는 여러 가지 사용법에 영향을 받고, 정신에 대해 보다 체계적인 설명을 제시했다. 즉, 그는 인간의 무의식 안에 들어 있는 조화되지 않은 본능적인 경향을 "이드"(Id)로, 조직된 현실적인 부분은 "자아"로, 비판적이고 도덕적인 기능은 "초자아"로 부르기 시작했다.

III. 프로이트의 신과 종교 이해 – 신은 환상인가?

현대 심리학의 아버지 프로이트는 그동안 인간의 정상적인 의식에서 제외되었던 정신적 실체의 모든 영역을 처음으로 파악한 사람이다. 그는 처음으로 꿈을 해석하고, 무의식의 중요한 실체로 유아기의 성욕이라는 사실을 인정하고, 사고의 제1차적 과정과 2차적 과정을 구분했으며, 무의식을 제시하였다.

그렇다면 그는 신과 종교를 어떻게 이해했을까? 그는 신이나 종교를 매우 부정적으로 생각했다. 프로이트의 종교론은 『환상의 미래』(1927), 『토템과 타부』(1912-1913), 『모세와 유일신론』(1938), 『문명과 그 불만』(1930) 등의 저서에서 자세히 논의된다. 가장 먼저 저술된 『토템과 타부』를 살펴보자. 이 책은 그가 펴낸 『꿈의 해석』(1900)과 『정신분석학 입문 강의』(1916-1917) 사이에 자리 잡는 가장 중요한 저술이다. 프로이트는 이 책에서 인류학적 논의와 독일의 빌헬름 분트(Wilhelm Wundt, 1832-1920)에 의해 발달된 민족심리학(Völkerpsychologie)의 논의를 바탕으로 자신의 이론을 전개하고 있다. 여기에서 프로이트는 민족심리학이 해명하지 못한 문제를 정신분석학의 관점에서 해결하고자 한다. 이 외에도 프로이트는 제임스 프레이저, 로버트슨 스미스, 에밀 뒤르켐의 영향도 받고 있다. 원래 이 책은 프로이트가 편집인으로 있던 잡지 「이마고」(*Imago*)에 네 차례에 걸쳐서 발표한 논문을 묶은 것이다. 『토템과 타부』는 네 개의 주요 논문, 즉 "근친상간 기피심리", "타부와 감정의 양가성", "애니미즘, 주술, 관념의 만능", "유아기, 토테미즘으로의 회기"로 구성되어 있다.

프로이트는 신이란 존재는 사람들이 보통 어린 시절 부모에게 느꼈던 이미지를 확대 재생산해서 만들어 낸 개념이라고 생각했다. 즉, 신에 대한 인간의 인격적 태도는 혈육의 아버지에 대한 자신의 태도에 의존한다. 이것은 변화하고 시간에 따라 진화한다. 아이들은 부모가 전지전능하다고 생각하고 그런 부모가 자신을 돌봐주고 있으면 아무런 문제도 걱정도 없다고 느낀다. 그러나 자라면서 부모가 전지전능하지도 않고 더 이상 자기를 돌봐주지도 않으며 그럴 수도 없다고 느낀다. 그래서 그런 허전함을 대체하기 위해서 만들어 낸 개념이 신이라는 존재이다. 프로이트는 이렇게 말한다.

개개인에 대한 정신분석학적 연구가 주장하는 바에 따르면, 개개인이 상상하는 신의 모습은 아버지의 모습으로 형성되고, 신과의 개인적 관계는 육친과의 관계를 따르게 되고, 바로 이런 관계 안에서 동요하고 변화하는 것이므로 신이라고 하는 관념의 바닥을 이루는 것은 찬양의 대상인 아버지이지 다른 것이 아니라는 것이다. 정신분석학은 우리에게 신자들이 신을 아버지라고 부르는 것이 토테미즘의 경우 토템 숭배자들이 토템을 자기네 선조라고 여기는 것과 똑같은 것으로 볼 것을 권고한다. … 정신분석학이 밝히지 못하는 신의 기원이나 의의는 별도로 치더라도 신이라고 하는 관념에 아버지가 관여하고 있다는 지적만은 중요한 대목이다.[3]

다음으로, 프로이트는 종교를 보편적인 강박적 신경질환으로 간주했다. 다시 말하면, 종교인은 일종의 정신병자라는 것이다. 종교는 개인이 앓고 있는 신경증세와 매우 유사하며, 특히 오이디푸스 콤플렉스는 모든 신경증세의 중심에 존재한다. 종교의 기원은 바로 이 오이디푸스 콤플렉스와 관련되어 있으며, 또한 그것은 역사의 여명기에 원시인들이 오이디푸스 콤플렉스 때문에 최초의 아버지를 살해한 데서 발생했다. 인간의 본능이 제대로 발현되면 자아가 기쁨을 누릴 텐데, 종교는 오히려 여러 가지 타부(taboo, 금기)를 통해 그런 본능을 억압했다. 그러면서 다른 한편으로 그런 금지된 행위들, 즉 억압된 본능을 종교라는 이름으로 자행해 왔다. 다시 말해 종교에서는 강박적 행위가 신경증적 징후로 드러나는데, 이런 절충적인 예가 곧 종교적 의례라는 것이다. 프로이트에 따르면, 개인의 신경증과 종교 모두 유사한 증세를 지니고 있다. 단지 개인의 신경증은 성적인 본능에서

---

3 Sigmund Freud, *Totem and Taboo*, tr. by James Strachey(New York: W. W. Norton, 1950), 147.

비롯되는 것인 반면, 종교는 성적인 본능뿐 아니라 자기위주의 본능, 사회적으로 유해한 본능에서도 비롯된다. 종교는 개인에게 본능적인 쾌락을 포기하고 그것을 신에게 제물로 바치라고 하는데, 이렇게 본능적 충동의 억압, 즉 자기를 포기하는 것에서 종교가 출발했다는 것이다. 그리고 계속되는 유혹에 따르는 죄책감, 신의 징벌에 대한 공포 형태의 불안감이 개인의 신경증과 같은 유사 증세를 띠게 되었다. 더 나아가 부정한 것, 사회적으로 해로운 본능을 신들에게 돌림으로써 이를 본능의 지배로부터 자유로워지는 수단으로 삼았다. 그 결과 원시시대부터 인간의 모든 속성과 그 속성에서 비롯되는 악행까지도 신들에게 전가하여 묘사하기 시작했다.

프로이트에 의하면, 종교는 개인적인 이유보다는 종족적인 요인에 의해 탄생했다. 프로이트는 토템 숭배(또는 토템 종교, Totemism)를 인류 최초의 종교 형태로 간주한다. 토템 숭배는 오스트레일리아, 아메리카, 아프리카의 원시 부족들 사이에서 발견되는 종교 형태이자 사회조직의 토대였다. 그것은 제사 형식을 띠면서도 토템과 관련된 어떤 특징적인 형태를 드러낸다. 특히 프로이트가 관찰한 오스트레일리아 원주민들은 종교적 사회적 제도를 결여하고 있는 대신에 그 자리를 토템 숭배 신앙이 차지하고 있었다. 토템은 인류사에서 종족의 기원을 잘 설명해 준다. 토템은 혈족이 공동으로 섬기는 조상인 동시에 수호령이자 보호령이다. 이들에게 하늘의 뜻을 내리는 수호령이나 보호령은 다른 혈족에게는 위험한 존재이지만, 이들만은 알아보고 지켜준다. 그 대신 해당 혈족의 구성원들은 자율적으로 부과된 신성한 의무를 진다. 즉, 토템은 죽이거나 훼손해서는 안 되며, 그 고기를 먹어서도 안 된다. 일종의 타부(금기)가 설정되는 것이다. 심지어 같은 토템 집단의 구성원과 결혼할 수 없으며, 그 집단 밖의 사람들과만 결혼해야 된다. 어떤 경우에도 토템에 해당하는 동물을 사냥하거나 다치게 해서는 안 되지만, 단지 의례를 거행할 때는 토템 동물을 희생제물로 바치고 모든 종족이 나누어 먹는다. 프로이트는 원시 부족에 남아 있는 이런 토템 숭배 의식을 정신분석학적으로 설명하고자 하며, 그것을 종교의 기원으로 연결시킨다.

다윈의 진화론의 입장에 서서 프로이트는 인류 진화의 초기 단계에는 인류가 무리를 지어 살았는데 이때 어떤 강력한 힘을 지닌 '최초의 아버지'가 집단을 지배하면서 여자들을 독점하고 아들들을 추방했다고 주장한다. 그만큼 아버지는 폭력적이고 질투심이 강한 존재였다. 그런데 언젠가 추방된 아들들이 함께 힘을 합쳐서 반란을 일으켜 독재자 아버지를 죽이게 되었다. 그들은 죽은 아버지를 함께 나누어 먹으면서 신성한 힘을 공유하게 되었다. 그런데 아들들은 아버지 살해에 대해 후련하지만 동시에 후회하는 이중의 감정을 갖게 된다. 즉, 아들들은 아버지에 대해 모순된 감정을 지니고 있었는데, 이것이 바로 아버지 콤플렉스(오이디푸스 콤플렉스)의 기원이라는 것이다. 이런 모순된 감정을 프로이트는 어린아이나 신경증 환자에게서 쉽게 발견할 수 있는 아버지 콤플렉스의 이중적인 감정 형태라고 부른다. 아들들은 자신들의 권력욕과 성욕을 방해한 아버지를 경쟁자로 질투하고 미워했지만 동시에 사랑하고 찬미했다는 것이다. 그러므로 그런 아버지를 죽인 뒤에도 아버지에 대한 애정이 나타나고, 이것은 자책감과 죄의식을 느끼게 했다. 이런 감정은 무리 전체의 집단적 자책과 일치하게 된다. 이로써 죽은 아버지는 살아 있을 때보다 더욱 강력한 아버지가 되고, 아들들은 이전에 아버지라는 존재가 방해하던 일을 스스로 금하게 되었다. 이런 감정은 정신분석학에서 잘 알려진 이른바 '사후복종'이라는 심리상태이다.

그리고 아버지를 죽인 것은 더 좋은 사회를 만들고 여자들을 차지하고 아버지의 권위를 빼앗기 위해서였지만, 현재의 상황은 그렇지 못하게 전개된다. 즉, 누군가 아버지의 자리를 차지하게 되면 그 역시 다른 형제들에 의해 죽어야 한다는 것이다. 따라서 이를 해결하기 위해 새로운 금기와 조직이 필요하게 된다. 먼저, 아버지를 대신해 어떤 동물을 토템으로 만들고 그것을 살해하지 못하도록 금기를 설정하게 된다. 즉, 아버지의 대용인 토템 동물을 죽이지 못하게 함으로써 아버지 살해라는 자신들의 행위를 철회하고, 또한 그 행위를 통해 얻을 수 있는 이익을 단념하게 된다. 또한 아버지를 살해한 결실인 여자들을 단념하게 됨으로써 오이디푸스 콤플렉스의 억압된 두 가지 욕구를 해결하게 된다. 그리고 아버지를 죽이는 데 단결했던 형제들은 다시 여자들 때문에 경쟁상대가 될 수 있으므로 혈족 내의 근친상간도 금하게 된다. 아버지 살해 후 갖게 된 양가감정 사이의 긴장은 토템 종교뿐 아니라 모든 종교에도 존속하고 있다. 물론 아들들의 토템 살해 금지와 근친상간의 금지 외에 형제를 죽여서는 안 된다는 금기사항이 후에 덧붙여졌다. 이후에는 이런 금지들이 "살인하지 말라"라는 간명한 계명으로 표현되었다. 이때에 이르러 비로소 가부장적 씨족이 쇠퇴하고 혈연을 통해 서로의 안위를 보장하는 형제애적 씨족이 대두되었다. 즉, 동일한 범죄에 대한 공모 관계가 형성되면서 사회의 바탕이 되었다는 것이다. 프로이트 자신의 표현을 소개하면 다음과 같다.

> 힘을 합한 그들은 이전에 개인들로서는 할 수 없었던 일을 할 수 있는 용기를 갖게 되었다. … 야만적인 사육제가 존재했던 걸로 보아 그들은 아버지를 죽인 다음 자연스럽게 그 제물을 먹어 치웠을 것이다. 광폭한 아버지는 틀림없이 아들들이 두려워하고 무서워한 표본(model)이었을 것이다. 그런 아버지를 먹어치움으로써, 아들들은 아버지와 자신들을 일치시키고 아버지가 지녔던 힘을 얻게 되었다. 가장 오래된 인간의 축제인 토템 제사(totemic meal)는 수많은 것들, 예를 들어 사회 공동체적 조직, 도덕적 규범, 종교 등과 같은 것들을 탄생시킨 매우 중대한 사건이자 범죄적인 사건을 재현하며 기념했

을 것이다.[4]

프로이트는 이런 토템 숭배 전통을 최초의 종교적 시도로 평가하는데, 그것은 아들들이 아버지를 살해하고 그 대용으로 토템을 설정하고 보호하는 것과 밀접히 관련되어 있다. 즉, 아들들은 토템 동물을 아버지에 대한 명백한 대용물로 보고, 이 토템과의 관계를 통해 아버지에 대한 죄의식을 삭히고 살해된 아버지와 일종의 화해를 시도한다는 것이다. 토템 자체가 아버지와의 계약인 셈이다. 이 계약에서 아버지는 자식들에게 보호와 배려와 관용 따위를 약속하는 한편, 자식들 편에서는 아버지(토템)의 목숨을 존중하고 다시 아버지의 죽음을 초래한 행위를 반복하지 않겠다고 서약하게 된다. 이것은 일종의 자기합리화이다. 다시 말하자면, 지금 현재의 토템이 우리를 대접하듯이 아버지가 우리를 대접했다면 우리는 아버지를 죽일 마음을 먹지 않았을 것이라는 일종의 자기합리화라는 것이다. 이런 식으로 토템 숭배는 현재 직면한 사태를 합리화 내지 미화하고, 사태의 원인이 된 사건을 망각하게 만든다. 그리고 이것은 종교의 본질에 결정적인 영향을 끼치게 되었다.

프로이트에 의하면, 원시 부족의 토템 숭배라는 최초의 종교는 아들들의 죄의식에서 생겨난 것으로서, 이 죄의식을 완화시키고 그동안 유예되어 왔던 복종을 통하여 아버지와 화해하고자 하는 시도이다. 그리고 후대의 모든 종교가 비록 역사와 문화에 따라 선택하는 방식이 달랐지만 모두 같은 문제를 해결하고자 했다. 즉, 모든 종교는 최초의 아버지 살해라는 동일한 사건에 대한 반응이라는 것이다. 그리고 종교가 충실히 지켜 온 이중감정은 이미 원시사회의 토템 숭배 신앙에 잘 나타나 있다. 이런 이중감정은 아버지 콤플렉스에 깃들어

---

4   위의 책, 128.

있으며, 토템 숭배 신앙은 물론 모든 종교에도 들어 있다. 토템 숭배 사회에서는 아버지 살해에 대한 후회의 감정을 드러내고 그 감정에 대한 화해를 시도할 뿐 아니라 아버지에 대한 승리의 기억을 유지하기 위해 노력한다. 그것이 바로 토템 향연이라는 기념제이다. 즉, 아버지 살해라는 사건을 기념하기 위해 향연을 정기적으로 되풀이하게 되었다. 이것은 토템 동물 공희제(供犧祭, 공동 희생제사)라고 부르는데, 친족만이 함께 먹을 수 있다는 규정에 근거해서 이루어진 친족끼리의 축제였다. 즉, 토템 동물 공희제는 평소에는 금지되어 있는 토템 동물을 제의적으로 죽이고 그 고기를 함께 먹는 풍습으로서 토템 종교의 중요한 특징을 이루고 있다는 것이다. 이런 향연을 통해 공동체의 결속력이 더욱 강화되었다. 그리고 이 토템 향연이 사회조직, 도덕적 제약 및 종교의 기원이 되었다고 프로이트는 본다.

프로이트에 의하면, 최초의 토템 향연은 후대의 공희제 근본 형식 안에서 반복되고 있는데 그 의미는 동일하다. 즉, 참가자들이 향연에 공동으로 참가하여 일종의 자기신성화(自己神聖化)를 이룬다는 것이다. 여기서 향연의 참가자들은 죄의식을 갖고 있는데, 그것은 참가자들의 연대 책임을 확인하면서 해소된다. 그리고 여기에 '종족의 신'이라는 개념이 덧붙여졌다. 공희제는 이 신이 그 자리에 임재해 있다는 것을 전제로 하고, 그 신은 부족 구성원과 함께 제물을 흠향하며, 사람들은 제물의 음복을 통해 신과의 동일화를 성취하게 된다. 프로이트는, 이런 신은 처음에는 동물이었다가 종교적 감정의 후기 단계에 들어와 비로소 신이라는 개념으로 발전했다고 주장한다. 즉, 토템이 최초의 아버지 대용물이라는 형식이라면, 신은 바로 아버지의 형상을 회복한 아버지의 대용물이 되기 때문이다. 프로이트는 모든 종교의 근원인 아버지에의 동경에서 이런 창조가 가능했으며, 또한 시간이 흐르면서 아버지와의 관계에 본질적인 변화가 일어났기 때문이라고 주장한다.

프로이트의 토템 종교론은 그리스도교에 쉽게 적용된다. 즉, 아버지로서의 신(성부 하나님)의 위치를 차지하려는 아들의 욕망이 격렬해졌고, 그리스도는 기꺼이 자신을 바쳤으며, 동시에 아버지의 위치에서 신이 되었다는 것이다. 이런 변화에 대한 표지는 바로 성만찬의 형태를 띠는 고대적 제의와 토템 공희제의 부활이다. 하지만 형제들은 아버지를 잡아먹는 것을 대신해서 아들의 살과 피를 먹고 마셨다. 프로이트는 이 점에서 토템 향연, 동물제사, 신인(神人) 양성적인 희생제, 그리스도교의 성만찬은 서로 관계가 있다고 주장한다. 본질적으로 그리스도교의 성만찬은 속죄되어야 했던 죄를 반복하는 것에 불과하다는 것이다. 더 나아가 그리스도교의 성만찬은 고대 원시사회의 토템 공희제를 개작하여 반복하는 것에 불과하다고 그는 보았다.

프로이트에 따르면, 결국 인류의 최초 종교인 토템 숭배는 원시인들의 오이디푸스 콤플렉스로 인해 발생한 아버지 살해 사건에서 발생했고, 또한 그것으로 인한 심리적 갈등을 해소하기 위한 수단에 지나지 않는다. 다른 모든 종교도 동일한 사건과 연관되어 있으며 동일한 심리적 문제를 해소하려 한다.

> 토템 종교는 자식의 죄의식에서 출현하였고, 그 감정을 가볍게 하고 또한 밀렸던 순종의 의무감을 표시함으로써 아버지를 진정시키려는 시도에서 발생하였다. 나중의 모든 종교도 동일한 문제를 해결하기 위한 시도라고 파악된다. 그 종교들은 그것들이 발생한 문명의 단계와 채택한 수단에 따라서 다양하지만, 그래도 같은 목표를 바라보고 있으며, 문명이 시작할 때 발생하였고 그 이후로는 인류에게 편안한 순간을 허용하지 않았던 동일한 커다란 사건에 대한 반응들이다.[5]

---

5   위의 책, 145.

다음으로, 프로이트가 1927년에 저술한 『환상의 미래』에서도 그의 종교 이해가 잘 드러나 있다. 한마디로 프로이트는 종교란 환상이라고 보았다. 종교는 인간이 압도적인 자연의 힘에 대항하여 자신을 방어하려고 만들어 낸 일종의 방어기제에 불과하다는 것이다. 인간의 나약함과 무력감에서 발생한 소망이 바로 종교 관념의 근원이다. 인간은 자연의 힘을 인간화시킴으로, 즉 마치 그 힘이 인간존재인 것처럼 만듦으로써 자연에 대한 두려운 감정을 어느 정도 완화시킬 수 있게 되었다. 여기서 인간은 아이가 아버지에게 하듯 자연의 힘에 대해, 마치 아버지가 두려운 존재이면서 동시에 자신을 보호해 주리라고 기대한다. 즉, 인간은 단순히 자연력을 자신과 대등한 존재처럼 사귈 수 있는 사람으로 만드는 것이 아니라 자연력에 아버지의 성격을 부여한다. 이렇게 부성적인 태도를 자연의 힘에 귀속시킴으로 신 개념이 태동되었다. 이후 시간이 지나면서 인간은 자연을 지배하는 법칙을 발견하고, 자연의 힘은 인간적 특성을 잃는다. 하지만 인간은 아직도 자연에 비해 약하다고 생각하고, 신에게 인간 자신의 문화 발전의 부족함을 보상하는 기능을 귀속시키게 된다. 즉, 신은 인간의 고통을 완화시켜 주고 문화가 요구하는 도덕성을 지켜주는 존재가 된다. 각종 종교에 등장하는 아버지 상에 대한 다양한 이미지 이면에는 바로 이런 공통적인 요소들이 있으며, 이것으로 인해 종교는 하나의 신, 아버지 신으로 형성되었다. 따라서 신에 대한 아이와 같은 태도가 점차 자라나면서 계속 발전되기에 이르렀다. 여기서 신의 기능에 대해 프로이트는 이렇게 말한다.

> 신들은 세 가지 임무를 계속 수행하고 있다. 첫째는 자연의 공포를 제거하는 것이고, 둘째는 특히 죽음에서 나타나는 잔인한 운명의 여신과 인간을 화해시키는 것이고, 셋째는 공동의 문명 생활이 강요하는 고통과 박탈을 보상해 주는 것이다.[6]

또한 여기서 어린아이들이 아버지에 대해 갖는 강박적 신경질환(obsessional neuroses)은 종교의 발달을 설명하는 가장 중요한 도식이다. 그는 이렇게 말한다.

> 어린아이는 신경질환 단계를 거치지 않고는 문명적 단계로의 발달을 무사히 마칠 수 없다. 이 신경질환이 두드러지게 나타날 때도 있고 뚜렷하지 않을 때도 있지만, 어쨌든 반드시 그 단계를 거쳐야 한다. … 이와 마찬가지로 인류 전체도 오랜 세월 동안 발달해 오는 과정에서 신경증과 비슷한 상태에 빠졌다고 생각할 수 있다. 인류가 신경질환에 걸린 이유도 어린아이의 경우와 같다. … 종교는 인류의 보편적인 강박적 신경질환이다. 어린아이의 강박적 신경질환과 마찬가지로 종교는 오이디푸스 콤플렉스, 즉 아버지와의 관계에서 생겨났다. 이 견해가 옳다면, 성장 과정이 불가피한 운명인 것처럼, 인류가 종교를 떠나는 것도 필연적으로 일어날 수밖에 없고, 지금 우리는 그 발달 단계의 한복판에서 종교를 막 떠나려 하는 중대한 시점에 서 있다.[7]

결론적으로, 종교란 가장 일반적인 의미에서 문화와 문명의 일부라고 프로이트는 주장한다. 즉, 종교는 인간의 문명이 발달하면서 압도적인 자연의 힘에 맞서 스스로를 방어하려고 생긴 문화적 현상이며, 이 힘에 아버지의 상을 투사시켜서 신의 개념이 형성되었다. 그러므로 종교는 환상이며 신은 허구이다. 프로이트는 이렇게 말한다.

---

6 Sigmund Freud, *The Future of An Illusion*, in *The Complete Psychological Works of Sigmund Freud*, vol. 21, ed. by James Strachey(London: The Hogart Press, 1964), 18.
7 위의 책, 43.

종교 관념은 외적 (혹은 내적) 실재의 사실과 조건들에 관한 가르침과 주장인데, 인간이 직접 발견하지 않은 것을 이야기하고 그러면서도 인간의 믿음을 요구하는 것이다. 그러나 그들은 인생을 사는 우리에게 매우 중요하고 흥미로운 것에 대한 정보를 제공하기 때문에 대단히 소중하게 취급된다.[8]

종교 관념들의 정신적 기원으로 관심을 돌리면, 답은 쉽게 발견될 것이다. 교리의 형태로 주어지는 종교 관념들은 경험의 침전물도 아니고 사색의 최종 결과도 아니다. 그것들은 환상이며, 인류의 가장 오래되고 강력하고 절박한 원망의 실현이다. 종교 교리가 그토록 강력한 힘을 발휘하는 비결은 원망의 강력함에 있다.[9]

셋째로, 프로이트는 죽기까지 정신분석학의 문제와 더불어 종교의 문제에 관심을 기울였다. 그는 죽기 1년 전에 『모세와 유일신론』(1938)을 출간했다. 프로이트는 서양에서 꽃을 핀 유대교와 그리스도교 같은 유일신교가 어떻게 형성되었는지 설명하고자 한다. 한마디로 유대교나 그리스도교 같은 유일신교 역시 토템 숭배에 불과하다는 프로이트의 주장이 여기서도 드러난다. 하지만 종교가 유일신 형태의 유대-그리스도교로 발전하는 그림을 훨씬 더 상세하게 제시한다. "종교가 어떻게 이성과 과학을 능가하는 힘을 발휘하게 되었는가"라는 질문에 대해 프로이트는, 종교는 최초의 유목 집단에서 발생한 사건에 뿌리를 박고 있는 "인간의 신경성 질환"이며, "개인 환자의 신경성 강박증세와 마찬가지로 엄청난 힘"을 행사한다고 대답한다.[10]

---

8 위의 책, 21.
9 위의 책, 30.
10 Sigmund Freud, *Moses and Monotheism*, in *The Complete Psychological Works of Sigmund Freud*, vol. 23, 55.

프로이트는 유대교와 그리스도교와 같은 유일신교의 근원을 이집트에서 발견한다. 프로이트는 당시의 학자들이 관심을 기울이지 않았던 이집트의 잊힌 고대 왕조인 아크나톤 왕초가 유대 민족에 미친 영향에 대해 고찰하고자 했다. 모세의 출신이 문제인 것이 아니라, 유일신교라고 부르는 현상이 어떻게 출현했으며 어떻게 한 민족의 문화가 되었고, 또한 그것이 어떻게 유럽의 문화가 되었는지를 고찰했던 것이다.

프로이트는 유대인들을 이집트에서 탈출시킨 지도자 모세를 유대인의 이름으로는 설명할 수 없지만 이집트인의 이름으로 설명할 수 있다고 본다. 즉, '모세'는 이집트에서 흔한 이름이었으며 '아이'라는 뜻을 지닌 이집트어에서 유래한다고 결론을 짓고 모세가 이집트인이라고 주장한다. 그는 또한 유일신교의 출발을 이집트의 18대 파라오인 아크나톤(Akhnaton) 통치기간에 나왔던 아텐(Aten)교로 본다. 바로 이 아텐교를 믿었던 이집트인 모세가 유대인을 유일신교를 믿는 민족으로 만들었다고 주장한다. 기원전 1375년에 왕위에 오른 파라오 아크나톤은 오직 한 신, 윤리적이고 우주적이고 관대한 신 아텐을 섬기도록 강요했다. 즉위 초부터 대대적인 종교개혁을 실시하여 새로운 태양신 "아톤"을 믿는 종교를 선포했던 것이다. 모세는 이집트에서 아크나톤 직후의 시기에 살았다. 그는 아텐교의 열광신자였고, 아마 한 지역의 통치자로 있으면서 이스라엘 사람들과 접촉하게 되었을 것으로 추측된다. 아크나톤은 열성적인 종교 개혁가로서 당시 대중적인 종교를 모두 쫓아내었으나 그가 죽고 어린 투탕카멘이 즉위하자 아톤 신앙은 사라지고 다시 전통적인 신들에 대한 신앙으로 돌아갔다. 하지만 아크나톤의 아톤 신앙이 완전히 사라진 것은 아니고, 모세를 중심으로 하는 일군의 추종자를 배출했다. 모세는 아크나톤의 개혁의 이상을 마음속에 새기게 되었다. 마치 죽은 아버지로서의 아크나톤을 기억이라도 하듯이 말이다. 모세는 이스라엘 백성들을 이집트에서 풀어주고 아크나톤의 유일신론적 종교로 그들을 훈련시키기로 결심했다. 그는 이것을 실천했고, 그들의 지도자가 되었다.

프로이트는 아크나톤 사후 극히 혼란한 과도기에 출애굽이 일어났다고 추정한다. 이집트에서의 삶이 극도로 피폐해지자 소수의 사람들이 새로운 지도자와 더불어 새로운 땅을 찾게 되었다. 모세와 그의 제자들은 이집트와 팔레스타인 사이에서 오래 떠돌았고, 이 집단이 민족의 단위로 커졌을 때 그들의 역사가 재구성되었다. 프로이트가 지적하고 있듯이 바빌론에 의해 이스라엘이 멸망했을 때, 그 시점에 과거가 다시 정리되었다. 즉, 모세오경은 모세가 죽은 지 수백 년이 지난 후에 지금의 형태를 갖추었다. 또한 모세와 그의 추종자들은 하나의 민족을 이루었는데, 이 민족의 특징이 유일신교라는 것이다. 그런데 이 유일신교 자체가 이집트적인 기원을 가질 뿐만 아니라 그 구체적인 교의와 관습도 이집트적이었다. 프로이트는 모세에 의해 이집트의 관습이 더해졌다고 주장한다. 이처럼 프로이트는 유대-그리스도교의 근간인 유일신론은 아크나톤의 아텐교에서 비롯된 일종의 역사적 시대적 산물이지 실재하는 신에 근거한 것은 아니라고 본다. 즉, 신의 계시로 유대-그리스도교가 형성된 것이 아니라 시대적인 필요에 의해 만들어진 시대적인 산물에 불과하다는 것이다. 그만큼 그는 신이라는 실재를 인정하지 않았다.

넷째로, 프로이트는 『문명과 그 불만』(1930)이라는 책에서 비록 종교가 문명에 어느 정도 기여한 것은 인정하지만 종교 자체는 유아기적으로 미성숙한 상태의 정신적 심리에 불과하거나 환상에 불과하다고 주장한다. 또한 종교는 인생의 고통을 감소시키고 위로와 기쁨을 주기 위해 인간 스스로 발전시킨 수단에 불과하다고 보았다. 그런데도 불구하고 수많은 사람이 여전히 종교에 매달리고 있는 모습에 대한 불만을 프로이트는 이렇게 표명했다.

모든 것이 아주 명백하게 유치하고 실재에서 동떨어진 것이기 때문에, 대부분의 인간이 절대로 이러한 인생관을 뛰어넘지 못할 것이라고 생각하는 것은 인류를 지극히 사랑하는 사람에게는 괴로운 일이다. 오늘날 살아 있는 수많은 사람이 종교란 인정될 수 없다는 것을 알아차리지 못하고, 오히려 여러 가지 측은한 행동을 통해서 그것을 옹호하려고 노력하는 것을 발견하면 수치심을 느낀다.[11]

IV. 나가는 말

위대한 정신분석학자였던 프로이트는 종교를 매우 부정적으로 보았다. 그는 "종교는 인류의 보편적 강박신경증이며, 결국 폐기되어야 할 환상이다"라고 단언했다. 그의 종교 비판론은 많은 종교인에게 니체만큼이나 큰 충격을 안겨 주었다. 반면에 종교가 지닌 억압적 강박감에 저항하는 주체적인 인간들은 프로이트의 이론을 열렬히 환영했다. 프로이트는 인간의 심리와 행동을 분석하는 정신분석학자로서 인간 내부에 억압된 성적 욕구에 초점을 맞추었고, 이런 논리를 종교에 그대로 적용시켰다. 즉, 종교는 집단 환상을 공유하는 인간들의 강박관념과 신경증에 불과하다는 것이다. 그리고 종교적 의례나 도덕률은 신성한 의도에 의해서가 아니라, 최초의 아버지 살해에 대한 처벌의 두려움 때문에 강제적으로 형성된 것들이라고 주장했다. 이것은 전형적인 신경증 환자의 증세와 비슷하다는 것이다. 그러므로 이성을 가진 사람이라면 당연히 종교를 실재가 아닌 환상으로, 참이 아닌 거짓으로 판단하기 마련이다.

---

11 Sigmund Freud, *Civilization and Its Discontents*, in *The Complete Psychological Works of Sigmund Freud*, vol. 21, 74.

더 나아가 종교란 원시시대에 자연의 압도적 위력에 맞서 아버지 상을 이용해 그것들을 방어하는 기제로서 나타난 산물이자 일종의 통제 이데올로기이다. 다시 말하자면, 종교란 일종의 방어기제로서 불가피하게 나타난 현상이며, 심리학적으로는 어린아이의 강박적 신경질환에 비견되는 증세라는 것이다. 그렇기 때문에 종교는 실재가 아닌 '환상'의 산물이며, 미성숙한 정신발달 상태에서 나타나는 '강박적 신경질환'인 것이다. 이런 프로이트의 종교론은 계몽주의적 합리주의 정신과 진화론 및 19-20세기를 풍미한 유물론적 생물학 등의 영향을 받아서 형성되었음이 분명하다.

프로이트의 심리학적 종교론과 무신론은 사람들이 그릇된 종교의 환상을 깨는 데 큰 공헌을 했다. 서두에서 소개한 전쟁설을 퍼뜨리는 자칭 선지자들의 예에서 보듯이, 종교는 언제든 환상으로 전락할 가능성이 많다. 특히 사회가 혼란할수록 그 사회에서 벗어나고자 하는 욕구가 환상으로 투사되어 사람들을 혼란시키는 경우, 그것은 프로이트가 비판하는 전형적인 종교의 예에 속한다. 또한 종교가 참된 위로의 기능을 상실한 채 인간을 위협하고, 무엇인가를 절대적인 것으로 강요하게 될 때 역시 그 종교는 프로이트가 비판하는 강박적인 신경질환에 불과한 것이 되고 말 것이다. 우리는 주위에서 이런 경우를 종종 본다. 하지만 정확히 말한다면, 그것들은 참된 의미에서 종교라고 볼 수 없고 단지 사이비 종교나 유사종교에 해당할 뿐이다.

프로이트의 공헌은 이루 말할 수 없다. 그는 정신분석을 종교적 환상에서 해방시키는 무기로 사용했다. 물론 그의 정신분석학 자체가 무신론과 유신론의 문제를 해결하는 답은 아니었다. 그는 정신분석학자였지 종교학자나 신학자가 아니었다. 또한 그가 비록 종교를 환상으로 규정하고 신의 존재를 인정하지 않았다 하더라도 인간 정신에 대한 그의 최초의 과학적 탐구는 그리스도교 신학계에 큰 영향을 끼쳤다. 그가 발견한 무의식이라는 개념은 성서를 해석하는 데도 많은 영향을 주었고, 특히 상담학 분야에서는 필수불가결한 개념이 되었다. 일찍이 개신교 목사 피스터(O. Pfister)는 정신분석을 목회에 이용하는 것에 관심을 표명하면서 이렇게 말했다. "정신분석 그 차제를 살펴볼 때, 그것은 종교적이지도 비종교적이지도 않다. 정신분석은 고통당하는 사람들을 돕는 수단으로서 성직자와 평신도 모두에게 봉사하는 공평한 수단이다."[12] 나아가 프로이트의 영향으로 종교의 여러 현상을 심리학적으로 연구하는 종교심리학까지 등장하게 되었다. 한마디로 그의 심리학적 연구는 종교인들의 신앙과 삶의 성찰에 중요한 계기를 제공한다. 하지만 그의 공헌 못지않게 그의 종교론은 많은 한계도 드러낸다.

첫째, 프로이트는 오스트레일리아 원시 부족의 토템 숭배를 연구의 대상으로 삼아 종교의 기원을 설명했다. 이에 대해 민속학자들과 사회학자들은 프로이트가 사용했던 자료와 방법론에 문제가 있다고 주장한다. 토템 숭배에 관한 민속학적 자료들이 부적합하게 사용되었다는 것이다. 가장 문제가 되는 것은 최초 유목 집단의 아버지 살해 사건이다. 프로이트는 원시인의 사회 형태에 대해서는 고등 원숭이의 습성을 근거로 삼아 최초 유목 집단의 출현과 원시 부족사회에서 나이 많고 힘센 남자가 모든 여성을 독차지한다는 다윈(Charles Darwin)의 가설에 의존하였고, 반면에 아들들에 의한 아버지 살해라는 가설은 인류학자 앳킨슨(Atkinson)에 의존했다. 그런데 다윈과 앳킨슨은 유목 집단을 직접 목격한 적이 없고 단지 원숭이와 야생 소, 말 무리의 생활 습성을 관찰한 후에 최초의 인간 사회에 대한 가설을 제시했다. 그들은 단지 최초의 유목 집단이 일부다처제를 실시했고 아버지가 모든 아들을 추방했으며 아들들이 다시 아버지를 살해하여 먹었

---

12 A. 뻬레스-에스끌라린/송기득·이정순 역, 『무신론과 해방』(대전: 한길책방, 1991), 181-182.

다는 가설을 주장했지만, 직접 목격한 것은 아무것도 없다. 지금까지 인류학자들에 의해 이 가설의 어느 부분도 입증된 적이 없다. 더욱이 토템 숭배가 인류사회 최초의 종교라는 증거 역시 발견되지 않았다.[13]

둘째, 프로이트는 종교와 타부(금기)의 관계에 대해 깊은 연구를 했다. 즉, 죄책감은 유아기적 퇴행으로서 어떤 금기를 지키지 못하는 데서 비롯되는데, 프로이트는 그것을 성숙한 인간의 자각에서 비롯되는 '죄책감'과 구분하지 못했다는 비판을 받았다. 금기를 위반하는 데서 발생하는 죄책감은 진정한 도덕적 요구에 미치지 못한다는 자각에서 비롯되는 죄책감, 즉 '죄' 의식과는 다르다는 것이다. 진정한 도덕적 요구는 금기가 아니다. 그것은 자신이 인간존재라는 사실과, 자신을 세상의 다른 인간들과 함께하는 존재라는 사실을 인식하는 데서 비롯된다. 많은 사람이 이 두 유형의 죄책감을 구별하지 못하는데, 그것은 높은 도덕의식의 수준에 도달하지 못했기 때문이다. 더 나아가 프로이트 자신이 인정했듯이 프로이트는 자신이나 타인에게서 진정한 종교체험을 관찰한 적이 없다는 점이다. 그저 자신이 살던 시대 일반적인 종교의 모습을 연구 대상으로 삼았다는 데 그의 한계가 드러난다. 그리고 프로이트가 주장하는 논리의 비일관성도 종종 비판의 주제로 등장한다. 그가 쓴 『토템과 타부』는 "과학적 분석의 모습으로 꾸며진 공상적 재구성"이라는 비판을 듣곤 한다. 예를 들어, 원시 유목민 무리는 인간 이하의 사람으로 간주하면서도, 인간보다 못한 수준에서는 나타나지 않는다는 죄책감 같은 인간적 특성을 그들에게 귀속시켜 버렸다는 것이다. 그만큼 비논리적이라는 것이다. 그리고 토템 종교가 보편적으로 시행되었다는 증거 역시 부족하며, 토템 종교가 인간 발전의 원시 단계에는 해당되지 않는다는 주장도 나왔다.

---

13 오경환, 『종교사회학』(서울: 서광사, 1990), 303.

셋째, 프로이트는 일종의 심리학적 과학주의에 빠져 있다고 볼 수 있다. 한마디로 심리학은 각종 심리현상을 설명할 수 있지만, 신이 심리 현상에 지나지 않는다는 점을 확실하게 증명할 수는 없기 때문이다. 그는 종교현상을 심리학적으로 설명하는 데는 성공했지만, 신의 존재 그 자체를 증명하는 데는 실패했다고 볼 수 있다. 아니 신의 존재 문제에 대해서는 심각하게 고찰하지 않았다는 것이다. 프로이트는 인간의 정신을 연구하면서 유아기의 강박적 신경증에 주목하고 이를 종교에 그대로 대응시켰을 뿐이다. 이것은 이미 종교에 대한 부정적인 입장과 무신론적인 입장이 그의 연구에 전제로 작용하고 있음을 의미한다. 즉, 프로이트는 정신분석을 종교를 설명하는 도구로 전환시켜 버렸다. 그는 신이 존재하지 않는다는 확신을 가지고, 처음부터 이 입장을 과학적 이론을 통해 입증하고자 했다. 하지만 심리학 자체가 신의 존재를 증명할 수 있는 성질의 학문이 아니며, 또한 신이 진실로 존재한다면 그의 전제는 얼마든지 뒤집어질 수 있고 결과도 반대로 나타날 수도 있다. 그럼에도 그는 오직 심리학만이 실제적인 어떤 것이 인간 마음속의 관념에 상응하는지를 결정할 수 있다고 주장했는데, 이것은 과학만이 모든 것의 기준이라고 주장하는 일종의 과학주의의 오류요 한계이다. 프로이트는 "과학적 연구만이 우리 바깥에 있는 실재에 대한 인식으로 인도할 수 있는 유일한 길이다"라고 주장했지만, 이것은 과학이라고 하는 학문의 제국주의에 불과하다. 즉, 신이나 종교를 과학적인 논리로 환원시키려는 어떤 시도도 한계를 드러내기 마련이고 잘못될 수밖에 없다는 것이다.

넷째, 신의 존재와 신에 대한 신앙은 인간 자신의 투사에 불과한 것이라고 프로이트는 비판한다. 하지만 반대로 이런 신앙의 차원들이 반드시 허구요 비객관적이라는 보장도 없다. 어떤 것은 허구일 수도 있지만, 또 어떤 것은 참으로 존재하는 실재일 수도 있다는 것이다. 어떤 것에 상응하는 심리학적 조건들로 인해 그것들의 실재성을 다 결정할 수는 없다. 오히려 신의 존재에 대한 탐구는 철학이나 신학과 같은 분야에서 더 적절하게 진행할 수 있다. 좀 더 정확히 말한다면, 심리학뿐 아니라 그 어떠한 학문도 신의 존재를 완전하게 설명할 수 없다.

결국, 프로이트의 정신분석학이 무신론과 유신론의 문제를 해결해 주지 않는다는 사실에 주목해야 한다. 단지 그는 잘못된 종교성, 즉 사이비 종교성의 예들을 심리학적으로 분석했다는 데 의의를 갖는다. 이 점에서 볼 때 참된 종교의 본질, 신의 본질은 그가 말하는 이론과 거리가 멀다. 참된 종교는 정신병이 아니라 온전한 정신을 토대로 한 건강한 삶을 가져다주기 때문이다. 또한 신이라는 존재는 인간을 억압에서 해방시키는 참 해방자요, 인간의 상처를 치유하는 구원자이기 때문이다. 물론 프로이트 이후에 모든 심리학자가 다 종교를 부정적으로 생각하지는 않았다. 프로이트의 종교론에 반대하는 심리학자들도 많이 등장했다. 심리학자 융(Jung)이나 종교심리학자 윌리엄 제임스(William James) 같은 사람들은 오히려 종교에 대하여 긍정적인 시각을 가지고 있었다. 특히 융은 프로이트의 입장을 반박하면서, 종교란 중요한 감정을 조절하는 데 기본적인 요소라고 주장했다. 즉, 지적으로 감정적으로 만족을 주는 종교는 어떤 치료 요법에도 필수적이라고 했다. 윌리엄 제임스 역시 다양한 종교체험을 제시하면서 종교의 중요성을 강조했다.

다섯째, 프로이트 이후 많은 심리학자가 프로이트의 종교론에 문제를 제기하면서 오히려 종교의 중요성을 강조하고 있다는 사실이다. 심리학자 아들러(Alfred Adler, 1870-1937)는 신경성 질환이란 유아기의 무의식적 충격에 의해 나타나는 것이 아니라 오히려 열등의식이라는 부정적인 경험으로 인해 생활 속에 계속 누적되어 생기게 된다고 주장하였다. 또한 열등의식은 개인이 자신의 목표를 달성하지 못하도록 계속 방해하며, 결국 공동체 의식을 통해서만 극복될 수 있다는 것이다. 아들러는 종교의 근원을 오이디푸스 콤플렉스에 두지 않는다. 그는 프로이트의 심리학을 '충동 심리학'으로 배격하며, 종교란 인간의 영구적 열등의식이라고 정의한다.[14] 심리학자 융(Carl G. Jung, 1875-1961) 역시 무의식의 근원인 리비도(libido)를 인간의 성적 충동으로 간주하는 것에 반대한다. 오히려 인간의 무의식은 사고, 감정, 지각, 직관이라는 네 가지 정신 과정의 밑바닥에 놓여 있는 심리적 동력으로 파악되어야 한다는 것이다. 즉, 인간의 무의식은 성적 충동으로 억눌려 있는 부정적인 것이 아니라 창조적인 에너지의 근원이라는 것이다. 또 인간에게는 어두운 측면도 있는데 그것이 의식으로 드러나고 받아들여져야 한다고 융은 주장한다. 결국 인간은 개성화의 과정에서 의식과 무의식이 조화를 이루어 인성의 통합과 안정을 이루며, 이 개성화 과정에서 혼란이 생길 때 신경성 질환이 생겨난다. 프로이트에 의하면 종교는 인류의 보편적 신경성 질환이지만, 융에게는 살아 있는 종교의 결핍이 신경성 질환을 일으킨다. 즉, 종교는 무의식의 차원에 위치해 있으면서 각종 상징으로 드러나고, 인간의 신경성 질환을 치료하고 예방하는 데 기여한다. 인간은 종교가 제공하는 영성적 도움을 필요로 한다. 프로이트와 달리 융은 종교의 중요성을 강조하면서 그리스도인으로 남고자 했다.[15]

사회심리학자 에리히 프롬(Erich Fromm, 1900-1980)은 프로이트가 인간을 너무 심리학적으로 보는 것이 아닌가 하고 문제를 제기한다. 인간을 사회와 분리해서 너무 추상적으로 파악하고 있다는 것이다. 프롬은 인간을 세계와 관련해서 파악해야 한다고 주장한다. 즉, 인간의 본능은 생물학적으로 미리 주어진 것이 아니라, 인간의 일정

---

14 Alfred Adler, *Superior and Social Interest*(London: Routledge & Kegan Paul, 1965), 271-308.
15 Carl G. Jung, *Psychology and Religion*, in *Collected Works*, vol. 11(London: Routledge & Kegan Paul, 1971), 348-354.

한 본능적 요구와 함께 인간이 처한 환경과의 관계에서 형성된다는 것이다. 또한 프롬은 종교가 오이디푸스 콤플렉스에서 파생된 심리적 갈등이라거나 미숙한 유아 단계의 환상적 요구에 불과하다는 프로이트의 주장에 반대한다. 프롬은 종교의 원천이 유아기와 인생의 과정에서 체험하는 무력감 및 무의미일 뿐 아니라 그것들을 극복하려는 소망이라고 본다. 이러한 소망은 인간에게 보편적인데, 인간은 자신의 실존적 조건 때문에 이렇게 종교를 요구한다는 것이다.

프롬은 종교를 권위주의적(authoritarian) 종교와 인도주의적(humanistic) 종교로 구분하여 설명한다. 그에 따르면 모든 세계종교는 어떤 때는 권위주의적 종교였다가 또 어떤 때는 인도주의적 종교로 존재했다. 먼저, 인도주의적 종교는 세계종교가 순수성을 유지하는 상태로서 공포와 복종보다는 인간의 사랑, 자주성, 책임성, 이성의 역할을 중시하는 종교를 말한다. 이런 종교는 인간의 이해력뿐만 아니라 사랑의 능력을 인정하고 그 실천을 강조한다. 즉, 인도주의적 종교는 인간의 성숙을 돕고 촉진한다. 이런 종교에서 인간의 가장 중요한 미덕은 복종보다는 자기실현이고 신앙은 어떤 명제에 대한 동의보다는 사색과 체험에 토대를 둔 신념이다. 또 죄의식과 슬픔보다는 늘 기쁨을 강조한다. 신의 초월성이 무시되지는 않지만, 신의 엄격함이나 힘, 심판, 처벌 등의 개념은 강조되지 않는다. 반면에 권위주의적 종교는 세계종교가 변질된 형태로서, 신이나 초월적 존재가 엄격하고 힘이 세고 무서운 존재로 제시된다. 이런 존재는 심판과 처벌에 매우 민첩하다. 신에게는 높은 지혜, 사랑, 정의가 있지만 인간은 한없이 비하되고 낮추어진다. 인간은 무력하고 보잘것없는 존재일 뿐이다. 인간의 최고의 미덕은 신에 대한 굴복과 복종이며, 교만과 불복종은 죄악으로 간주된다. 인간은 자신의 자주성을 포기해야 함으로 안정을 느껴야 하며, 기쁨보다는 죄의식과 슬픔에 빠져 있곤 해야 한다. 이런 종교는 종종 전제정치나 독재정치와 야합하여 그 세력들을 옹호하곤 했다. 프로이트에 따르면 인류 역사상 종교들이 순수한 상태를 유지했더라면 인간의 발전과 성숙에 기여했을 텐데 실제로는 순수성을 지키지 못하고 권위주의적 종교로서 변질된 상태로 더 많이 존재했다.[16] 따라서 이런 역사를 이해하지 않고 종교를 무조건 권위주의적 종교로만 봐서는 안 된다는 것이다. 프로이트의 종교 비판은 바로 이런 권위주의적 종교에만 집중되어 있다는 것이다. 물론 프로이트의 종교관은 종교의 본질이 인도주의적 종교였다는 점을 깨닫게 해준다.

종교는 환상인가? 신은 허구인가? 프로이트는 이런 물음을 정신분석학의 토대로 삼지 않았다. 그의 관심 그 자체는 인간이었다. 이 점에서 그의 반종교론과 무신론은 인간을 해방시키는 데 목적이 있었다. 프로이트가 사용한 정신분석이라는 방법은 종교가 인간의 욕망과 관련된 하나의 환상에 불과하다는 사실을 밝힘으로써 인간을 진정으로 해방시키고자 했다. 즉, 인간이 스스로 조작해 낸 신과 그런 신을 믿는 종교를 파괴하고자 했다.

---

16 에리히 프롬/문학과사회연구원 역, 『정신분석과 종교』(서울: 청하, 1983), 51-72.

제5장

신은 사회적 산물에 불과한가?
— 에밀 뒤르켐의 사회학적 종교 이해

> 종교는 성스러운 것, 즉 격리되고 금지된 것과 관련된 신념과 실천이 통일된 체계이다. 신념과 실천은 그것을 믿는 모든 사람, 즉 교회라고 불리는 하나의 도덕적 공동체를 만든다.
>
> — 에밀 뒤르켐

I. 들어가는 말

1978년 11월 셋째 주에 발간된 미국 시사 주간지 「뉴스위크」와 「타임」에는 짐 존스의 '인민사원'(Peoples Temple) 교인들 900여 명이 집단 자살한 사건을 특집으로 다루었다. 원시국가에서나 일어날 법한 이 사건은 이른바 그리스도교 국가로 자처하는 미국에서 일어나 온 세계에 큰 충격을 안겨 주었다. 이 사건은 인민사원의 교주였던 존스 목사의 기괴한 행위와 신도들의 집단 자살로 인해 일어난 사건으로서 종교의 반(反) 사회성을 보여주는 대표 사례로 지금도 종종 언급된다. 어째서 이런 일이 일어났는지 지금도 많은 종교학자의 연구 대상이기도 하다. 그래서 해마다 11월이 오면 미국의 공영방송과 주요 잡지들이 짐 존스의 인민사원 집단 자살 문제를 집중 조명하곤 한다.[1]

---

1 이 비극을 종교적으로 해석한 책으로 David Chidester, *Salvation and Suicide:*

1931년 미국 인디애나 주에서 태어난 짐 존스(James Warren Jones)는 그리스도교적 배경에서 성장한 인물이다. 그는 어릴 때부터 종교적인 열정이 남달랐다고 한다. 고등학교를 막 졸업하고 대학에 들어가면서 이미 목회자가 되기로 작정했다. 그리고 1952년에 감리교회에서 청년부 담당 전도사로 일하면서 설교가와 치유자로 이름을 날리기 시작했다. 그 후 방송 설교가로서 그의 명성은 더욱 높아졌다. 그는 처음에 백인 중심의 교회에 다녔는데, 당시 극심한 인종차별주의에 따라 흑인 신도를 거부했던 교회의 방침에 반대하여 교회를 뛰쳐나왔다. 그리고 스스로 '구원의 날개'(Wings of Deliverance)라는 교회를 설립하고, 후에 이 교회 이름을 '인민사원'으로 변경했다. 그는 1961년 버틀러 대학을 졸업하고, 1964년 미국 주류 개신교의 한 종파인 '제자들 교회'(Disciples of Christ) 교단에서 목사 안수를 받았다. 짐 존스의 교회는 백인 중심의 교회를 비판했고, 특히 흑인들을 차별 없이 받아들이는 것으로 유명해졌다. 그 결과 흑인 신도들이 교회에 많이 들어오게 되었다.

　1965년이 되자 짐 존스는 당시 교회가 위치했던 인디애나폴리스가 핵공격을 받을 것이라는 계시를 받았다고 주장하며 북부 캘리포니아로 교회를 옮겼다. 이 당시 약 100여 명의 신도가 짐 존스를 따라 캘리포니아로 이주했다. 그 후 캘리포니아 주의 유키아, 샌프란시스코, 로스앤젤레스 등지에서 존스 목사의 교회는 흑인, 마약중독자, 노숙자 등 도시 빈민 계층을 도움으로써 사회적으로 좋은 평판을 쌓았다. 그가 이끄는 인민사원은 샌프란시스코에 본부를 두고 총 열두 곳

An Interpretation of Jim Jones, the Peoples Temple, and Jonestown(Indianapolis: Indiana University Press, 1988)이 있다. 미국 공영방송국 PBS에서는 이 사건을 여러 번 특집으로 보도했으며, 국내에서도 노컷뉴스에서 보도한 바 있다. "무엇이 그들을 집단 자살로 내몰았나?"「노컷뉴스」 2014. 5. 26., http://www.nocutnews.co.kr/news/4030579

에 지교회를 설립할 정도로 규모가 커졌다. 그는 무료 식당, 탁아소, 노인병원을 설립했고, 성매매 여성들과 마약중독자들을 위한 상담 프로그램도 제공하여 사회적으로 유명인사가 되어 가고 있었다.

그런데 이때부터 존스는 자신을 예수, 아크나톤, 부처, 레닌, 기타 신적인 존재 등의 현현(顯現)으로 부르기 시작했고, 신도들은 존스를 '아버지'라고 부르기 시작했다. 그리고 자신들만이 사회 문제를 해결하고 있다고 믿기 시작했다. 또한 존스는 신도들에게 파시즘, 인종 간 전쟁, 핵전쟁이 일어날 것이라고 말하면서 신도들을 위협하기 시작했다. 동시에 인민사원에서 탈퇴한 사람들이 인민사원의 문제를 폭로하기 시작했다. 그들은 존스 목사가 신도들의 재산을 훔치고 있고, 그가 행하는 기적 치유는 조작이라고 폭로했다. 더 나아가 존스 목사가 신도들을 폭행하고, 남성 신도와 변태적 성행위를 하고 있고, 심지어 스스로를 메시아라고 부르고 있다고 폭로했다. 이런 폭로가 계속되자 신문기자와 관계당국이 직접 존스 교주의 인민사원 예배당을 조사하기 시작했다. 그러자 짐 존스는 탈퇴자들이 거짓말을 하고 있으며 세상이 자신들을 파멸시키려고 하고 있다고 주장했다. 하지만 점점 더 많은 탈퇴 신도들에 의해 인민사원에서 일어나는 폭행과 학대 사례가 폭로되고, 심지어 신도들이 탈퇴하지 못하도록 폭력까지 사용하고 있다는 소식까지 퍼지게 되었다.

이때 미국 내의 언론과 정치권에서 인민사원을 이상하게 보기 시작한다는 것을 감지한 짐 존스는 1,000여 명의 신도들을 이끌고 남미 가이아나의 정글 속으로 거점을 옮긴다. 그는 가이아나라는 미지의 곳에서 이상적인 종교 공동체를 세우겠다는 명분을 내걸었지만, 실제로는 미국에서 더 이상 존립하기가 힘들어 새로운 곳으로 이주를 한 것이다. 짐 존스는 빈민구제와 계급타파를 주장하며 신도들을 모았다. 그는 이미 남미 가이아나의 정글에 있는 땅을 100만 달러에 사 놓고, 1974년부터 소규모로 이동하기 시작해 1977년에는 가이아나

정부의 허락을 받아 대규모로 신자들이 이주하도록 했다. 짐 존스는 신도들에게 가이아나는 세상의 악이 존재하지 않는 열대의 지상낙원이라고 가르쳤다. 하지만 신자들은 가이아나에 도착하자마자 존스의 명령을 따라 강제로 노동을 하면서 존스타운을 건설해야만 했다. 또한 짐 존스는 신도들에게 탈출하면 독사와 원주민에게 죽임을 당할 것이라며 협박함으로써 어느 누구도 인민사원을 탈출할 수 없었다.

짐 존스의 인민사원은 계속해서 미국 전역에 알려지기 시작했다. 1978년 미국 하원의원 리오 라이언이 신도들의 구타와 학대 사건에 대한 이야기를 가족들로부터 듣고 조사차 가이아나의 존스타운을 방문하게 된다. 당시 신도들은 행복하게 사는 것처럼 행동했지만 이들이 짓는 웃음은 너무 어색했다. 처음엔 라이언 의원도 그들이 좋은 환경에서 살아가는 것처럼 보이는 행동에 속아 넘어갔지만, 현지 생활에 불만을 가진 한 신도가 쪽지를 전하면서 정착촌의 실상을 깨닫게 된다. 조사 중에 많은 신도가 라이언 의원과 함께 떠나기를 원하였다. 존스는 라이언 의원이 귀국한 후 미국 정부에 실상을 보고할 것이라고 생각하여, 막 떠나려는 라이언 의원과 탈출 신도들 및 기자들에게 인민사원 신도인 경비원들을 보내서 총격을 퍼부었다. 이 결과로 34명 중 11명이 목숨을 잃고 말았다. 이 사건 직후 짐 존스는 진실을 은폐하기 위해 신도들에게 집단 자살을 명했다. 결국 이 집단 자살로 총 913명이 동시에 죽었는데, 그중 276명이 어린아이였다고 한다. 대부분의 신도는 무장 경비원들에게 둘러싸인 채 청산가리를 탄 주스를 마셨다. 존스는 머리에 총을 맞은 채 발견되었는데, 살해당했는지 자살했는지는 정확하게 알 수 없다고 한다. 가이아나 정부군이 개입해 존스타운에 도착했을 때 신도들은 전부 시체로 발견되었다.

짐 존스의 인민사원 신도들의 비극적인 집단 자살은 종교 교주의 명령하에 자살행위까지 벌일 수 있는 종교의 극단성을 잘 보여준다. 짐 존스의 경우는 사이비 종교 집단도 아니고 개신교 주류 교단의 안수 받은 목사와 정식 교회였다는 점에서 그 충격이 더 크다. 존스타운 신도들은 짐 존스를 자신들 가운데 거하는 살아 있는 신이라고 믿었으며, 그의 설교를 신의 메시지로 받아들였다. 자살 역시 그들의 믿음과 신적 지도자의 명령에서 논리적으로 따라 나온 것이다. 어떻게 종교인들이 이런 터무니없는 말을 믿고 목숨까지 버릴 수 있었는지에 대해서는 여전히 많은 의문이 남는다.[2] 우리나라에도 정도의 차이는 있지만 이와 비슷한 사례를 종종 찾을 수 있다. 1987년 일어난 오대양 집단 자살 사건이 그 대표적인 예이다. 이런 비극적인 사건들은 무엇보다도 종교가 얼마나 반(反) 사회적일 수 있으며, 심지어 인간을 파괴하는 악으로 어떻게 기능할 수 있는지를 잘 보여준다. 종교란 과연 무엇인가? 종교는 사회에서 어떤 역할을 해야 하는가? 종교와 사회와의 관계는 어떤 것인가? 이 장에서는 종교를 사회적 산물로 파악한 종교 사회학자 에밀 뒤르켐을 중심으로 종교의 본질과 그 사회적 기능에 대해 살펴보고자 한다.

II. 뒤르켐의 생애

본론으로 들어가기 전에 프랑스 사회학자 에밀 뒤르켐(Emil Durkheim, 1858-1917)의 생애를 간략하게 살펴보고자 한다.[3] 뒤르켐은 독일의 사회학자 막스 베버(Max Weber)와 함께 20세기의 가장

---

2 마이클 피터슨 외/하종호 역, 『종교의 철학적 의미』(서울: 이화여자대학교 출판부, 2008), 86-87.
3 A. 기든스/김의순·김자혜 역, 『에밀 뒤르껭 연구』(서울: 한길사, 1981), 18-28.

뛰어난 사회학자이며, 특히 종교사회학의 분야에서 큰 업적을 남긴 훌륭한 인물로 알려져 있다. 뒤르켐은 누구보다도 종교를 순수사회학적인 입장에서 연구한 사회학자였으며, 기본적이고 공통적인 종교 개념을 제시한 학자였다.

    뒤르켐은 1858년 프랑스 동부 로렌 지방의 에피날에서 유대인으로 태어났다. 그의 아버지는 정통파 유대교 랍비였다. 그래서 그는 자연스럽게 유대교 신앙과 여러 가지 생활을 물려받았는데, 성장한 후 유대교 신앙을 버리고 불가지론자(不可知論者)가 됨으로써 스스로 가문의 전통과 결별을 고했다. 그는 비록 유대교 신앙과 결별을 고했지만 가정에서 배운 검약정신과 규칙적인 생활방식은 그의 삶에 많은 영향을 끼쳤고, 자연스럽게 종교에 대해 관심을 갖게 되었다. 그는 프랑스 파리에 있는 고등사범학교에 입학하여 1882년에 졸업했다. 그는 심리학, 철학, 사회학 등에 대해 관심을 가지고 공부하였고, 이후 1887년까지 몇몇 국립 고등학교에서 철학을 가르치기도 했다.

    뒤르켐은 1885년부터 2년간 독일에 유학하여 사회철학과 집단심리학을 공부했다. 그는 독일의 마르부르크 대학, 베를린 대학, 라이프치히 대학 등에서 공부했다. 특히 독일 사회철학에서 드러나는 '개인과 사회의 관계'에 대한 문제는 뒤르켐의 사회사상에 큰 영향을 미쳤다. 또한 그는 프로이트와 마찬가지로 빌헬름 분트의 '민족심리학'에도 큰 영향을 받았는데, 이는 나중에 오스트레일리아 원주민들의 종교인 토테미즘을 연구하는 계기가 되었다. 그는 1886년 박사 학위 논문의 일부분으로 후에 출판된 『사회분업론』의 초고를 완성했다. 그리고 1887년에 쓴 '독일의 사회사상'에 대한 논문으로 보르도 대학에서 전임강사로 가르치게 되었다. 뒤르켐은 이곳에서 15년간 교수로 가르치면서 많은 학문적 업적을 쌓는다. 그간 연구한 성과는 먼저 『사회분업론』(1893)으로 결실을 맺었다. 그는 새로운 산업화 시대에 적합한 사회적 연대의 방식이 있으며, 현재의 사회가 보수주의자들이 말하듯 무정부 상태 혹은 혼란의 시대가 아니며, 도덕적 개인주의를 토대로 한 새로운 유기적 연대를 수립해야 한다고 주장했다. 다음으로 뒤르켐은 사회학이 자연과학의 방법론을 통해 나름의 연구방법을 수립할 수 있다고 보고 『사회학 방법의 규칙들』(1894)을 출간했다. 이어서 뒤르켐은 『자살론』(1897)을 출간하여, 학계에 크나큰 논쟁을 불러일으켰다. 그는 자살을 지극히 개인적인 현상이 아니라 사회적인 측면에서 설명할 수 있다고 주장함으로써 새로운 시각을 제시했다.

뒤르켐은 학문적으로 점점 더 유명해져서 마침내 1902년 파리의 소르본 대학 교수로 부임하게 된다. 이곳에서 그의 생애 마지막 역작인 『종교생활의 원초적 형태』(1912)[4]를 출간했다. 이 책에서 그는 원시사회에서 토템을 숭배했던 부족원이 실제로 숭배했던 것은 그들의 공동체(즉, 사회)였다고 주장했다. 1914년 제1차 세계대전이 일어나자 뒤르켐은 56세의 나이임에도 불구하고 전쟁에 참여하여, 전쟁에 관한 신문과 팸플릿을 만드는 일을 돕는다. 그런데 함께 참전한 그의 아들 앙드레가 전쟁 중 사망했다는 소식을 듣는다. 앙드레는 당시 전도유망하던 젊은 사회학자였다. 아들의 죽음에 대한 충격에서 벗어나지 못하고 뒤르켐은 그 이듬해인 1917년 59세의 나이로 사망했다. 뒤르켐의 사상은 마르셀 모스, 레비-스트로스 등의 후학들에게 계승 발전되었으며, 특히 인류학, 미국의 기능주의 사회학, 1960년대 프랑스 구조주의 등에 깊은 영향을 끼쳤다. 또한 뒤르켐은 종교사회학이라는 학문의 토대를 놓은 학자로서 세계 곳곳에서 지금도 기억되고 연구되고 있다.

---

4 프랑스어로 출판된 원문의 제목은 *Les formes élémentaires de la vie religieuse*이다. 영문판은 1915년에 *The Elementary Forms of Religious Life*라는 이름으로 출판되었으며, 한국어 판은 『종교생활의 원초적 형태』(노치준·민혜숙 역, 서울: 민영사, 1992)로 출판되었다.

III. 종교란 무엇인가?

독일의 저명한 종교사회학자인 막스 베버(Max Weber)는 세계 주요 종교들이 사회구조의 형성에 어떤 영향을 끼쳤는지에 대해 연구한 바 있다. 하지만 뒤르켐은 오스트레일리아 원시 부족의 토테미즘을 중심으로 종교 자체의 사회적인 속성에 관하여 연구하였다. 즉, 뒤르켐은 종교와 사회와의 관계를 인간의 기본적인 생활과 관련하여 설명하였다. 다른 많은 종교사회학적 연구는 종교와 사회가 어떤 영향을 주고받느냐에 초점을 두었으나, 뒤르켐은 종교의 사회적 의미와 사회의 종교적 의미라는 보다 분명한 주제에 초점을 맞추고 연구했다. 한마디로 종교란 인간생활의 가장 기본적인 형태가 이상적으로 표현된 것이며, 따라서 종교는 인간의 사회생활을 떠나서는 이해될 수 없다는 것이 그의 주장이다. 이런 주장을 통해 뒤르켐은 막스 베버와 함께 '종교사회학'이라는 학문의 토대를 놓은 사람으로 추앙받고 있다.

뒤르켐은 정통 유대교 가정에서 자라면서 자연스럽게 종교적 세계관을 접했을 뿐 아니라 일상적인 삶에서도 종교의 영향력을 느끼곤 했다. 뒤르켐은 종교의 숭배 대상인 신과 같은 절대자나 초월자에 대해서는 별 관심이 없었다. 그는 대학에 들어와 종교의 사회적 역할에 대해 깊은 관심을 갖고 연구하기 시작했으며, 1897년 보르도 대학에서 교수로 가르치기 시작하면서 종교에 대한 논문을 쓰기 시작했다. 그는 여러 가지 저술과 논문에서 종교에 관한 이해를 드러내고 있는데, 특히 15년에 걸쳐 완성한 『종교생활의 원초적 형태』라는 책은 그가 종교를 가장 체계적으로 연구한 책으로서, 그가 낸 여러 연구서 중 최고의 걸작으로 손꼽힌다. 그는 이 책에서 종교현상과 종교개념에 대해 체계적으로 논의를 전개한다. 그는 종교가 어떻게 인간의 사고와 행동에 영향을 주는지 알아보기 위해 가장 단순한 원시사회의 종교를 예로 선택하여 연구를 진행했다. 이런 연구의 토대 위에서 세계 모든 종교에 해당되는 공통적인 특성을 연구하고자 했다.

뒤르켐은 그가 살던 프랑스 제3공화국의 혼란한 사회질서를 어떻게 확립하는지에 관심을 가지고 있었다. 사회질서는 외적인 힘에 의해 유지되지만 개인의 의식 안에 존재하는 내적인 통제력에 의해서도 유지된다. 여기서 개인의 내적인 통제력은 사회 속에서 일종의 도덕적 의무감을 갖게 하는데, 그것이 바로 종교가 하는 역할이라는 것이다. 뒤르켐이 지속적으로 지적했던 현대사회의 문제 역시 도덕적 규범의 부재, 즉 아노미(anomie) 상태였다. 그렇다면 어떻게 도덕적 규범을 형성할 것인지가 시급한 문제이다. 이러한 질문을 해결하기 위해 뒤르켐은 생애 말년에 종교 연구에 몰두했던 것이다.[5]

그는 또한 사람들이 종교에 참여함으로써 형성되는 집합적 행위와 공동의 유대감에도 관심을 가졌다. 즉, 종교가 사람들에게 도덕적 의무감을 심어줌으로써 사회의 응집과 통합에 기여할 수 있다는 점이다. 뒤르켐이 말한 것들은 이른바 종교의 사회적 기능이다. 뒤르켐은 종교의 이런 기능들을 입증하기 위해 오스트레일리아 원주민 사회에서 숭배했던 토테미즘을 구체적인 사례로 선택해 연구했다.[6] 보다 단순한 사회인 원시사회를 연구한다면, 지금의 인간들이 어떻게 도덕적 관념과 관계를 맺는지도 알 수 있으리라 믿었던 것이다. 그리고 무엇보다 원시사회의 종교들은 종교의 구성요소를 파악하는 데 많은 도움을 줄 뿐 아니라 설명을 용이하게 해준다는 점에서 장점을

---

5 오경환, 『종교사회학』(서울: 서광사, 1990), 236-237.
6 뒤르켐은 심리학자 프로이트와 마찬가지로 직접 오스트레일리아 원주민을 찾아가서 현지조사를 통해 연구한 것이 아니라 인류학자들의 연구 문헌을 통해 종교의 사회적 기능에 대해 연구했는데, 이 점이 그의 연구가 지닌 한계이기도 하다.

가지고 있다. 원시종교들에서는 사건들이 단순하며 사건들 간의 관계가 보다 분명해지기 때문이다. 즉, 원시사회의 가장 원시적이고 이상한 종교 의례들과 기이한 신화들도 인간의 어떤 필요를 대변해주고 개인적이고 사회적인 삶의 어떤 면을 보여준다는 것이다. 그는 오스트레일리아 원시사회의 토테미즘을 가장 초보적이고 단순한 형태의 종교로 간주하고 이를 토대로 연구를 수행했다. 이런 배경에서 그는 자신의 저서 이름을 '종교생활의 원초적(또는 기본적, 초보적, elementary) 형태'라고 붙인 것이다.

1. 종교의 기본적 특성 – 신앙, 의례, 교회 공동체

뒤르켐은 가장 원시적이고 가장 단순한 형태의 종교라도 그것이 무엇인지를 탐구하기 위해서 먼저 종교에 대한 개념이 정의되어야 한다고 주장한다. 그렇지 않을 경우 종교성이 전혀 없는 관념이나 의례체계를 종교라고 부를 위험이 있기 때문이다.[7] 이것은 종교의 개념 정의의 어려움 때문에 종교 개념을 정의하기 꺼리는 많은 종교학자와 대조적인 입장이다. 하지만 종교 개념의 정의를 주장하는 뒤르켐조차도 종교의 개념을 곧바로 정의하지 않고, 종교가 지닌 기본 특성을 밝히면서 종교의 개념을 정의하고자 한다. 이런 방식은 종교의 직접적인 정의를 꺼리면서 종교 연구를 한 후에 종교 개념의 정의가 가능하다는 베버의 입장과 대조적이다.[8] 뒤르켐에 의하면 종교현상은 두 가지의 기본적인 특성을 갖는다. 그는 이것을 종교의 특성을 이루는 두 가지 범주라고 불렀는데, 신앙(faith)과 의례(儀禮, 실천, ritual)

---

[7] 에밀 뒤르케임/노치준·민혜숙 역, 『종교 생활의 원초적 형태』(서울: 민영사, 1992), 49.

[8] Max Weber, *The Sociology of Religion* (Boston: Beacon Press, 1922), 1.

이다.[9] 신앙은 생각의 상태로서 신념이나 견해 및 여러 표상(representation)으로 이루어진 반면, 의례는 일정한 행동양식을 말한다. 여기서 신앙은 단순한 신념이나 생각이라기보다는 신이나 거룩한 것과 관련된 신념이나 생각을 말한다. 또 신앙은 신념, 교의, 사상, 표상 등과 같은 의미를 가진다. 반면에 의례는 행동, 숭배(cult), 예전, 예식 등과 같은 의미를 가진다. 신앙은 의례의 대상이 된다. 이 둘은 서로 연관되어 있다. 이 둘은 종교 자체의 본질을 구성하며, 현실을 넘어선 어떤 절대적 실재, 즉 신이나 신성과 직접적으로 관계를 맺고 있다.

뒤르켐이 말하는 의례는 종교적 신앙과 관련된 의식이나 제의 또는 수행을 말한다. 의례는 보통 일상의 윤리적인 의례와 다르며, 그 의례가 삼고 있는 대상의 특수한 본질에 의해서만 정의될 수 있다. 한마디로 의례는 인간이 성스러운 사물들에 대해 어떻게 처신해야 하는지를 규정해 놓은 일종의 행동규범이며 그에 따른 행동을 의미한다. 따라서 의례의 특성을 제대로 알기 위해서는 의례 대상의 특성을 제대로 파악해야 한다. 다시 말해 의례의 대상이 지니고 있는 특수한 본질이 바로 신앙이고 신앙체계라는 것이다. 종교 의례는 사회적인 기능을 수행하며, 사회적 에너지를 변형시키고 창조하는 기능을 한다. 사람들이 함께 모여 어떤 종교적 의례에 참여하게 함으로 공통의 감정을 갖게 하고 공통의 행위를 하게 만든다는 것이다. 그러므로 집단 전체가 동일한 생각을 갖고 같은 행위에 참여하게 되며, 매번 의례를 행할 때마다 정기적으로 이것을 확인하고 자신들의 전체성을 되새기게 만든다는 것이다.

그런데 종교는 어떤 성스러운 것에 대한 신앙과 이를 실천하는 의례만으로는 부족하다. 실제적으로 이런 것들이 가능하기 위해서는 구체적인 집단, 즉 신앙 공동체가 필요하다. 그 구체적인 예가 바로

---

9   에밀 뒤르케임/노치준·민혜숙 역, 앞의 책, 67.

그리스도교 교회이다.[10] 뒤르켐에 의하면 교회는 도덕 공동체로서 존재하며, 신앙체계 및 이와 관련된 의례를 거행하는 집단이다. 교회는 성스러운 세계와 속된 세계의 관계에 대해 동일한 방식으로 생각하게 만드는 집단이다. 그리고 그 구성원들이 이런 공통적인 관념을 토대로 함께 공통의 의례를 수행하는 종교 공동체라는 것이다. 이상과 같이 뒤르켐은 신앙과 의례의 두 가지 기본 범주와 이를 실천하는 교회라는 공동체를 통해 종교를 정의하고자 한다.[11]

2. 종교의 개념 – 사회적 산물로서의 종교

사회학자 막스 베버는 종교 연구의 서두가 아니라 말미에서 종교에 대한 정의를 밝혀야 한다고 보았다. 그만큼 종교에 대해 정의하기가 매우 어렵다는 것이다. 반면에 뒤르켐은 종교의 연구를 진행하기에 앞서 먼저 종교에 관한 정의를 분명히 밝히는 것이 종교 연구를 효과적으로 진행시킬 수 있다고 보았다. 왜냐하면 종교의 정의가 지시하는 방향에 따라 연구를 보다 효과적으로 진행할 수 있기 때문이다. 만일 종교에 대한 정의를 제시하지 않으면 종교성이 없는 관념이나 의례 체계를 종교라고 볼 위험이 있으며, 종교의 본질을 제대로 파악하지 못한 채 특정 현상만을 성급하게 종교라고 단정지을 수도 있기 때문이다. 그렇다면 종교란 무엇인가?

뒤르켐은 모든 종교에 공통된 종교 정의를 제시하려고 노력했다. 과거의 종교와 현대의 종교, 가장 원시적인 형태의 종교에서부터 가장 복잡한 형태의 종교에 이르기까지 인간의 모든 종교에서 발견되

---

10 불교의 '상가'(승가), 이슬람의 '움마' 등 모든 종교에 존재하는 신앙 공동체를 의미한다.
11 에밀 뒤르케임/노치준·민혜숙 역, 앞의 책, 49-81.

는 특징을 근거로 종교를 정의해야 한다는 것이다. 이런 전제와 함께 그는 반드시 어떤 초자연적 현상이나 신과 같은 존재와 관련시켜서 종교를 정의해야 한다는 주장에 반대했다. 그 대신 종교는 사회적인 차원의 개념에 의해서만 이해되어야 한다고 그는 주장했다. 즉, 종교란 본질적으로 사회적인 현상이다. 다시 말해 종교는 사회적 산물이며 사회가 제시하는 도덕과 관계되어 있다는 것이다.[12] 이런 맥락에서 그는 종교의 전제조건을 다음과 같이 제시한다. 첫째, 종교는 성스러운 것을 전제하고, 둘째, 성스러운 것에 관한 여러 신념을 하나의 집단으로 조직하며, 셋째, 그 집단화된 신념을 공동으로 수행하도록 논리적인 방식으로 만든 의례나 관행을 전제한다.

이런 점들에 근거하여 뒤르켐은 종교를 다음과 같이 정의한다. "종교란 성스러운 사물들, 즉 구분되고 금지된 사물들과 관련된 믿음과 의례들의 통일된 체계이다. 이러한 믿음과 의례들은 교회라고 부르는 단일한 도덕적 공동체 안으로 이런 신성한 것을 신봉하는 모든 사람을 통합시킨다."[13] 이 말을 다시 풀어 설명하면, 종교란 성스러운 것을 믿는 사람들을 교회라고 부르는 일종의 도덕 공동체 속으로 연합시키는 신앙과 의례의 체계이다. 물론 이런 정의에는 앞에서 전제한 성스러움, 신앙과 의례, 도덕 공동체로서의 교회라는 세 가지 개념이 포함되어 있다. 즉, 기존 종교 개념과는 달리 종교의 집합적인 성격을 강조하고 있다는 것이다.

다음으로, 뒤르켐은 종교생활의 기본적 요소를 성스러움과 속됨의 구분이라고 주장했다. 이런 구분은 모든 종교에서 가장 기본적이고 공통적인 것이다.

---

12   위의 책, 32.
13   위의 책, 81.

모든 알려진 종교적 신앙들은, 그것이 단순하거나 복잡하거나 간에, 똑같은 공통적인 특성을 보여준다. 이러한 신앙들은, 실제적이거나 이상적이거나, 인간이 생각하는 모든 사물을 분류하는 것을 전제로 한다. 즉, 속된 것과 거룩한 것이라는 말로써 잘 표현할 수 있는 두 가지 분명한 용어에 의해서 일반적으로 지칭되는 두 부류, 혹은 서로 반대되는 두 장르로 분류하는 것을 전제로 하고 있다. 세상을 두 영역, 즉 하나는 성스러운 것 다른 하나는 속된 것으로 분류하는 것이 종교적 사고의 변별적 특성인 것이다. 신앙, 신화, 교리 등은 성스러운 사물들의 본질과 성스러운 것이 부여된 가치나 능력, 성스러운 것들끼리의 관계 혹은 성스러운 것과 속된 것 사이의 관계 등과 같은 것들을 표현하는 표상들이거나 표상체계이다.[14]

이렇게 모든 종교의 신앙체계는 세상의 사물들을 성스러운 것과 속된 것으로 구분한다. 그런데 어떤 표상들이나 표상체계로서의 신앙이나 신화, 교리뿐만 아니라 바위, 나무, 샘, 조약돌 같은 사물들도 성스러운 것이 될 수 있다. 종교 신앙과 교리는 성스러운 것이 힘과 위력, 본성, 상호관계, 속된 것과 맺는 관계에 대해 설명하고 표현한다. 그런데 종교에 의해 성스러운 것으로 취급되는 것들은 그 자체가 지닌 본질적인 특성 때문이 아니라 이에 대한 사람들의 태도와 경험으로 인해 성스럽다고 인정된다고 뒤르켐은 본다. 이렇게 성스러운 것들은 또한 특별한 힘을 가진 것들로 파악되며, 사람들 역시 특별한 태도, 존경, 조심스러운 마음을 가지고 성스러운 것을 대하게 된다는 것이다. 뒤르켐은 이런 점들을 오스트레일리아 원시 부족 토테미즘의 예에서 발견한다. 그는 내재적으로 아무런 성스러운 의미를 지니지 않은 대상이 어떻게 성스러운 대상으로 변할 수 있는가 하는 문제

---

14 위의 책, 67.

에 관심을 가졌다.[15]

종교의 특징을 성, 속의 구분으로 규정한 뒤르켐은 원시사회의 토테미즘의 예를 들면서, "사실상 사물들이 성스러운 것과 속된 것으로 분류되는 것은 토템과의 관계에 의해서"라고 주장했다. 그에 따르면 토템(totem)이란 용어는 원시종교에 적용되는 말로서, '한 씨족의 상징이자 문장(紋章)'을 가리키는 말로 사용되기 시작했다. 특히 토테미즘에서 토템에 부여된 성스러움은 오스트레일리아 원시 부족의 '추링가'(churinga)의 예를 통해 잘 나타난다. 추링가는 토템 문양이 새겨진 나무 조각이나 돌멩이 조각인데, 부족 집단에 의해 성스러운 사물로 숭배된다. 또한 추링가는 그 말 자체로 '성스러움'을 의미하며, 모든 의례적 행위를 지칭하기도 한다.[16]

그렇다면 추링가가 가진 신성성은 과연 어디에서 오는 것일까? 평범한 돌 하나가 어떻게 거룩한 힘을 지닌 대상으로 바뀌는가? 뒤르켐은 토템 이미지가 가진 성스러움이 어떠한 종교적 특성에서도 기원하고 있지 않다고 주장한다. 오히려 추링가에 새겨진 토템의 문양이나 이미지에서 그 답을 찾아야 한다고 본다. 뒤르켐은 토템이 지시하는 대상뿐만 아니라 토템에 속한 씨족 구성원들 역시 성스러운 존재라는 점을 강조한다. 토템 동물과 인간은 모두 성스러운 존재이다. 나아가 인간은 자신의 토템을 자신과 동일시한다는 것이다. 이로써 한 개인 안에 인간과 동물, 두 가지 존재가 대등한 관계로 공존하게 되고, 바로 토템의 이미지가 바로 이 둘 간의 관계를 결합시켜 주는 기능을 한다. 또한 인간과 동물의 이러한 결연관계를 만들어 내는 것으로 신화를 들 수 있다. 신화는 인간과 토템 동물 사이에 계보적인 관계를 수립함으로써 인간에게 토템에 부여된 것으로 여겨지는 능력

---

15 오경환, 『종교사회학』, 249.
16 에밀 뒤르케임/노치준·민혜숙 역, 앞의 책, 177-189.

과 자질에 대한 권리를 획득하게 해준다. 마지막으로 종교 의례야말로 이러한 결연 관계를 만들어 내고 확인시켜 주는 가장 중요한 역할을 한다.

성스러운 세계와 속된 세계는 시공간적으로 완벽하게 분리되어 있다. 성스러운 세계는 의례를 행하는 특정 시간과 특정 공간 안에서만 존재한다. 성스러운 세계에 들어가기 위해서는 속된 존재로부터 어떤 근본적인 존재론적 전환을 겪어야 한다. 여기서 뒤르켐은 집합적 의례(제의)를 성스러운 세계에 들어가기 위한 실천 방안으로 제시하며, 이 의례를 통해 일상에서 경험하지 못하는 집합적 흥분(collective effervescence)을 얻게 되며, 이런 집단적 흥분은 집합의식을 형성하게 만든다고 주장한다. 흥분은 바로 사라지는 감정이므로, 이런 집합적 흥분을 지속적으로 불러일으키기 위해 상징이 필요한데, 그것이 바로 추링가라는 것이다. 즉, 집합 의례 과정 중에 그 집단의 토템적 표지를 추링가에 새김으로써 추링가가 그 집단의 성스러움을 드러내게 된다는 것이다. 즉, 추링가는 집합적 의례를 통해 근본적인 존재의 변화를 겪으면서 성스러운 의미를 획득하게 된다는 것이다.[17]

> 집합적 행동이라는 그 사실은 지극히 강력한 자극제로서 작용한다. 그들이 일단 함께 모이면, 그 모임에 의하여 일종의 전기(電氣)가 형성되고, 이것은 빠른 속도로 그들을 굉장한 흥분 상태로 이끌어 간다. 표출된 감정은 어떤 것이든지 외부의 인상에 대하여 활짝 열려 있는 모든 사람 안에 저항 없이 받아들여진다. … 이러한 흥분은 종종 듣지도 못한 행동을 일으킬 정도에 도달한다. 그들은 일상적 생활 조건에서 너무나 떨어졌고, 또한 그들은 그것을 의식하기 때문에, 일상적 도덕을 뛰어넘고 벗어나서 행동해야 한다고 느낀다.[18]

---

17 위의 책, 153-189.

뒤르켐은 바로 이렇게 흥분으로 가득 찬 집합적 의례에서 발생한 집합적 감정이나 집합적 표상 혹은 관념이 바로 종교라고 주장한다. 또한 토템을 비롯해서 성스러운 것들은 모두 그 자체로 성스러운 것이 아니라 집합적 의례에서 발생하는 집합적 감정, 의식, 혹은 표상의 상징이라는 것이다.

종교적 관념이 탄생하는 것은 이러한 흥분된 사회적 환경 가운데서이고, 이러한 흥분 자체로부터이다. 이것이 진정으로 종교의 기원이라는 이론은 오스트레일리아에서 실질적 종교 활동은 거의 전적으로 이러한 집회가 개최되는 순간에 국한된다는 사실로써 확인되고 있다.[19]

3. 종교의 본질과 기능

일찍이 마르크스는 종교를 인간의 열망이 투사된 일종의 환상과 같은 것이라고 보았다. 또한 이런 종교는 사회구조의 모순에 의해서 나타나며, 그런 모순을 제거하면 종교가 사라진다고 보았다.[20] 반면에 뒤르켐은 종교는 사회를 반영하고 있으며, 사회 유지를 위해 종교가 필요하다고 보았다. 뒤르켐은 종교를 단순히 인간이나 인간 사회가 만들어 낸 환상으로 보는 포이어바흐와 마르크스의 입장에 반대했다. 한마디로 종교는 사회적 산물이라는 것이다. 종교가 권하는 내용은 그 사회가 권하는 도덕과 관련되어 있다. 종교가 표방하는 것은

---

18 Emile Durkeim, *The Elementary Forms of Religious Life*(New York: Free Press, 1915), 246.
19 위의 책, 250.
20 라인홀트 니버 엮음/김승국 역, 『맑스·엥겔스의 종교론』(서울: 아침, 1988), 54-55; 오경환, 『종교사회학』, 181-182.

곧 사회가 권장하는 도덕이다. 종교는 인간의 가장 기본적인 생활의 한 형태가 이상적으로 그려진 것이라고 할 수 있다. 즉, 종교는 인간의 열망을 투사한 이상화 형태이다. 일종의 투사론(theory of projection)으로서의 종교를 본다는 점에서 뒤르켐은 포이어바흐나 마르크스와 유사한 점이 있다고도 볼 수 있다. 다른 점이 있다면, 뒤르켐은 종교를 집단의 이상을 투사한 것이라고 보면서 이것이 지닌 상징적인 힘을 긍정하며 강조했다는 점이다. 따라서 집단(또는 공동체)이 없는 종교란 존재하지 않는다. 집단으로서의 종교는 단순한 개인적 허상이 아니라 집단적인 힘을 의미한다. 여기에 종교가 물질적인 힘을 갖는 이유가 있다.

뒤르켐에 의하면, 체계적인 이상화야말로 종교의 본질이다. 이상화는 환상과 다르다. 그리고 종교가 이상적인 세계의 표현이기는 하지만 현실 세계를 바탕으로 생긴 것이기 때문에 현실 세계와 동떨어진 것도 아니다. 즉, 종교는 현실 세계를 이상화한 것이면서 동시에 의례나 실천을 통해 현실에서 열매를 맺는다. 여기서 말하는 이상 사회는 현실 사회의 밖에 있지 않고 오히려 현실 사회의 한 부분이다. 종교는 인간의 열망을 이상화한 사회이다. 오스트레일리아 원주민의 예를 보자. 집합적 의례를 통해 존재론적 변환을 겪은 추링가는 이제 성스러운 것으로 간주된다. 여기서 그치지 않고 추링가는 씨족이라는 구체적인 사회에서 특권적인 힘을 발휘한다. 즉, 추링가는 집단 의례의 일부로 사용됨으로써 계속적으로 집단의 성원들에게 성스러운 관념들은 물론 성스러운 느낌들을 일깨우고 그 집단을 통합하여 이끄는 기능을 하게 된다는 것이다.[21]

뒤르켐에 의하면 종교는 인간의 중요한 제도이다. 인간의 제도가 허위나 거짓이 아니듯이 종교 역시 허구나 거짓이 아니다. 종교 자체

---

21 에밀 뒤르케임/노치준·민혜숙 역, 앞의 책, 295.

는 실재이다. 더 정확히 말하자면, 허구적인 종교는 존재하지 않는다. 모든 종교는 나름대로 진실하며, 각기 그 방법이 다르다 하더라도 인간존재의 주어진 여건들에 모두 부합하다. 이런 주장은 종교가 곧 사회적인 산물임을 의미한다. 이런 점에서 종교가 언제 시작되었는지 묻는 것은 무의미하다. 그것은 마치 인간의 제도가 언제 시작되었는지 묻는 것과 같다. 다양한 사회에는 다양한 종교가 존재하기 마련이다. 다양한 사회에 사는 사람들의 신앙 역시 다양할 수밖에 없는 것이다. 가령 오스트레일리아의 수렵, 채집 사회에 사는 사람들은 인도의 카스트 제도하에서 사는 사람들과는 다른 종교적 신앙과 의식을 갖는다. 이런 예들은 종교가 사회적 산물이라는 점을 잘 보여준다. 이런 점에서 뒤르켐은 오스트레일리아 원시 부족의 토테미즘을 중요한 사례 연구로 삼았던 것이다.

그렇다면 구체적으로 종교는 어떤 기능을 수행하는가? 기본적으로 뒤르켐은 종교의 순기능을 강조한다. 사회에서 종교는 부정적인 면보다는 긍정적인 면으로 작용한다는 것이다. 즉, 종교는 사회를 질서로 인도하며 통합시키는 기능을 수행한다. 뒤르켐에 의하면, 현대사회가 겪고 있는 위기의 주요 원인은 도덕의 빈곤 내지 부재인데, 종교가 바로 도덕성을 확립하고 제시하여 이런 위기를 벗어나게 할 수 있다. 즉, 종교는 사회가 요구하는 도덕적 의무감을 형성해 줄 수 있다는 것이다.[22] 뒤르켐이 말하는 종교의 기능을 좀 더 세분해서 설명하면 다음과 같다.

먼저, 종교의 일차적 기능이 있는데, 그것은 개인의 신앙과 관련된 기능이다. 신앙은 성(聖)과 속(俗)을 구분하고 이상 세계를 제시하여 신자들이 삶의 의미를 찾고자 노력하게 만든다. 더 나아가 신앙은 성과 이상 세계에 대한 많은 표상을 만들어서 미래 사회의 방향을 제

---

22 위의 책, 576.

시함으로 어떤 집합적 의례를 갖게 만든다. 이것이 바로 종교의 신앙체계가 가진 기능이며, 인간이 종교를 믿는 이유이기도 하다.[23]

> 그것(종교)은 어디에서나 같은 요구에 응답하고, 어디에서나 같은 정신 상태에서 파생된다. 다양한 형태에도 불구하고, 그것의 목표는 인간을 자신 위로 끌어올리고, 인간으로 하여금 좀 더 높은 수준의 생활을 살아가도록 하는 것이다. 신앙체계는 이 생활을 표상으로써 표현하는 한편, 의례는 생활의 움직임을 조직하고 규격을 부여한다.[24]

둘째로, 종교의 이차적 기능은 의례(제의)와 관련된 기능이다. 의례를 통해 집합적 의식을 유지하며 재생산하는 기능이다. 즉, 의례를 통해 구성원 전체가 공동으로 느끼는 어떤 의례를 만들어서 생활이나 행동으로 나타나게 한다는 것이다. 뒤르켐에 의하면 종교적 의례는 집합적 의식과 이상을 만들어 내며, 이것들은 인간의 행동과 생활의 틀과 방향을 제공하는 강한 힘으로 작용한다. 그리고 이런 일들은 종교적 집회에서 형성되는 강한 감정을 토대로 하여 이루어진다. 또한 집회 후에도 그런 감정이 약화되고 사라지지 않게 하기 위해 종교적 상징이 만들어지고, 주기적으로 그런 집회를 반복하게 된다. 개인은 이런 집단적 의례에 참여함으로 두려움과 존경심이라는 감정을 갖게 된다. 이런 정서적인 힘을 뒤르켐은 도덕이라고 불렀다. 의례에 참여한 자들 모두 도덕성을 자극하는 감정을 느끼게 되고, 성원들 모두 공동적으로 느끼는 정서적 에너지를 갖게 된다. 또 의례에 많이 참여할수록 신앙심이 강화된다. 의례는 기본적으로 신앙인들에게 힘을

---

23 위의 책, 31.
24 Emile Durkeim, *The Elementary Forms of Religious Life*, 461.

주고 시련을 이겨내는 용기를 줄 뿐 아니라, 기쁨, 내적 평화, 의욕을 불어넣어 준다.

> 종교를 진정으로 실천한 사람은 누구나 기쁨, 내적 평화, 화창함, 의욕의 상승을 주는 것이 바로 의례(제의)라는 것을 잘 알고 있다. 의례는 단순히 신앙이 외적으로 표현되는 표지의 체계가 아니다. 그것은 신앙을 창조하고 주기적으로 재창조하는 일련의 수단이다.[25]

나아가 의례에 참석한 구성원 모두는 공동의 상징들을 공유하며 그들만의 어떤 도덕적 연대감을 느끼게 된다. 이것은 집단에 소속되었다는 의식을 강화하며, 자신들의 상징을 해하려 하는 사람들에게 분노를 느끼게 만든다. 바로 이런 점들이 사회적으로 나타날 때 종교는 사회 보호 내지 통합에 기여하게 된다는 것이다. 역으로 말한다면, 종교를 통하여 사회통합을 도울 수 있다는 말이다. 즉, 정기적인 종교 행사에서 행해지는 신앙의 갖가지 의례는 물론 인간사의 중요한 의례들, 즉 출생, 결혼, 죽음 등에서 행해지는 종교 의례들은 집단적인 연대감을 느끼게 함으로써 사회를 통합하는 기능을 하게 된다는 것이다. 더 나아가 출생, 결혼, 죽음에 따른 변화에 사회 구성원들이 잘 적응할 수 있도록 돕는 기능을 하게 된다.

뒤르켐에 의하면 성스러움에 관한 종교체험은 인간이나 자연 현상 자체에서 찾을 수 없고 단지 어떤 것의 상징이다. 오스트레일리아 원시 부족의 토테미즘을 연구한 결과 뒤르켐은 종교체험의 토대로서 기능하는 실재, 즉 상징들의 원천은 바로 사회이고, 오스트레일리아 원시 부족의 경우 그것은 '부족'(clan)이라고 결론을 내렸다.

---

25 위의 책, 464.

토템은 무엇보다도 하나의 상징, 어떤 다른 것의 물질적 표현이다. 그러나 무엇의 상징인가? 우리가 관심을 두었던 분석에서 분명해진 것은, 그것(토템)이 두 가지 다른 것들을 표현하고 상징한다는 것이다. 첫째로, 그것은 우리가 토템적 원리 혹은 신이라고 부르는 것의 외적이고 가시적인 형태이다. 그러나 그것은 또한 부족이라고 불리는 일정한 사회의 상징이다. 그것은 부족의 깃발이다.[26]

우리는 많은 신화가 수없이 다양한 형태 아래서 표상했지만, 종교체험을 이루는 이러한 고유한 감정의 보편적이고 영구적이며 객관적 원인이 되는 그 실재는 사회라는 것을 발견하였다.[27]

오스트레일리아 원시 부족들은 토템을 성스러운 것으로 숭배하는데, 이 토템은 두 가지를 상징한다. 먼저, 토템은 토템 원리, 즉 신과 종교를 상징하고, 다음으로 사회, 즉 부족을 상징한다. 그러므로 종교와 사회는 같은 것이고, 종교체험의 토대는 곧 사회이다. 다시 말해 종교체험의 원천은 사회이고, 신은 사회의 상징에 불과하다는 것이다.

뒤르켐이 연구한 바에 의하면, 성과 속이 엄격하게 구분된 오스트레일리아 원시 부족사회에서는 집단 의례에서 맛본 집합적 흥분과 집합의식은 그것이 끝난 후 일상으로 돌아가 생활하면서 약해지거나 사라질 수 있었다. 특히 뒤르켐이 말하는 집합의식은 매우 깨지기 쉽고 사라지기 쉬운 유약한 것이었다. 집합의식은 말 그대로 개인들이 집단적으로 모여 공동의 성스러운 의례를 행하는 과정에서 형성된 집합적 흥분으로부터 나온 것이다. 따라서 집단의 동질성을 유지하

---

26 위의 책, 236.
27 위의 책, 465.

기 위해서는 성스러운 집합 의례를 통해 형성된 집합의식이 신앙인들이 일상 세계로 뿔뿔이 흩어진 후에도 약화되거나 사라지지 않도록 할 기제가 필요하게 된다. 이 기제가 바로 의례의 정기적이고 주기적인 실천이다. 이런 배경에서 모든 종교 의례는 규칙적인 간격을 지닌 채 주기적으로 행해진다. 그렇게 됨으로써 집합의식의 자의성이 줄어들게 되고, 마치 자연과 같이 영원한 실체로 느껴지게 된다. 이렇게 종교의 의례는 집합적 흥분과 집합의식을 견고한 질서로 만드는 역할을 한다는 것이다.[28]

결국 종교는 신앙과 의례의 두 측면에서 상호작용하면서 인간이 살아가고 활동하는 데 도움을 준다. 가령 신앙을 가진 신자에게 비신자가 모르는 새로운 진리를 보게 함으로 더 의미 있는 삶을 살게 하고 그럼으로써 시련을 견딜 수 있는 힘을 제공한다. 더 나아가 종교는 사람들로 하여금 이타적인 태도를 가지게 만드는 근원이 되며, 이런 이타적 가치관으로 인해 신앙인은 이기주의를 억제하고 타인을 위해 희생하는 삶을 살게 된다. 신앙인은 자기 자신과 다른 어떤 존재에 대해 애착을 갖게 되고, 이상을 상징하는 어떤 초월적인 힘에 의지하게 된다.[29] 또한 종교는 신자들이 사회의 가치와 제도를 더 잘 받아들이게 하고, 그것들을 위반하는 것을 방지하는 데도 크게 기여한다.

무엇보다 종교가 지닌 신앙체계는 단순한 상징체계가 아니고, 인간을 보다 더 행복하게 살게 만드는 도덕체계이다. 이것을 신앙체계의 이면에 표현하고 있다는 것이다. 또한 종교의 신앙체계는 현실 사회의 이상적인 목표를 그려준다. 그것은 현실 사회를 지탱하게 만드는 이상 사회 그 자체이다. 이런 점에서 종교적인 힘이란 인간적인 힘, 곧 도덕적인 힘이다. 종교는 인간의 도덕적 삶에 크게 영향을 미

---

28 에밀 뒤르케임/노치준·민혜숙 역, 앞의 책, 307-318.
29 A. 기든스/김의순·김자혜 역, 앞의 책, 106.

치기 때문이다. 따라서 종교의 이름으로 행해지는 것은 그 어느 것도 공허하지 않다. 그것들은 곧 인간 사회이고 그 열매를 얻는 것도 인간이기 때문이다. 이런 종교의 힘은 종교의 상징, 의례, 숭배, 교회, 종파 등을 통해 인간 안에 내재한 '사회에의 귀속성'을 자극하는 데서 비롯된다.[30]

IV. 나가는 말

뒤르켐은 사회와 연관하여 종교의 의미에 대해 밝히고자 하였다. 한마디로 사상과 문화가 사회 없이 존재할 수 없다는 의미에서 종교는 사회생활의 산물이라는 것이다. 그는 다른 학자들이 일반적으로 종교를 신과 같은 초자연적인 존재나 절대적인 존재와 관련하여 정의하는 데 반대했다. 종교는 그런 데서 비롯되지 않았다. 신이나 영혼과 같은 종교적 관념이나 믿음은 사회의 투사(投射, projection)에 불과하며, 집단적으로 흥분 상태가 조성되는 그런 환경에서 발생했다는 것이다. 그러므로 그는 종교를 거룩한 사물과 관련된 믿음과 의례의 체계로 보며, 이런 두 요소를 실천하게 만드는 신앙 공동체의 중요성을 강조했다. 이런 보편적인 종교 정의는 다양한 종교 현상을 아우를 수 있는 가장 보편적이고 일반적인 정의라고 볼 수 있다.

뒤르켐은 신이 존재하는가, 존재하지 않는가와 같은 신학적인 문제에 대해서는 관심을 갖지 않았다. 유대교 집안에서 자란 그는 유대교 신앙의 영향을 받긴 했지만, 결국 신앙과 결별하고 불가지론자로 돌아섰다는 것은 이런 점을 잘 보여준다. 그는 종교를 무시하지 않았지만, 사회의 중요한 요소로서 종교를 간주하고 그 본질과 기능에 대

---

30 에밀 뒤르케임/노치준·민혜숙 역, 앞의 책, 576–581.

해서만 연구했다. 한마디로 그는 종교란 신이 만들어 낸 것이 아니고 인간이 사회적으로 만들어 냈다고 보았다. 즉, 종교란 사회적 산물이라는 것이다. 그렇다면 종교에서 신앙의 대상으로 삼고 있는 신과 같은 존재 역시 인간의 사회적인 필요에 따라 만들어진 부산물에 불과한 것이다. 각 사회에 따라 서로 다른 종교가 발생하는데, 그런 종교의 토대가 되는 것은 이상 사회라는 인간의 관념이며, 이상 사회라는 관념이 현실 사회를 기반으로 해서 종교가 만들어진다는 것이다. 이런 점에서 종교에서 말하는 어떤 성스러운 존재나 대상은 그 자체의 특별한 성질 때문이 아니라 그 종교가 발생한 사회에 의해서 그렇게 만들어진다는 것이다.

뒤르켐은 종교의 순기능에 관심을 가졌다. 종교의 기능은 인간이 활동하고 생활하는 데 실제적인 도움을 준다는 것이다. 무엇보다 종교가 권유하는 신앙체계는 현실 사회의 이상적인 목표를 그려주고, 신앙체계와 그것을 실천하는 의례를 통해 비신자들이 모르는 새로운 진리를 탐구하고 온갖 시련을 견딜 수 있는 힘을 갖게 만든다. 그리고 이타적인 가치관을 갖게 함으로 희생적인 삶을 살게 만든다. 나아가 종교는 도덕적인 힘을 발휘한다. 종교가 권장하는 것은 곧 도덕이기 때문이다. 종교의 주요한 기능은 인간의 도덕적 삶에 영향을 미친다. 종교가 실천되는 곳은 사회이고 그 결과를 맛보는 것은 인간 그 자신들이기 때문이다. 이런 주요 기능들을 통해 종교는 사회를 통합하는 기능을 발휘한다는 것이다.

그렇다면 과학과 문명이 발달할수록 종교는 사라지고 마는가? 이것은 19세기 사회진화론자들의 대체적인 견해였다. 뒤르켐은 종교의 기능이 부분적으로 축소될 수는 있겠지만 종교는 없어지지 않는다고 보았다. 인간의 사회가 존재하는 한 어떤 형태로든 종교는 사라지지 않고 끝까지 존재한다는 입장이었다. 물론 종교가 사회와의 상호관계 속에서 존재하며 기능을 제대로 할 경우라는 전제가 붙는다.

특히 현대사회에 들어서 세속화라는 물결 속에 종교는 의미가 약화되고 있고 영향력이 축소되고 있는 게 사실이다. 하지만 종교는 아직도 세속사회의 가치 영역에 중요한 영향을 미치고 있고 앞으로도 그럴 것이라는 것이 뒤르켐의 입장이다.

뒤르켐의 종교관은 일종의 사회학적인 종교관이다. 그는 분명 신과 같은 초월적인 존재는 믿지 않았다. 단지 원시 부족사회의 토테미즘을 연구하면서 그 사회에서 거룩하게 여기는 토템을 통해 종교의 사회적 기능에 초점을 맞추었을 뿐이다. 그 토템 자체는 신과 같은 존재가 아닌데도 부족사회의 유지를 위해 부족원들의 신앙과 집단적인 의례를 통해 거룩한 존재로 바뀌고, 이런 공통된 신앙이 부족사회를 통합시키는 효과를 발휘한다는 것이다. 이렇게 볼 때 종교는 곧 인간사회의 필요에 의해 발생했다고 말할 수 있다. 다른 말로 하자면, 뒤르켐이 말하는 종교는 곧 사회를 구성하는 초석과 같다. 즉, 종교는 한 사회에 속하는 모든 이를 결합시키는 토대를 제공한다. 종교는 원시사회에 사용되었던 동식물 같은 '집합적 표상'을 갖고 있으며, 그것을 통해서 그들 집단의 결속을 다진다. 결과적으로 그들은 자기 자신과 그들이 속한 공동체를 숭배하는 셈이다. 뒤르켐은 특히 프랑스 혁명기의 혁명적인 축제를 염두에 두고 있었다고 한다. 즉, 프랑스 혁명을 기념하고 이성, 자유, 형제애 등을 반복해서 되새기는 일은 일종의 현대적인 토템으로서 프랑스 사회의 도덕적 통합에 도움이 될 것이라고 보았다.

종교를 공동체적인 측면에서 파악했다는 것은 뒤르켐의 가장 큰 공헌이다. 그때까지 종교는 주로 개인의 신앙과 관련되어 있다고 사람들은 생각했다. 종교가 사회와 연관하여 어떤 기능을 갖는지 제대로 밝힌 학자가 없었다. 마르크스의 경우 부정적인 의미에서 종교의 사회적 기능을 비판했고, 프로이트와 같은 학자는 종교를 억눌린 신경성 강박증세에 불과한 것으로 간주했다. 반면 뒤르켐은 종교가 사회를 이끌고 통합한다고 주장했다. 도덕 공동체로서 종교는 사회에 도덕과 이상을 제시함으로 긍정적인 역할을 한다는 것이다. 이것은 종교를 단순히 인간의 열망을 투사하는 것으로 간주하는 것과는 다르다. 개인주의화되어 가고 있는 현대사회에서 종교마저 개인주의화될 때마다 뒤르켐의 종교론은 큰 의미를 가진다. 즉, 종교는 개인의 신앙에서 출발하지만 공동체 속에서 힘을 발휘하며, 세상이라는 더 큰 공동체와 생동적인 관계를 맺을 때만 제 기능을 발휘한다는 것이다. 어떤 종교든 믿음의 공동체성이 강조되어야 한다는 것이다. 종교적 행위자로서 개인의 실천은 공공의 종교에 속해 있을 때만 의미를 갖는다. 그는 집합적인 믿음 내지 실천과 비교했을 때 개인적 믿음과 실천은 의미가 없다고 본다. 공동체로서의 종교, 사회 안에서의 종교가 중요하다는 것이다. 이렇게 될 때 종교는 사회에서 통합의 규범과 가치를 제공할 수 있다. 물론 그가 말한 종교의 기능은 순기능이다. 종교는 근원적인 수준에서 사회와 창조적 긴장 관계를 유지할 때 비로소 종교는 의의를 가지며, 그 종교가 속해 있는 사회 역시 정체되지 않고 진보할 수 있다. 이런 점에서 종교는 사회의 필수 요소이다.

물론 뒤르켐의 종교관은 한계를 드러내기도 한다. 먼저, 에반스 프리차드(Evans-Pritchard)라는 사회학자는 뒤르켐이 사례 연구로 선택한 토템 종교가 인류의 가장 원초적인 종교 형태임을 입증하기 위해 필요한 역사적 자료가 없다고 지적했다. 뒤르켐이 사용한 오스트레일리아 아룬타 부족의 토템 종교는 매우 예외적이고 특수한 것이기 때문에 거기서 얻은 결론을 토테미즘 전반에 걸쳐 모두 적용할 수 없다는 것이다. 즉, 다른 원시 종족들이 숭배한 토템 종교의 성격은 이와는 매우 다르며 그것들의 관계를 알려주는 역사적 자료가 전혀 존재하지 않는다는 것이다. 따라서 한 부족의 토템 종교가 다른 부족의 토템 종교보다 더 발달한 것이라고 말하거나, 아룬타 족의 토템 종교가 모든 토템 종교의 기본형이라고 주장하는 것은 매우 독단적이라는 비판이 제기된다. 종교진화론적 입장에서 뒤르켐은 현대의 종교들이 토템 종교에서 진화된 것이라고 보았지만, 이 역시 입증할 방법이 없다. 특히 종교진화론을 부정하는 현대 종교학자들의 입장을 보면 모든 종교는 시대와 장소에 관계없이 각각 그 자체로 중요한 의미를 가진다는 입장에서 볼 때 뒤르켐의 입장 역시 충분히 비판을 받을 수 있다.[31]

다음으로, 종교란 종교를 구성하는 여러 요소 중 하나로 환원되거나 해소되지 말아야 한다는 점을 지적할 수 있다. 종교의 사회적 기능이 중요한 것이 사실이지만, 종교가 그런 기능 자체로 환원되지는 않는다는 점이다. 종교는 그 이상이다. 특히 종교가 전제하는 신비 체험은 세상의 어떤 논리로 다 설명할 수 없는 성스러움의 논리이다. 또 종교에서 거행되는 각종 의례에는 세상의 단순한 모임이나 축하 예식 같은 의례들과는 다른 차원이 있다. 종교의 사회적 기능에 집중하다 보면 종교가 초월적이고 절대적인 어떤 존재를 믿기보다는 인간 그 자체를 더 믿게 되는 경향을 띠게 된다. 이른바 인간성의 종교로 전락할 우려가 있다는 것이다. 그렇다면 또다시 종교에서 말하는 궁극적인 존재, 초월적인 존재는 인간의 열망이 투사된 것이 아닌가 하고 생각하게 된다. 즉, 종교란 과연 무엇인가, 신이란 무엇인가라는 질문들에 봉착하게 된다는 점이다.

또 한 가지 뒤르켐은 종교의 역기능에 대해서는 제대로 설명하지 않았다. 서두에서 예를 든 짐 존스의 인민사원 집단 자살 사건은 종교가 얼마나 반사회적이고 파괴적인지를 잘 보여준다. 그만큼 어떤 종교든 역기능을 수행할 수 있다는 점이다. 짐 존스의 인민사원의 경우 초기에는 훌륭한 신앙 공동체를 가진 종교 집단이었고 사회에서도

31　E. E. Evans-Pritchard, *Theories of Primitive Religion*(Oxford: The Clarendon Press, 1965), 66–67.

좋은 역할을 담당했다. 그가 남미의 가이아나로 신도들을 데리고 이주하며 표방한 빈민타파와 흑백문제 해결 같은 것도 이상적이었다. 하지만 결과는 신도 대부분을 집단 자살에 이르게 할 만큼 비참했다. 이것은 분명 종교의 부정적 기능의 대표적인 예인데, 뒤르켐의 종교론으로는 어떻게 설명이 될지 궁금하다. 필자는 종교의 이러한 역기능도 깊이 연구되어야 한다고 생각한다. 물론 참된 의미에서 종교가 아니라고 쉽게 말해 버릴 수도 있겠지만, 겉으로 드러나는 현상만 가지고서 그것이 종교냐 아니냐를 구분하기란 쉽지 않다. 오늘날 한국 사회의 많은 종교가 강력한 공동체성을 과시하며 사회에서 나름대로 역할을 수행하고 있다. 그런데 문제는 그것이 사회에 긍정적인 것이냐 부정적인 것이냐이다. 최근에 한국 그리스도교의 사회적 신뢰도를 조사하여 발표한 것이 이를 잘 보여준다.[32] 뒤르켐이 역설한 종교의 순기능은 사회 속에서 종교의 의미를 되새기게 하며, 동시에 종교의 역기능까지도 연구가 확장되어야 한다는 생각을 갖게 만든다.

뒤르켐은 종교의 사회적 기능은 통합이지 갈등이나 분열이 아니라고 보았다. 하지만 종교가 사회에서 항상 통합의 기능만을 하는지에 대해서는 의문을 제기할 수 있다. 무릇 종교적 신앙이란 다양한 집단과 개인들에게 상이하게 나타나기 마련인데, 이런 상황에서 종교가 언제나 통합의 기능을 한다고 말하기란 쉽지 않다. 좀 더 복잡하고 다원적인 사회에서 종교는 통합의 기능보다는 갈등과 분열의 기능을 할 수도 있다는 것이다. 즉, 사회 안에 여러 개의 종교가 공존하거나, 종교는 하나이지만 사회구성원 다수가 비신앙인인 경우 그 사회의 종교가 제시하는 것과 다른 가치관을 갖는다면 종교는 다분히 갈등

---

[32] 기독교윤리실천운동이 2017년 1월 전국 성인 1,000명을 대상으로 한 '한국 교회의 사회적 신뢰도' 조사 결과 국민 10명 중 2명(20.2%)만이 한국 교회를 신뢰하는 것으로 나타났다. http://www.nocutnews.co.kr/news/4743504

과 분열의 원인이 될 수 있다는 것이다. 특히 다종교가 공존하고 있는 한국 사회의 경우 종교는 종종 사회적 갈등과 분열의 요인이 되곤 한다. 이런 점에서 뒤르켐이 오스트레일리아 원시사회의 토테미즘을 토대로 분석한 종교론은 다분히 한계가 있으며, 다른 사회에 똑같이 적용할 수 없다는 비판이 제기된다. 그럼에도 종교에 대한 뒤르켐의 통찰은 종교가 종종 분쟁과 갈등의 주인공으로 등장하고 있는 오늘의 세계에서 중요한 시사점을 준다. 특히 수천 년 동안 여러 종교가 공존하고 있는 우리의 현실에서 내가 속한 종교는 어떤 역할을 하고 있는지, 또 종교가 단지 개인적인 기능에만 머무르고 있지는 않은지에 대한 많은 통찰을 줄 수 있을 것이다.

제6장

::

신은 망상인가?

― 리처드 도킨스의 과학주의적 무신론

> 일반적으로 말해 종교가 미치는 나쁜 효과 중 하나는 몰이해에
> 만족하는 것이 미덕이라고 가르친다는 점이다. ― 리처드 도킨스

I. 들어가는 말

지난 2018년 여름 〈너도 인간이니?〉라는 드라마가 TV에서 방영된 적이 있다. 이 드라마는 흥미롭게도 로봇을 주인공으로 내세웠다. 과학자인 오로라 박사는 재벌 2세와 결혼했지만 남편이 일찍 사망한다. 그래서 하나뿐인 아들 남신을 키우며 살아가는데, 후계자가 필요해진 재벌 회장 시아버지가 남신을 강탈해 간다. 아들을 잃은 오로라 박사는 남신과 똑같은 로봇을 만들어 마음을 달랜다. 재벌 경영권 다툼이 일어나고 이사 중 한 명이 살인자를 매수하여 남신을 살해하려고 했고, 피습당한 인간 남신은 혼수상태에 빠진다. 오로라 박사는 로봇을 투입해 남신이 깨어날 때까지 그 자리를 대신하게 한다. 이에 로봇 남신이 세상에 나와 사람들을 만나고 여러 일을 겪게 된다는 이야기다. 드라마에서 로봇은 초능력을 발휘하면서도 사람처럼 연인을 사랑하는 로맨스의 주인공이 된다. 최근 인공지능(AI)이나 로봇 기술이 발전하면서 인공지능을 탑재한 인간형 로봇에 대한 호기심과 함께 공포심도 커지고 있는데, 이 드라마는 이런 대중 정서와 시대의 변

화를 드라마로 잘 표현해 주고 있다.

　드라마 〈너도 인간이니?〉는 단순히 로맨스 드라마를 넘어서서 인간의 인간다움에 대한 물음을 던지고 있다는 점에서 독특하다. 인간과 똑같이 생겼지만 로봇인 남신은 과연 인간이 아닌 기계에 불과한가? 기계니까 사용처가 없어지면 용도폐기하고 그의 뜻 따윈 무시해도 되는 건가? 그는 사랑의 대상이 될 수 없는 건가? 한편 인간으로 태어난 사람들은 과연 인간다운 인간인가? 몸이 기계가 아니라는 이유만으로 진짜 인간이라고 할 수 있는가? 무엇이 인간인가? 이런 본질적인 질문들을 이 드라마는 계속 던진다.[1]

　이 드라마가 보여주듯 바야흐로 인류는 인공지능과 빅데이터 시대에 접어들었다. 드라마 속 이야기가 현실이 될 날도 그리 멀지 않았다. 인간은 인공지능 로봇과 잘 공존할 수 있을까? 인공지능 로봇은 어디까지 인간일까? 많은 질문이 제기된다. 오늘날 첨단 과학의 혜택을 외면하고 살 사람은 아무도 없다. 과학은 현대인의 모든 삶에 영향을 끼치고 있다. 특히 세계적으로 가장 먼저 과학의 혜택을 누리기 원하는 한국인의 삶은 더욱 그러하다. 국민 대부분이 휴대전화을 가지고 있고, 휴대전화 교체 시기마저 세계에서 가장 빠른 나라가 한국이다. 각종 TV 프로그램에서 매일같이 최첨단 의학 정보가 쏟아져 나오는 곳도 한국이다. 과연 과학을 떠나서 우리의 삶은 가능할까? 과학이 우리의 삶에 새로운 맘몬으로 등장하지는 않았는지 물음을 던져본다. 인공지능 로봇이 영화가 아닌 현실로 우리에게 다가오지 않으리라는 보장이 없다.

　인간의 삶에 유익한 과학이 만일 절대적인 존재로 군림하게 될 때 인간은 또 다른 굴종과 억압을 경험하게 될 것이다. 이 말은 과학

---

[1] "로봇까지 진화한 초능력 남친 '너도 인간이니?'", 「시사저널」 1499호, 2018. 7. 7., http://www.sisapress.com/journal/article/176275

의 장점과 단점을 동시에 봐야 한다는 의미이다. 최근 들어 이루어진 과학의 발전은 종교계에도 영향을 미치고 있다. 과학의 발전으로 더 이상 신이나 종교 같은 존재가 필요 없게 되었다는 주장이 거세게 일어나고 있다. 이른바 과학적 무신론자들인데, 영국의 과학자 리처드 도킨스(Richard Dawkins)가 대표자이다. 이들은 근본주의나 극단주의적 종교의 폐해를 중심으로 종교를 공격하는데, 이제 온전한 종교 진영에까지 비판을 가하면서 종교 그 자체가 불필요하며 신이라는 존재는 없다고까지 주장한다.

리처드 도킨스는 2006년에 『만들어진 신』(*The God Delusion*)을 출판함으로 21세기 과학적 무신론자의 아버지가 되었다.[2] 그 이후로 여러 사람이 무신론자임을 자처하며 공개적으로 등장했고, 이른바 '현대 무신론'이라는 새로운 운동을 탄생시켰다. 특히 2009년부터는 리처드 도킨스를 중심으로 한 무신론 논쟁이 새로운 국면으로 접어들었다. 도킨스가 부회장으로 있는 영국 휴머니스트협회(British Humanist Association)가 2008년 말부터 영국 전역을 운행하는 버스 800대에 '신은 없다'라는 내용의 광고를 붙였고, 이러한 광고가 영국, 스페인 등 유럽 전역으로 확산되었기 때문이다. 그들이 제작한 광고에는 "신은 없다, 인생을 즐겨라", "신은 아마도 없을 것이다. 이제 걱정을 멈추고 인생을 즐겨라" 등의 문구가 담겼다. 무신론 광고의 아이디어를 처음 낸 사람은 애리앤 쉬린이라는 희극작가였다. 그녀는 2008년 10월 광고를 내기 위한 모금액의 목표를 8,000달러(약 1,000만 원)로 잡았다. 하지만 영국 휴머니스트협회와 리처드 도킨스의 도움을 받으면서 4일 만에 15만 달러를 모을 수 있었다. 그 후 20만 달러까지 모금액이 올라갔고, 지하철에 광고판 1,000개를 추가로 설치했다. 그리고 스페인에서도 스페인 무신론자연합과 자유사상가협회

---

2   리처드 도킨스/이한음 역, 『만들어진 신』(서울: 김영사, 2008).

가 주관하여 영국 휴머니스트협회의 문구를 스페인어로 번역하여 스페인 수도 마드리드를 포함한 주요 도시에 광고할 계획이라고 한다. 이제 유신론의 시대에서 벗어나 무신론의 시대로 접어든 느낌이다. 여기에 과학이 크게 기여한 것 같다. 유럽 곳곳에서 일어나고 있는 무신론 광고 운동의 중심에는 진화생물학자이자 베스트셀러 작가로서 전 세계적으로 무신론 논쟁을 일으킨 리처드 도킨스 교수가 있다. 그는 현대 과학주의 무신론의 이론적 근거를 제시하고 있다. 그는 『만들어진 신』에서 과학적 논증을 통해 신은 존재하지 않는다는 무신론을 과학적으로 논증하고자 했다. 이제 도킨스의 주장을 중심으로 과학적 무신론의 실체에 대해 알아보고자 한다.

II. 도킨스의 생애[3]

영국인 리처드 도킨스는 1941년 3월 26일 케냐 나이로비에서 태어났다. 그의 아버지 클린턴 존 도킨스가 제2차 세계대전 중 연합군으로 영국에서 케냐로 이주하였기 때문이다. 도킨스는 8세가 되던 1949년에 영국으로 돌아왔다. 부모가 과학에 흥미가 많아 어린 도킨스의 질문에 과학적 언어로 답을 해주었다고 한다. 도킨스는 9세 되던 무렵부터 신의 존재에 대해 의구심을 가지기 시작했다. 하지만 얼마 후에 그는 자연에 있는 방향성, 규칙성, 목적성, 질서와 이런 것들의 조합 등을 인식하고 다시 신의 존재를 믿게 되었다고 한다. 그러다가 다시 영국 성공회의 관습들이 매우 불합리하다는 것을 깨달았고, 신보다는 윤리에 더 관심을 기울이기 시작했다. 그 후 생물의 진화 과

---

[3] 리처드 도킨스/김명남 역, 『리처드 도킨스 자서전 1, 2』(서울: 김영사, 2016)를 참조함.

정을 더 많이 이해하게 되면서 그의 종교적인 관점은 다시 바뀌었다. 그는 초자연적인 신의 존재 없이도 진화론의 자연선택이 생명의 복잡성을 더 잘 설명할 수 있다고 생각했다. 이후 그는 무신론자가 되었다.

도킨스는 1954년부터 1959년까지 온들 스쿨(Oundle School)에 다닌 후 옥스퍼드 대학에 들어가 동물학을 공부했으며, 당시 노벨 생리학·의학상 수상자인 동물행태학자 니콜라스 틴버겐(Nikolaas Tinbergen)의 가르침을 받았다. 그는 학부 졸업 후 틴버겐의 지도하에 1966년에 옥스퍼드에서 박사 학위를 받았다. 그는 1967년부터 1969년까지 미국의 캘리포니아 대학 버클리에서 동물학 조교수로 잠시 일한 후, 1970년에 동물학을 강의하러 다시 옥스퍼드로 돌아왔고, 2009년 은퇴하기까지 교수로 재직했다. 특히 1995년에 석좌교수에 임명되었는데, 이 자리는 찰스 시모니(Chares Simonyi)가 과학을 대중에게 이해시키는 중요한 역할을 기대하며 돈을 기부함으로써 만들어진 자리였다. 도킨스는 1976년에 『이기적 유전자』를 출판하면서 생명과학을 일반대중에게 쉽게 설명하는 데 관심을 가지기 시작했다. 그는 『확장된 표현형』, 『눈먼 시계공』, 『에덴 밖의 강』, 『풀리는 무지개』, 『악마의 사도』 등을 출간하면서 유명해졌고, 특히 『만들어진 신』으로 현대 과학적 무신론의 대표자가 되었다.

III. 『만들어진 신』의 주요 내용

도킨스가 『만들어진 신』을 저술한 계기는 미국에서 발생한 9·11 테러 사태였다고 한다. 2001년 9월 11일 이슬람교 근본주의자들이 비행기 두 대를 납치해 자살 테러를 기도하여 수많은 사람이 죽는 비극적 사건이 발생했다. 이에 부시 정권은 개신교 신앙과 애국심에 토대를 둔 이른바 '테러와의 전쟁'으로 반격을 가했다. 또한 몇몇 나라를 '악의 축'으로 규정하고, 악을 무찌르기 위해 정의로운 전쟁을 일으켜야 한다고 주장했다. 이후 전쟁은 복잡하게 꼬이기 시작했고, 지금까지 계속되고 있다. 이런 현실에서 지성인이라면 누구나 고민과 성찰을 했을 것이다. 도킨스는 무엇보다 종교의 이름으로 무고한 사람들이 죽고 죽이는 폭력의 악순환을 계속하고 있는 현실을 보면서 종교를 개인의 문제로 간주하지 않고 사회적인 문제로 확대하여 비판하고자 했다. 도킨스의 『만들어진 신』에 대한 평가는 극과 극을 이루고 있다. "인문학적 소양을 갖춘 과학자가 종교를 객관적으로 비판한 흔치 않은 책"이라는 극찬에서부터, "종교적 근본주의와 다르지 않은 또 하나의 과학적 근본주의를 주장한다"라는 비판까지 매우 다양하다. 특히 종교인들은 대체적으로 이 책에 대해 부정적인 평을 쏟아내고 있다. 도킨스가 자신들의 종교를 부정적으로 평가하고 신의 존재마저 부인하기 때문이다.

『만들어진 신』의 주요 내용을 살펴보면 다음과 같다. 도킨스는 먼저 책의 제목에 망상(delusion)이라는 단어를 붙인 이유를 설명한다. 그와 토론을 벌인 세 명의 정신과 의사는 종교적 망상을 지칭하는 전문 용어인 'relusion'을 쓰자고 제안했는데, 도킨스는 '망상'이라는 단어를 고집했다고 한다. 사전에 따르면, 망상은 "잘못된 믿음이나 인상, 모순되는 강한 증거에도 불구하고 잘못된 믿음을 고집하는 것, 특히 정신장애의 한 증상"이라는 뜻을 가지고 있다. 신이나 종교는 거짓이나 허구를 의미하는 환상보다는 잘못된 것을 고집함으로 현실에서 정신병으로 나타나는 것으로 당연히 거부되어야 한다는 그의 생각이 잘 드러나 있다. 그래서 그는 미국의 작가 퍼시그의 말을 인용하면서 자신의 책 제목을 정당화한다. "누군가 망상에 시달리면 정신 이상이라고 한다. 다수가 망상에 시달리면 종교라고 한다."

도킨스는 서문에서 자신이 이 책을 집필한 이유를 네 가지로 밝히고 있다. 먼저, 무신론자가 되고 싶다는 소망이 현실적인 열망이고,

용감한 행위라는 사실을 일깨우기 위해 썼다고 한다. 다시 말해 누구든지 행복하고 도적적이고 지적인 무신론자가 될 수 있다는 사실을 밝히고 싶었다는 것이다. 둘째, 생물 세계를 보면 누군가 그것들을 설계한 자가 있을 것이라는 것은 환각에 불과하며, 오히려 다윈의 자연선택설이 우주와 자연을 더 잘 설명하고 이해하는 데 도움을 준다는 것을 밝히기 위해서다. 셋째, 문화나 어린 시절 자란 환경에 의해 영향을 받아 갖게 된 잘못된 종교의식을 일깨우기 위해서다. 그럼으로써 종교화되지 않고서도 현실 세계의 장엄함을 이해하는 데 도움을 주는 다른 방법들이 종교를 대체할 수 있다는 점을 밝히고자 한다. 넷째로, 무신론자의 자긍심을 일깨우기 위해서 이 책을 썼다고 한다. 무신론은 이제 더 이상 구차하게 변명해야 할 일이 아니며, 마음의 건전한 독립성, 즉 건강한 마음을 나타낸다. 그동안 무신론자임을 인정할 용기가 없었던 사람들에게 이제 당당히 무신론자임을 밝힐 수 있는 용기를 주기 위해서 이 책을 썼다는 것이다. 도킨스는 특히 광적인 신앙이 판을 치는 미국의 현실에서 무신론자라고 공표하기가 매우 어렵다는 점을 예로 든다. 하지만 이미 많은 사람이 무신론자들인데 그것을 알아채지 못하는 이유는 자신이 무신론자임을 밝히지 않아서라는 것이다. 따라서 무신론자들이 공개적으로 자신이 무신론자임을 밝히는 데 도움을 주기 위해서 이 책을 썼다고 한다.[4]

도킨스의 『만들어진 신』은 총 10장으로 구성되어 있다. 제1장의 제목은 "대단히 종교적인 불신자"인데, 이 제목은 아인슈타인의 다음과 같은 말에서 따온 것이다. "나는 지극히 종교적인 불신자다. 이것은 다소 새로운 종류의 종교다." 이 장에서 도킨스는 존중받을 유형의 믿음과 존중받지 못할 유형의 믿음에 대해서 논하고 있다. 먼저 그는 종교를 갖지 않고도 우주나 생명의 경이로움을 온전히 느낄 수 있다

---

4   위의 책, 6-15.

고 말한다. 일례로 찰스 다윈의 『종의 기원』 마지막 문장을 인용한다.

> 자연의 전쟁 다시 말해 기근과 죽음이 있은 뒤에는 우리가 생각할 수 있는 가장 고귀한 대상, 즉 더 고등한 동물들이 곧장 생겨난다. 원래 극소수의, 또는 하나의 형상에 몇 가지 능력과 함께 숨결이 불어넣어졌고, 그 뒤 이 행성이 정해진 중력 법칙에 따라 자전과 공전을 반복하는 동안에 그토록 단순했던 것에서 가장 아름답고 가장 경이로운 무수한 형상들로 진화해 왔고 지금도 그들은 진화하고 있다는 이런 생명관에는 장엄함이 담겨 있다.[5]

또한 도킨스는 아인슈타인이나 호킹과 같은 유명한 과학자들이 언급하는 "신"(God)이 결코 인격적이고 초자연적인 창조주를 의미하는 것이 아니었음을 강조한다. 그는 아인슈타인의 말을 인용하면서 자신의 종교적인 입장을 이렇게 밝힌다.

> 나는 지극히 종교적인 불신자다. 이것은 다소 새로운 종교다. 나는 자연에 목적이나 목표 혹은 의인화라고 이해될 만한 것을 전혀 갖다 붙인 적이 없다. 우리는 자연을 매우 불완전하게만 이해할 수 있고, 이는 생각하는 인간이 겸손으로 채워야 하는 장엄한 구조다. 그것은 신비주의와 아무런 관련이 없는, 진정으로 종교적인 감정이다. 인격신이라는 개념은 내게 아주 이질적이며 심지어 소박하게까지 보인다.[6]

종교 없이도 얼마든지 가능한 이런 종류의 믿음을 도킨스는 존중하는 반면, 전혀 그럴 가치나 자격이 없는데도 단순히 종교라는 이름

---

5 위의 책, 23-24.
6 위의 책, 29.

으로 존중을 받고 있는 예들도 지적한다. 이런 종교는 초자연적이고 인격적인 창조주에 대한 믿음을 전제하는데, 대표적으로 전시에 양심적 병역거부자로 인정받을 수 있는 가장 손쉬운 근거는 종교라고 본다. 여기서 도킨스가 비판하는 것은 양심적 병역거부 자체가 아니라 양심적 병역거부로 인정받는 절차에서 종교가 받는 지나친 특혜가 문제라는 것이다. 두 번째로 일반인들에게는 그렇게 엄격하게 법으로 금지하는 환각제마저 종교의 경우에는 너무 쉽게 허용한다는 것이다. 그 예로 2006년 2월 21일 미연방대법원은 뉴멕시코 주의 한 종교 교파가 다른 모든 사람이 준수해야 하는, 환각제 사용을 금지하는 법률의 적용을 받지 않는다고 판결했다. 왜냐하면 그 종교 단체는 환각제가 함유된 호아스카(또는 아야후아스카) 차를 마셔야만 신을 이해할 수 있다고 믿기 때문이다. 이런 것은 법을 넘어서려는 종교가 지닌 일종의 부적의 힘이라고 도킨스는 비판한다.

제2장의 제목은 "신 가설"이다. 이 장에서 도킨스는 신(神)에 관한 여러 가설을 예로 들면서 종교를 비판한다. 이 장의 중요한 전제는 신 가설은 엄연한 과학적 가설이고, 확률론적 접근을 통해 '신 존재'의 개연성을 따져볼 수 있다는 것이다. 이를 위해 먼저 신 가설을 정의하고, 이 가설의 다양한 형태(다신교, 일신교, 자연신교 등)를 살펴보고, 무신론도 아니고 유신론도 아닌 부류에 속하는 불가지론자를 무신론으로 끌어들이기 위해 시도한다. 도킨스는 신 가설(The God Hypothesis)을 정의하기에 앞서 자신이 말하는 '신'의 의미를 명확히 하고자 한다. 도킨스는 구약성서에 등장하는 신 야웨에 대해 다음과 같이 비판하면서 이 장의 논의를 시작한다.

구약성서의 신은 모든 소설을 통틀어 가장 불쾌한 주인공이라고 할 수 있다. 시기하고 거만한 존재, 좀스럽고 불공평하며 용서할 줄 모르는 지배욕을 지닌 괴물, 복수심에 불타고 피에 굶주린 인종 청소자, 여성을 혐오하고 동성애를 증오하고 인종을 차별하고 유아를 살해하고 대량학살을 자행하고 자식을 죽이고 전염병을 퍼뜨리고 과대망상증에 가학피학성 변태성욕에 변덕스럽고 심술궂은 난폭자로 나온다. 유아 때부터 그의 행동 방식을 주입받은 우리 같은 사람들은 그런 행위들이 빚어내는 공포에 둔감해졌을 수 있다. 때 묻지 않은 관점을 지닌 천진무구한 사람은 이 사실을 더 명확히 인식할 수 있다.[7]

그런데 도킨스가 공격하고자 하는 신은 이런 쉬운 표적물이 아니다. 오히려 보다 더 넓은 개념의 신, 초인적이고, 초자연적인 신, 설계자로서의 신이다. 바로 이런 신이 존재한다는 가설을 문제 삼고 있다. 즉, 우주와 인간을 포함하여 그 안의 모든 것을 의도를 갖고 설계하고 창조한 초인적, 초자연적인 지성이 존재한다는 가설을 거부하고 그 대안을 제시하려는 것이다. 그에 따르면, "무엇인가를 설계할 정도로 충분한 복잡성을 지닌 창조적 지성은 오직 확장되는 점진적 진화 과정의 최종 산물로 출현한다." 이런 대안적 가설에 따르면 신 가설은 망상에 불과하다. 그리고 신 가설에 대한 비판은 그것이 다신교건 일신교건 간에 모두에게 해당된다.

그들(힌두교)의 다신교는 사실 다신교가 아니라 위장된 일신교다. 힌두교에서 신은 하나뿐이기 때문이다. 창조자인 브라흐마, 수호자인 비슈누, … 그 외 수백의 신들은 모두 한 신의 서로 다른 모습이나 화신이기 때문이다. 기독교인들은 그런 궤변에 호의를 보여야 한다. 중세에 삼위일체의 '수수께끼'를 풀기 위해, 그리고 아리우스파의 교리 같은 이단설을 억압하기 위해 피의 강은 말할 것도 없고 잉크의

---

7   위의 책, 50.

강이 흘러넘치도록 한 게 그들이니까. 서기 4세기 알렉산드리아의 아리우스는 예수가 신과 동일 실체(consubstantial, 즉 같은 실체나 본질을 지닌)라는 생각을 부정했다. 당신은 이렇게 물을 것이다. 대체 그런 말이 가능하기나 할까? 실체라니? 무슨 '실체'? '본질'은 정확히 무슨 뜻인가? '거의 불가능'이라는 것이 유일하게 합리적인 대답일 듯하다. 하지만 그 논쟁은 기독교계를 한 세기 동안 둘로 분열시켰고, 콘스탄티누스 황제는 아리우스파의 서적들을 모조리 불태우라고 명령했다. 기독교는 쓸데없는 것을 따지고 들다가 분열된 것이다.[8]

도킨스의 종교 비판은 유일신교에 가서 절정에 이른다. 사실 도킨스의 무신론은 유대교, 그리스도교, 이슬람교의 비판에 근거해 있다고 말해도 과언이 아니다. 물론 그는 특정한 형태의 유일신이나 신들을 공격하기보다는 어디서나 날조되거나 또 언젠가 날조될 초자연적인 모든 것, 즉 모든 신을 공격한다고 표명한 바 있다. 도킨스는 작가 고어 비달(Gore Vidal)의 글을 인용하면서 세 종교를 이렇게 비판했다.

우리 문화의 중심에는 일신교라는 감히 입에 담아서는 안 되는 거대한 악이 자리하고 있다. '구약성서'라는 야만적인 청동기 시대의 문헌에서 유대교, 기독교, 이슬람교라는 세 가지의 반인간적인 종교가 나왔다. 하늘의 신을 섬기는 그 종교들은 말 그대로 가부장적이므로 (신은 전능하신 아버지다) 해당 지역의 여성들은 하늘의 신과 그 지상의 남성 대리자들에게 2,000년 동안 멸시를 받아 왔다.[9]

도킨스는 세 유일신 종교의 모태가 되는 유대교를 시작으로 그리

---

8 위의 책, 54-55.
9 위의 책, 60.

스도교와 이슬람교의 부정적인 역사에 대해 이렇게 지적했다.

> 유대교는 원래 속박과 까맣게 탄 고기 냄새와 경쟁 관계에 있는 신들에 대한 우월성과 자신이 택한 사막 부족의 배타성에 병적으로 집착하는, 유독 사나운 신을 섬기는 한 부족의 신앙이었다. 로마의 팔레스타인 점령기에 타르수스의 바울은 덜 무자비하며 덜 배타적인, 즉 유대인 너머의 세계를 바라보는 유대교의 종파로서 기독교를 창시했다. 몇 세기 뒤 마호메트와 그 추종자들은 유대교 본연의 비타협적인 일신교로 회귀하여 이슬람을 창시하고, 유대교와 기독교의 경전을 차용하여 새로운 경전인 코란을 만들고, 군사적 정복을 통해 신앙을 전파한다는 강력한 이데올로기를 덧붙였다. 기독교도 칼을 통해 퍼졌다. 그 칼은 콘스탄티누스 대제가 그 종교를 별난 이교에서 공식 종교의 지위로 승격시킨 뒤에 로마인들이 처음으로 휘둘렀고, 그다음에는 십자군이, 더 나중에는 선교사를 동반한 스페인 정복자들과 기타 유럽의 침략자들과 식민주의자들이 휘둘렀다.[10]

도킨스는 신의 문제에 대해 알 수 없다고 주장하는 불가지론(不可知論)에 대해서 언급하면서 신 문제를 과학적 증거의 영역 저편으로 넘겨 버리는 태도를 비판한다. 그는 불가지론을 두 가지로 나눈다. 먼저, '일시적 불가지론'이 있는데, 이것은 이쪽 아니면 저쪽이라는 명확한 답이 실제로 있지만 아직 거기에 도달할 증거가 부족할 때 취하는 합리적인 중도적 입장이다. 우리는 언젠가 그것을 알 수 있겠지만, 현재로는 알지 못한다는 것이다. 또 한 유형은 '영구적 불가지론'인데, 우리가 아무리 증거를 모은다 해도 증거라는 개념 자체를 적용할 수 없기에 답을 얻을 수 없는 질문들에 알맞은 형태이다. 이런 질

---

10 위의 책, 61.

문은 증거가 도달할 수 있는 영역을 넘어선 다른 평면 혹은 다른 차원에 존재한다. 도킨스는 '신 가설'이 영구적 불가지론이 아니라 일시적 불가지론에 속한다고 주장한다. 즉, 신 가설은 과학이 고도로 발달하면 언젠가는 답을 알 수 있는 문제이며, 엄연한 과학적 가설이라는 의미이다. 따라서 그는 신의 존재가 어떤 식으로든 확실하게 증명되거나 반증될 수 없다고 할지라도, 가용 증거와 추론을 통해 신의 존재 확률이 50%라고 가정할 이유가 없다고 주장한다.

또한 도킨스는 과학 너머에 종교가 있다는 생각을 비판한다. 그는 종교의 영역을 과학이 간섭해서는 안 된다는 주장의 구체적인 예로 미국의 고생물학자인 굴드(Stephen J. Gould)가 주장한 NOMA(nonoverlapping magisterium, 겹치지 않는 교도권) 개념을 비판한다. NOMA에 의하면 과학은 과학이고 종교는 종교이므로 양자는 서로 겹치는 일이 없으니 평화롭게 양립할 수 있다는 것이다. 따라서 '신 가설'에 대한 과학적 비판은 불가능하게 된다는 것이다. 도킨스는 이런 개념을 못마땅하게 생각한다. 일단 과학이 설명할 수 없는 부분이 있고 그 부분을 신학적으로 설명할 수 있다는 생각을 그는 거부한다. 그는 이렇게 말한다.

> 과학은 '어떻게'라는 질문들에만 관심이 있고, '왜'라는 질문들에 대답할 자격이 있는 것은 신학뿐이라는 말은 지겨울 정도로 진부하다. … '왜'(why)로 시작하는 영어 문장이 모두 다 타당한 질문은 아니다. 유니콘은 왜 공허한가? 이에 대답할 가치가 없는 질문들도 있다. … 아마 과학이 영구히 도달할 수 없는, 진정으로 심오하고 의미 있는 질문들이 있을지도 모른다. 아마 양자론은 불가해한 무언가의 문을 이미 두드리고 있는지도 모른다. 하지만 왜 사람들은 어떤 궁극적인 질문에 대해 과학이 대답할 수 없다면 종교는 할 수 있을 것이라 생각하는 것일까?[11]

제3장의 제목은 "신의 존재를 옹호하는 논증들"이다. 이 장에서 도킨스는 신의 존재를 옹호하는 논증들 중 유명한 것들을 나열하고 이를 하나씩 비판한다. 그것들 중 중요한 것을 소개하면 먼저 토마스 아퀴나스의 다섯 가지 '신 존재증명'이다. 그것들은 부동의 원동자, 원인 없는 원인, 우주론적 논증, 정도 논증, 목적론적 논증 또는 설계 논증 등이다. 도킨스는 처음 세 개의 증명은 같은 것을 그저 달리 말한 것이므로 하나로 묶어서 생각할 수 있다고 본다. 즉, 세 가지 논증은 회귀 개념에 의존하며 신을 불러내 회귀를 종식시킨다는 것이다. 도킨스는 그것들은 신 자신이 회귀로부터 벗어나 있다는, 매우 부당한 가정을 하고 있다고 비판한다. 비록 우리가 무한 회귀의 종식자를 독단적으로 생각해낸 뒤, 단순히 이름이 필요하다는 이유로 거기에 이름을 붙이는 수상쩍은 사치를 부린다고 하더라도, 그런 종식자에게 일반적인 신의 속성들을 부여할 이유는 전혀 없다는 것이다. 더 나아가 전능과 전지라는 개념은 논리적으로 상호 양립할 수 없다는 점을 지적한다. 만일 신이 전지하다면, 그는 자신이 전능을 발휘하여 역사의 경로에 개입하여 어떻게 바꿀지를 이미 알고 있어야 한다. 그러나 그것은 그가 개입하겠다고 이미 마음먹은 것을 바꿀 수 없다는 의미이며, 따라서 그가 전능하지 않다는 뜻이다. 즉, 백번 양보해서 그것이 '신'이라고 인정해봤자 그 '신'이 그리스도교 등의 종교에서 말하는 인격신으로까지 자동으로 증명되는 것은 아니라는 말이다. 그는 목적론적 논증 또는 설계 논증에 대해서는 4장을 할애해서 자세히 반박하고 있다. 더 나아가 도킨스는 신이 존재한다는 증명이 성립한다면 반대로 신이 존재하지 않는다는 증명도 얼마든지 가능하다는 점을 오스트레일리아 철학자 더글러스 개스킹의 논리를 끌어들여 이렇게 설명한다.

---

11 위의 책, 91.

1. 세계 창조는 상상할 수 있는 가장 경이로운 업적이다.
2. 그 업적의 가치는 (a) 고유의 특질과 (b) 창조자의 능력의 산물이다.
3. 창조자가 무능력할수록(또는 조건이 불리할수록) 그 업적은 더 인상적인 것이 된다.
4. 창조자에게 가공할 가장 불리한 조건은 비존재일 것이다.
5. 따라서 우주가 존재하는 창조자의 산물이라고 가정한다면, 우리는 더 위대한 존재를 상상할 수 있다. 즉, 존재하지 않으면서도 모든 것을 창조하는 존재 말이다.
6. 따라서 존재하는 신은 상상할 수 있는 가장 위대한 존재보다 더 위대하지 않을 것이다. 더욱 강하고 엄청난 창조자는 존재하지 않았던 신일 것이기 때문이다.

그런 고로,

7. 신은 존재하지 않는다.[12]

다음으로, 신에 관한 이른바 '성서 논증'은 그리스도인들이 "성경에 나와 있잖아"라고 말하는 것을 의미하는데, 도킨스는 이에 대해 자세히 반박을 한다. 성서에 대한 도킨스의 견해는 단순하다. 2006년 댄 브라운(Dan Brown)의 소설 『다빈치 코드』를 원작으로 한 영화가 상영되어 그리스도교계에 엄청난 논쟁을 불러일으킨 적이 있다. 그런데 그 작품은 사실 처음부터 끝까지 허구였다. 즉, 창작된 소설이었다. 이 점에서 그것은 성서의 복음서들과 똑같다는 것이다. 『다빈치 코드』와 복음서들의 유일한 차이점은 복음서들이 오래된 소설인 반면, 다빈치 코드는 현대 소설일 뿐이라고 도킨스는 주장한다. 또한 그는 성서 논증을 비판하기 위해 성서의 다양한 오류들을 제시한다. 나아가 그는 바트 이어만(Bart D. Erhman)의 『성경 왜곡의 역사: 누가,

---

12 위의 책, 132.

왜 성경을 왜곡하였는가』(*Misquoting Jesus: The Story Behind Who Changed the Bible and Why*)를 읽으라고 추천한다. 도킨스는 다음과 같이 주장한다.

> 네 편의 복음서 저자들이 누구였는지는 알 수 없지만, 그들이 예수를 개인적으로 만난 적이 없음은 거의 확실하다. 그들이 쓴 내용들 중 많은 부분은 역사를 정직하게 기술하려고 한 것이 아니라 그저 '구약성서'를 재탕한 것이었다. 복음서 저자들은 예수의 삶이 '구약성서'의 예언을 충족시켜야 한다고 믿었기 때문이다. 심지어 널리 지지를 받지는 못하지만 예수가 실존 인물이 아니었다는 주장을 진지한 역사적 사실로 다룰 수도 있다. … 비록 예수가 실존했다고 할지라도, 대다수의 명성 있는 성서학자들은 '신약성서'를 실제로 일어난 역사적 사건을 담은 신뢰할 만한 기록으로 보지 않으며('구약성서'는 더욱 그렇다), 나는 더 이상 성서를 신의 존재를 입증하는 증거로 간주하지 않을 것이다.[13]

제4장의 제목은 "신이 없는 것이 거의 확실한 이유"이다. 이 장에서는 아퀴나스의 신 존재 증명 중 5번인 이른바 '설계 논증'을 비판하면서, 그에 대한 과학적 대안으로 '자연선택에 의한 진화'와 '인간 원리'를 제시한다. 설계 논증은 18세기 영국 성공회 사제이자 신학자였던 윌리엄 패일리(William Paley)가 자신의 저서 『자연신학』에서 언급한 이른바 '시계공 비유'를 통해 잘 알려져 있다. 패일리는 어떤 사람이 무인도에 우연히 떨어지게 되었는데 거기서 시계 하나를 발견했다고 가정한다. 그런데 시계를 자세히 보니 너무 복잡하고 정교해서 단순히 우연의 산물로 출현할 수는 없다는 생각을 갖게 된다. 즉,

---

[13] 위의 책, 153-154.

누군가가 이렇게 정교한 시계를 지적인 능력을 가지고 설계를 했기 때문에 이런 정교한 시계가 출현할 수 있다는 것이다. 따라서 시계보다 훨씬 더 복잡한 우주의 모든 살아 있는 생물들도 당연히 누군가에 의해 미리 설계되었으며, 그런 존재는 바로 신이라는 것이다. 이를 설계론 또는 지적 설계론(intelligent design)이라고 부르며, 이는 현대 창조론자들이 지닌 대표적인 견해이다. 하지만 도킨스는 설계론을 비판한다. 그에 따르면, 진화론의 자연선택이야말로 생물계의 규칙성과 복잡성, 기능성 등을 설명하는 데 충분하다. 그리고 이것은 자연에서 지성을 가지지 않고서도 맹목적으로 작동하는 자동 시계 제작자와 같은 역할을 할 수 있다고 말한다. 도킨스는 설계론 또는 지적 설계론을 "싸구려 턱시도를 차려입은 창조론"이라고 일축한다. 즉, "창조론자가 남용하는 비개연성 논증은 늘 똑같은 형식을 취하며, 그것은 창조론자가 정략적으로 지적 설계라는 세련된 옷을 입고 위장을 한다고 해도 아무런 차이가 없다"는 것이다. 그는 창조론을 불합리하고 지성을 축소시키는 잘못된 것이라고 비판한다.

설계론자(혹은 창조론자)들이 펴는 비개연성(improbability) 논증의 주 논점은 크게 네 가지로 요약될 수 있다. 여기서 비개연성 논증은 설계 논증의 위장된 형태라고 도킨스는 비판한다. 한마디로 비개연성 논증은 복잡한 것들은 우연을 통해서 출현할 수 없다는 주장이다. 도킨스는 비개연성은 반드시 생명이 누군가에 의해 설계되었다는 의미가 아니며 단지 대안을 떠올릴 수 없다는 의미라고 주장한다. 비개연성 논증의 주된 내용은 다음과 같다. 1. 물리법칙들이 조금만 달랐어도 우주에는 생명이 존재할 수 없었을 텐데, 어떻게 물리법칙들이 지금과 같은 형태로 존재하게 되었는가? 2. 지구와 태양 사이의 거리가 지금과 조금 달랐거나, 지구의 자전 궤도가 조금만 더 타원이었거나, 목성이라는 거대한 중력 방어막이 없었다면 지구에는 생명이 살 수 없었을 텐데, 어떻게 지구가 딱 이와 같은 환경을 갖추게 되었을까? 3. 원시 지구에서 생명이 우연히 탄생할 확률은 상상할 수 없을 정도로 낮다. 어떻게 지구에서는 그런 일이 일어날 수 있었는가? 4. 원시 생명체가 어떻게 지금과 같이 복잡하고 다양한 유기체로 변할 수 있었는가? 설계 논증에 의하면 위 네 가지 질문에 대한 답은 모두 초월적 설계자, 즉 신에 의해서이다. 신이 분명히 존재하여 이 모든 것의 답이 된다는 것이다. 반면에 무신론자인 도킨스는 설계 논증을 거부하며, 1, 2, 3번에 대해서는 '인간 원리'(인본 원리, 인식 가능성 원리)로, 4번은 '자연선택에 의한 진화'로 설명한다. 한마디로 "설계라는 환각은 이전부터 우리를 사로잡아 온 함정이며, 다윈이 우리를 일깨웠으니 우리는 거기에 빠지지 말아야 한다."[14] 좀 더 구체적으로 살펴보면 다음과 같다.

먼저, 인간 원리(anthropic principle)에 따르면, "어떻게 지구는 생명이 살기에 적당한 환경을 이루게 되었을까?"라는 질문은 잘못된 질문이다. 다른 말로 하면, 지구라는 행성이 유달리 생명에 우호적인 이유는 신이 세계를 그렇게 만들었고 꼼꼼하게 설계했기 때문이 아니라는 것이다. 우주에는 수많은 행성이 있고, 다양한 환경을 이루고 있는데, 그중 극히 일부가 생명이 살기에 적당한 환경을 가지고 있으며 특히 그중 하나에서 살고 있는 생물인 인간만이 이와 같은 질문을 하고 있다는 사실이다. 우주에 대한 질문도 마찬가지이다. 우리는 인간을 생성해 낼 수 있는, 그런 종류의 우주에서만 이 문제를 논의할 수 있을 뿐이다. 인간 원리는 통계에서도 타당성을 갖는다. 예를 들어 아주 보수적으로 추정을 하더라도 우주에 있는 쓸 만한 행성의 수는 1,000만조 개에 이른다고 한다. 생명의 기원 즉, DNA에 상응하는 무엇인가가 자발적으로 출현할 확률이 행성 10억 개 중 하나에서나 일어날 수 있을 만큼 매우 희박하다고 가정한다고 하자. 전체적으로 생

---

14 위의 책, 177.

명이 출현할 행성은 10억 개라는 계산이 나온다. 물론 지구도 그중 하나이다. 이렇게 경이로울 정도로 있을 법하지 않은 사건, 즉 생명의 출현은 적어도 10억 개의 행성에서 일어날 수 있다는 것이다. 즉, 성공 확률이 10억분의 1밖에 안 된다고 하더라도 생명은 10억 개의 행성에서 출현할 것이라고 예측할 수 있다는 것이다. 그리고 생명이 1,000만조 개 중 하나의 행성에서 출현할 것이라고 예측하는 모형조차도 지구에 존재하는 생명에 대한 충분한 설명이 된다는 것이다. 더더구나 어딘가에 지적 생명체가 존재할 가능성도 점점 더 높아지고 있는 실정이다.[15]

더 나아가 일단 최초의 생명이 단 한 번 만들어지기만 한다면, 그 이후는 더 이상 확률 계산에 의지하지 않고 자연선택에 의한 진화로 설명할 수 있게 된다. 각 개체는 자신과 닮은(하지만 완전히 같지는 않은) 자손을 낳고, 각각 조금씩 다른 자손들(변이)이 제한된 자원을 놓고 경쟁하며(경쟁) 주어진 환경에 조금이라도 더 잘 적응하는 자손이 더 높은 확률로 생존 및 번식하게 되며(선택), 이 개체의 자손들은 이 개체와 닮았을 것이므로 더 높은 생존가를 갖게 된다. 이와 같이 변이와 경쟁 그리고 선택이 반복되면서 점진적으로 환경에 대한 적응력이 높아지게 된다는 것이다. 이런 방식에 따르면 설계자 없이도 우연적 변이와 자연선택의 반복을 통해 점점 더 환경에 대한 적응력이 높은 생명체가 만들어지는 것이 가능해진다는 것이다. 도킨스는 자연선택에 의한 진화라는 개념이 설계 논증의 핵심을 파괴하는 강력한 '의식-각성제'라고 주장한다. 따라서 도킨스는 아이들의 과학교육에서도 지적 설계론을 포함시키는 것을 강력하게 반대한다. 왜냐하면 그것은 결코 과학적이지 않으며 단지 종교적 이론이기 때문이다.

마지막으로, 도킨스는 자신의 논증을 다음과 같이 요약하면서

---

15 위의 책, 215-216.

'신이 존재하지 않는 것이 거의 확실하다'고 주장한다. 그에 따르면, 여러 세기 동안 인간의 지성에 도전한 가장 큰 과제 중 하나는 우주의 복잡하고 있을 법하지 않은 설계처럼 보이는 것이 어떻게 출현했는지 설명하는 것이었다. 따라서 설계처럼 보이는 것을 실제 설계로 보고 싶다는 유혹을 자연스럽게 느끼게 되었다는 것이다. 시계 같은 인공물의 경우 지적인 공학자가 설계자였다. 같은 논리를 눈이나 날개나 거미나 사람에게 적용하고 싶은 유혹을 느낀다. 하지만 이런 유혹은 잘못된 것이며, 설계자 가설은 즉시 '설계자는 누가 설계했는가?'라는 더 큰 문제를 제기한다는 것이다. 반면에 지금까지 발견된 것 중 가장 독창적이고 강력한 이론은 자연선택을 통한 다윈의 진화론이다. 다윈과 그의 후계자들은 통계적 비개연성과, 설계된 듯한 모습을 한 생물들이 어떻게 단순한 것에서 시작하여 서서히 점진적으로 진화했는지 보여주었다는 것이다.[16]

 제5장의 제목은 "종교의 뿌리"이다. 이 장에서 도킨스는 종교의 기원에 관한 다양한 견해를 살펴본다. 사람들이 흔히 "종교가 세상 곳곳에 보편적으로 존재하는데, 그것이 바로 신이 있다는 증거야"라는 식으로 주장하는 것을 반박하기 위한 것이다. 즉, "신이 그랬어"라는 주장이 유일한 답은 아니다. 이 외에도 다른 대안적 설명들이 얼마든지 가능하다는 것이다. 먼저, 집단 선택론 또는 생태적 대체론이 있다. 종교적 집단 선택론의 대표적인 예를 들면, 호전적인 전쟁의 신을 섬기는 부족이 평화와 조화를 역설하는 신을 섬기거나 신을 섬기지 않은 부족과 전쟁하면 늘 승리하게 되고, 부족으로 번성하여 살아남게 된다. 왜냐하면 순교하면 곧장 낙원에 간다고 굳게 믿는 전사들이 더 용감히 싸우고 기꺼이 목숨을 바치기 때문이다. 즉, 훨씬 종교적인 집단이 덜 종교적인 집단들의 희생하에 생존하게 되었다는 것이다.

---

16 위의 책, 244-245.

두 번째로, 종교는 다른 무엇인가의 부산물이라는 주장이 있다. 종교는 그 자체가 생존가가 아니라 인간의 정상적인 심리적 성향들의 부산물이라는 것이다. 즉, "종교적 행동은 빗나간 것 즉, 다른 상황에서는 유용한 혹은 과거에는 유용했던 심리적 성향의 불운한 부산물일지도 모른다."[17]

세 번째로, 도킨스는 '밈'(meme)이라는 단어를 새롭게 만들어 가설을 제시한다. 밈이란 리처드 도킨스가 고안한 개념으로서 '문화적인 유전의 단위' 또는 전달 단위를 의미한다. 밈은 원래 '모방'이라는 말에 해당되는 그리스어 '미메메'(mimeme)에서 유래하며, 유전자를 뜻하는 '진'(gene)과 발음을 유사하게 만들었다. 밈은 또한 기억이라는 뜻을 지닌 프랑스어 '메메'(meme)와도 관련이 있다. 도킨스는 밈이라는 단어를 통해 다윈의 진화론, 즉 자연선택론이 유전자 세계에서 일어나고 있는 것처럼 종교라는 문화적인 산물에도 일어난다는 것을 보여주고자 한다. 밈의 예에는 곡조나 사상, 표어, 의복의 양식, 단지 만드는 법, 또는 아치 건조법 등이 있다. 밈이 밈풀(meme pool) 내에서 번식할 때에는 넓은 의미로 모방이라고 할 수 있는 과정을 매개로 하여 뇌에서 뇌로 건너다닌다. 그런데 종교의 뿌리에 대해 밈 가설을 적용해 보면 유전자 부동(genetic drift)과 유사한 방식으로 종교에 대한 밈들이 임의적으로 진화해 왔을 것이라는 추측을 하게 된다. 즉, 일부 종교 개념들은 일부 유전자들처럼 절대적인 장점 때문에 생존하고, 일부 종교 개념들은 이미 밈풀에서 다수를 이루고 있는 다른 밈들과 화합하고 밈복합체의 일부가 됨으로써 생존한다. 이렇게 절대적인 장점을 지니거나 기존 밈복합체와 화합함으로써 밈풀에서 생존가를 갖게 되는 종교적인 밈들에는 다음과 같은 것들이 있다.

---

17 위의 책, 265.

당신은 죽어도 살 것이다. 당신이 순교한다면 72명의 처녀와 즐길 수 있는, 천국 중의 천국으로 갈 것이다. 이교도, 신성 모독자, 배교자는 죽여야 한다. 신을 믿는 것은 가장 큰 미덕이다. 믿음이 흔들린다면 그것을 회복하기 위해 더 노력하고 신에게 도와달라고 요청하라. 신앙(증거 없는 믿음)은 미덕이다. 당신의 믿음이 증거와 어긋날수록, 당신은 더 고결해진다. 증거와 이성에 맞서, 진정으로 기이하고, 지지를 못 받고, 지탱될 수도 없는 것을 어떻게든 믿는 믿음의 대가는 특히 커다란 보상을 받는다. 모든 사람들, 종교 신앙을 지니지 않은 사람들까지도 종교 신앙을 지닌 사람들에게 더 높은 수준의 존경을 자동적으로 표해야 한다. 우리가 이해하지 못할 기이한 것들(삼위일체, 성체화, 성육화 같은 것들)이 있다. 그것들을 이해하려는 시도조차 하지 말라. 그 시도가 그것을 파괴할 수 있기 때문이다. 그것을 신비라고 부르는 것에 만족하는 법을 배워라. 아름다운 음악, 미술, 조각은 자기 증식하는 종교 개념의 발현물들이다.[18]

위의 목록 중 일부는 특히 절대적인 생존가를 지니고 있어서 어느 밈복합체에서도 번성한다. 그러나 유전자와 마찬가지로 일부 밈들은 딱 맞는 배경을 이루는 다른 밈들 중에서만 생존하면서 밈복합체를 구성한다. 밈복합체란 혼자서는 뛰어난 생존자라고 말할 수 없지만 밈복합체의 다른 구성원과 함께하면 뛰어난 생존자가 될 수 있는 밈들의 집합을 말한다. 서로 다른 두 종교는 대체될 수 있는 두 개의 밈복합체로 볼 수도 있다. 이슬람교는 육식동물 유전자 복합체에 상응하고, 불교는 초식동물 유전자 복합체에 상응하다고 도킨스는 지적한다.

제6장의 제목은 "도덕의 뿌리: 우리는 왜 선한가"이다. 한마디로

---

[18] 위의 책, 303-305.

이 장에서 도킨스는 인간이 선하게 살기 위해서는 종교나 신이 필요하다는 주장을 반박하고, 오히려 인간은 신이나 종교 없이도 선하게 살 수 있다고 주장한다. 도킨스는 종교에서 흔히 신에게 잘 보이려고 선하게 살아야 한다고 가르치는데, 이것은 도덕적으로 문제가 있다고 본다. 즉, 그것은 진정한 도덕이 아니라는 것이다.

> 당신이 선하고자 애쓰는 이유가 오로지 신의 인정과 보답을 얻거나 신의 불만과 처벌을 피하기 위해서라는 말인가요? 그것은 하늘에 있는 거대한 감시 카메라를 돌아보면서 혹은 당신의 머리에 든 아주 작은 도청 장치에 대고 아첨하고 비위를 맞추는 것이지 도덕이 아닙니다. 아인슈타인의 말처럼, "오로지 처벌이 겁나서 그리고 보상을 바라기 때문에 사람들이 선한 것이라면 우리는 정말로 딱한 존재가 아닐 수 없다."[19]

도킨스는 많은 종교인이 종교가 자신들에게 선하고자 하는 동기를 부여한다고 생각하며, 특히 개인의 죄를 체계적으로 이용하는 신앙을 지닌 사람들은 다 그럴 것이라고 주장한다. 하지만 도킨스는 인간이 이기적이고 범죄적인 행동을 하지 못하도록 막는 일종의 치안유지 활동이나 그런 감시가 필요치 않다고 강력하게 주장한다. 즉, 도킨스는 신이 지켜보지 않고 치안유지를 안 할 때조차도 사람들은 선한 상태로 남아 있을 것이라고 믿는다. 도킨스는 이렇게 비유적으로 주장한다. "대부분의 사려 깊은 사람들은 치안유지 활동이 없을 때의 도덕이, 경찰이 파업을 하거나 감시 카메라가 꺼지자마자 사라지는 일종의 가짜 도덕보다 다소 더 도덕적이라는 데 동의할 것이다."[20]

---

19 위의 책, 344.
20 위의 책, 349.

또한 도킨스는 가치 판단의 문제와 사실의 문제를 구분해야 한다고 주장한다. 사실과 가치를 혼동하는 문제는 신에 대한 논의에서뿐만 아니라 많은 경우에 매우 흔하게 범하는 오류 중 하나라는 것이다. 결국 도킨스는 도덕의 뿌리는 신이 아니며 종교만이 선과 악의 기준을 제시하지 않는다고 주장한다. 종교 없이는 인간은 선할 수 없으며, 고로 비종교인 등이나 무신론자는 비도덕적일 것이라는 편견도 잘못되었다고 주장한다. 더 나아가 "설령 우리가 도덕적으로 되기 위해 신이 필요하다는 것이 사실일지라도, 그것은 신의 존재 가능성을 더 높이는 것이 아니라, 단지 신의 존재를 더 바람직하게 만드는 것일 뿐이다(많은 사람들은 그 차이를 알지 못한다)."[21]

제7장의 제목은 "선한 책과 변화하는 도덕적 시대정신"이다. 이 장에서 도킨스는 더 적극적인 태도로 신이나 종교가 없어져야 인간이 더 선하게 살 수 있다고 주장한다. 시대의 흐름에 따라 도덕적 시대정신은 변하고 있는데, 이러한 변화를 수용하지 못하는 종교적 교리와 경전은 쓸모가 없으며 더 이상 선한 것들로 간주될 수 없다는 것이다. 먼저, 도킨스는 성서를 기이한 책으로 규정한다.

> 공정하게 말하자면, 성경의 상당 부분은 악을 보여주는 것이 아니라, 그저 기이할 뿐이다. 수많은 익명의 저자, 편집자, 필사자 등이 9세기에 걸쳐 지리멸렬한 문서들을 혼란스럽게 엮고 짓고 수정하고 번역하고 왜곡하고 '개정한' 선집에서 기대할 만한 바로 그런 양상을 보여준다. … 불행히도 광신자들은 바로 그 기이한 내용들을 오류 없는 도덕의 근원이자 인생법칙이라고 말한다. 성경을 곧이곧대로 자기 도덕의 근간으로 삼고 싶어 하는 사람들은 … 그 책을 읽지 않았거나 이해하지 못한 것이다.[22]

---

21 위의 책, 350.

특히 도킨스는 구약과 신약의 비도덕적인 구절들을 곳곳에서 인용한다. 즉, 노아의 방주 사건 때 자신의 모든 피조물을 모조리 익사시키고, 짐승들까지도 죽여 버린 야웨의 비도덕성, 성난 마을 사람들에게 두 딸을 내주고 집단 강간을 허용한 롯의 비도덕성, 딸을 제물로 바친 입다, 롯이 자신의 두 딸과 동침을 한 것, 아브라함이 자신의 아들을 제물로 희생시킬 뻔한 이야기, 모세가 자리를 비운 사이에 사람들이 금송아지를 만들자 야웨는 진노했고, 야웨의 대리인인 모세는 레위인들을 시켜 그 자리에서 3,000명을 죽이고, 남은 사람들에게는 전염병을 퍼트리는 이야기, 안식일에 한 남자가 장작을 모으다가 걸렸을 때 야웨는 모세에게 "그를 돌로 쳐 죽이라"고 명령한 것 등등. 이처럼 성서에서는 도덕적 교훈을 끌어낼 수 없으며, 설령 끌어낸다 하더라도 멋진 부분만 취사선택하고 불쾌한 부분은 거부하는 식이라는 것이다. 따라서 어느 것이 도덕적인 것인지를 판단하는 별도의 기준이 필요하게 된다는 것이다. 이런 기준은 어디에서 나오든 경전 자체에서 나올 수 없으며, 종교인이든 아니든 관계없이 이용할 수 있어야 한다는 것이다. 결국, 인간의 도덕관념은 종교 경전으로부터 온 것이 아니며, 오히려 경전을 읽으면서 사람들이 이미 가지고 있는 도덕관념에 기반하여 취사선택하고 해석한다는 것이다. 도킨스는 이렇게 말한다.

물론 신학자들은 우리가 더 이상 창세기 내용을 곧이곧대로 받아들이지 않는다고 화를 내며 항변할 것이다. 바로 그것이 내가 말하고자 하는 요지다! 우리는 성서에서 어느 부분은 골라서 믿고, 어느 부분은 상징이나 우화로 간주한다. 그렇게 취사선택하는 행위는 무신론자가 절대적인 근거 없이 이 도덕 규정이나 저 도덕 규정을 따르

---

22 위의 책, 356-357.

는 것과 마찬가지로 개인적 판단의 문제다. 어느 한쪽이 '직감에 좌우되는 도덕'이라면 다른 한쪽도 그렇다.[23]

또한 도킨스는 그리스도교가 강조하는 원죄와 속죄론을 매우 악의적이고 가학 피학적이고 혐오스러운 개념이라고 주장한다. 또 죄 문제에 병적으로 집착하는 것도 문제이지만 신이 인간의 죄를 용서한다면 스스로 고문당하고 처형당하는 대가를 지불하지 않고 그냥 용서하지 않은 이유가 무엇인가라고 반문한다.

기독교인들은 압도적으로 죄, 죄, 죄, 죄, 죄, 죄에 초점을 맞춘다. 그런 역겹고 사소한 것에 몰두하느라 인생을 낭비하다니, 샘 해리스는 『기독교 국가에 보내는 편지』에서 아주 통렬하게 혹평을 한다. "당신들의 주된 걱정거리는 우주의 창조자가 인간들이 벌거벗었을 때 한 일에 여전히 화를 낼 것이라는 점이다. 당신들의 이 소심함이 매일 인간을 더 불행하게 만든다." 그만하고 가학피학증을 살펴보자. 신은 유전되는 아담의 죄를 속죄하기 위해 예수라는 인간이 되어 고문당하고 처형당했다. 바울이 이 혐오스러운 교리를 상세히 다룬 이후로, 예수는 우리의 모든 죄의 대속자로 숭배를 받아 왔다. 아담의 죄만이 아니다. 미래의 죄도 마찬가지다. 후손들이 죄를 저지르든 그렇지 않든 말이다![24]

제7장의 뒷부분에는 종교가 집단 간 갈등과 증오를 부추긴다는 주장을 뒷받침하는 흥미로운 실험을 소개한다. 이스라엘의 심리학자 조지 타마린(George Tamarin)이 8-14세의 이스라엘 아이 1,000여

---

23 위의 책, 358.
24 위의 책, 380.

명에게 여호수아서에 나온 여리고 전투 장면을 다음과 같이 읽어주었다.

> 여호수아가 사람들에게 외쳤다. "고함을 쳐라. 주께서 저 도시를 너희에게 주셨다. 저 도시와 그 안에 있는 모든 것들을 파괴하여 주께 바쳐라. … 하지만 은이나 금, 동이나 철로 만든 집기들은 모두 주께 바칠 것이다. 그것들은 주의 금고에 넣을 것이다." … 그들은 남녀노소, 소, 양, 나귀 등 도시의 모든 것을 칼로 모조리 없앴다. … 그리고 도시와 그 안의 모든 것들을 불태웠다. 오직 은과 금, 동이나 철로 된 집기들만 모아 주의 집에 있는 금고에 넣었다.(수 6:16-24)

타마린은 아이들에게 간단한 도덕 문제를 냈다. "여호수아와 이스라엘 사람들이 올바른 행동을 했다고 생각하니?" 아이들은 A(전적으로 찬성), B(일부 찬성), C(전적으로 반대) 중에서 답을 선택했다. 결과는 양쪽으로 갈렸다. 66%는 전적으로 찬성했고, 26%는 전적으로 반대했으며, 일부 찬성이라는 중간 입장을 택한 아이는 적었다(8%). 전적으로 찬성한 집단(A)의 전형적인 대답 중 세 가지를 소개하면 다음과 같다.

> 나는 여호수아와 이스라엘 사람들이 올바른 행동을 했다고 생각하며 이유는 이렇다. 신은 그들에게 이 땅을 약속했고 정복하라고 허가했다. 그들이 그런 식으로 행동하지 않거나 아무도 죽이지 않았다면, 이스라엘 사람들은 이교도들에게 동화될 위험에 처했을 것이다.

> 내 생각에 여호수아가 그렇게 한 것은 옳았다. 한 가지 이유는 신이 이스라엘 부족들이 그들에게 동화되어 나쁜 행동을 배우지 않도록 그들을 전멸시키라고 명령했기 때문이다.

그 땅에 사는 사람들이 다른 종교를 갖고 있었고, 여호수아가 그들을 죽여 그들의 종교를 세상에서 없애버렸기 때문에 그는 옳았다.[25]

여호수아의 대량 학살을 정당화하는 근거는 종교적이었다. 전적으로 반대한 C 집단에 속한 아이들 중에도 일부는 종교적으로 모호한 이유를 댔다. 한 소녀는 여호수아가 여리고를 정복하려면 그 안으로 들어가야 하기 때문에 반대라고 대답했다. 아랍인들은 불결한데, 불결한 땅에 들어가면 그도 불결해지고 그들의 저주를 함께 떠안게 되므로 나쁘다고 생각한다. 전적으로 반대한 다른 두 명은 여호수아가 전리품으로 좀 남겨놓지 않고 모든 동물과 재산을 파괴했기 때문에 그렇게 답했다. 타마린은 실험을 할 때 별도로 대조 집단을 설정했다. 즉, 168명의 이스라엘 아이들로 된 별도의 집단에 여호수아서의 같은 대목을 읽어주면서 여호수아라는 이름 대신에 '린 장군', 이스라엘 대신에 '3,000년 전의 중국 왕조'를 넣었다. 결과는 정반대였다. 린 장군의 행동에 찬성한 사람은 7%에 불과했고, 75%는 반대했다. 다시 말해 유대교라는 요소를 고려 사항에서 제외시키자, 대다수 아이들은 현대인의 다수가 지닌 도덕적 판단과 일치하는 의견을 냈다는 것이다. 여호수아의 행동은 야만적인 집단 학살 행위였다. 그러나 종교적 관점을 취하면 모든 것이 다르게 보인다. 그리고 그 차이는 삶의 초기부터 나타나기 시작한다. 아이들에게 대량 학살을 비난하거나 용납하게 하는 등 견해 차이를 빚어내는 것이 바로 종교였다는 것이다. 그러므로 도킨스는 이렇게 주장한다.

성경은 대량 학살, 외집단의 노예화, 세계 지배에 대한 명령들을 구비한 내집단 도덕의 청사진이다. 그러나 성경이 악한 목적을 지닌

---

25 위의 책, 387.

것도, 살인이나 잔혹 행위나 강간을 찬미하는 것도 아니다. 사실 고대의 많은 작품이 내집단 도덕을 담고 있다. 「일리아드」, 아이슬란드 전설, 시리아의 옛 이야기, 고대 마야인의 암각화 등이 그렇다. 하지만 「일리아드」를 도덕의 토대로 판매하는 사람은 없다. 문제는 바로 거기에 있다. 성경은 사람들이 삶을 어떻게 살아야 하는가에 대한 안내서로 판매되고 구매된다. 그리고 그것은 전대미문의 세계적인 베스트셀러가 되어 있다.[26]

결론적으로, 성서의 온갖 비상식적이고 잔인하고 비도덕적이고 비과학적인 주장들을 현대의 시대정신에 맞추기 위해 신학자들은 온갖 기상천외한 설명들을 갖다 붙인다고 그는 지적한다. 도덕적 시대정신은 변하고 있으며, 이를 이끄는 것은 종교가 아니라는 것, 따라서 종교가 "선"의 기준이 될 수 없다는 것이다. "성서는 전지전능한 신의 계시로 쓴 것이 아니라, 당시의 사람들이 당시의 상식을 기준으로 쓴 것이기 때문에, 현대의 기준으로 보았을 때 엉성한 것은 당연한 것이다."

제8장의 제목은 "내가 종교에 적대적인 이유"이다. 8장에서는 그동안 종교라는 이름으로 저질러진 각종 해악을 고발한다. 종교의 이름으로 인권을 침해했고 여성을 차별했으며, 테러와 전쟁을 벌였고 과학의 발전을 저해했다는 것이다. 또한 창조론과 같은 비이성적 사고를 인류에게 종교의 이름으로 강요했다는 것이다. 이런 이유로 도킨스는 종교를 신랄하게 비판한다.

과학자로서 나는 근본주의 종교에 적대적이다. 그것이 과학적 탐구심을 적극적으로 꺾으려 하기 때문이다. 그것은 우리에게 마음을 바꾸지 말고, 알아낼 수 있는 것들을 알려고 하지 말라고 가르친다. 그

---

26 위의 책, 390–391.

것은 과학을 전복시키고 지성을 부패시킨다.

여기서 도킨스가 반대하는 것은 근본주의적 종교뿐만이 아니다. 도킨스는 이른바 온전한 신앙이라는 것 역시 근본주의적, 극단주의적 종교로 가는 길을 예비하는 것으로 간주하여 비판한다. 즉, 종교 자체를 부정해야 한다는 것이다. 그는 이렇게 말한다.

우리는 종교적 극단주의가 아니라 종교 자체를 비난해야 한다. 즉, 끔찍하게 왜곡된 종교가 아니라 정상적인 종교 말이다. … 온전한 종교의 가르침은 비록 그 자체로는 극단적이지 않아도 극단주의로 이어지는 공개 초청장이 된다. … 신앙은 합리적인 계산을 침묵시키는 데 특히 강력한 효과를 발휘한다.

도킨스는 종교가 얼마나 많은 잘못을 저지르고 있는지 구체적인 예를 들어 설명한다. 2006년 아프가니스탄에서 압둘 라만은 단지 그리스도교로 개종했다는 이유로 사형 선고를 받았다. 1992년 9월 3일 사디크 압둘 카림 말라라는 사우디아라비아에서 배교죄와 불경죄로 유죄 판결을 받은 뒤 공개 참수형에 처해졌다. 이런 일은 그리스도교 국가에서도 최근까지 일어났다. 1922년 영국에서 존 윌리엄 고트가 불경죄로 9개월의 중노동을 선고받았다. 예수를 어릿광대에 비교했다는 것이다. 미국 텔레반이라는 웹페이지를 보면 "우리는 그들의 국가를 침략하여 지도자들을 죽이고 그들을 그리스도교로 개종시켜야 한다"라거나, 미국 윌리엄 보이킨 장군의 "조지 부시는 미국 투표자 중 다수가 선출한 것이 아니라 신이 임명했다"라는 주장, 예전에 레이건 정부의 내무장관이 환경 정책에 대해 "재림이 임박했으므로 우리는 환경을 보호할 필요가 없다" 같은 말들이 실려 있다. 이 외에도 극우 근본주의 종교인들은 이른바 생명을 보호한다고 하면서도 동성애와 낙태를 정죄하면서 인간을 죽이는 전쟁은 지지하는 모순을 드러낸다. 그리고 현재 세계 곳곳에서 벌어지고 있는 자살 폭탄의 예를 들면서 도킨스는 맹목적인 신앙이 순진한 아이를 인간 폭탄으로 훈련시키고 있다고 비판한다. 종교는 분열과 갈등을 조장하는 힘이다. 따라서 도킨스는 이렇게 주장한다.

> 더 일반적으로 말해서 (이 말은 이슬람교뿐 아니라 기독교에도 적용된다) 진정으로 유해한 것은 신앙 자체가 미덕이라고 아이들에게 가르치는 행위다. 신앙은 그 어떤 정당화도 요구하지 않고 어떤 논증에도 견디지 못하기 때문에 악이다. 의문을 품지 않는 신앙이 미덕이라고 아이들에게 가르치는 것은 아이들을 미래의 성전이나 십자군 전쟁을 위한 치명적인 무기로 자라도록 준비시키는 것이다. 순교자의 낙원을 약속받고 두려움이 없어지면, 그 진정한 신앙의 집약체, 즉 '인간 폭탄'은 긴 활, 군마, 탱크, 집속 폭탄과 함께 무기의 역사에서 높은 자리를 차지할 만하다. 아이들에게 의문 없는 신앙이 우월한 가치를 지닌다고 가르치는 대신 자신의 믿음을 통해 질문하고 생각하는 법을 가르친다면, 자살 테러범은 없어질 가능성이 높다.[27]

제9장은 "종교로부터의 도피"라는 제목인데, 8장에서 설명한 종교적 해악 중 특히 종교의 이름으로 저질러진 상습적인 아동 성추행과 학대 및 폭행에 관해서 자세히 설명한다. 도킨스는 종교는 체계적인 방식으로 아이들의 자유를 박탈하고 다양한 정신적·신체적 피해를 주고 있다고 주장한다. 특히 도킨스는 가톨릭이 저질러 온 아동학대의 예를 지적하면서, 성적 학대보다 더 끔찍한 것은 심리적 학대라고 주장한다. 즉, 어린아이를 가톨릭 세계에서 키움으로써 빚어지는

---

27 위의 책, 470.

장기간의 심리적 파괴를 가장 심각한 종교의 폐해로 간주한다. 이는 가톨릭 사제가 고해성사를 하지 않는 죄인은 영원한 지옥에 떨어진다는 말을 아이들에게 믿도록 부추기는 모습에서 잘 드러난다. 이런 현상은 아직도 지옥불에 열광하는 많은 성직자와 신학자들에게서 나타난다. 그들의 원조는 토마스 아퀴나스이다. 도킨스는 "성인들의 허락을 받아 지옥에서 벌 받는 저주받은 자들을 지켜본다면 더한 행복과 신의 은총을 누릴 수 있을 것이다"라는 아퀴나스의 말을 인용한다. 이런 형벌 위주의 신앙관은 이른바 미국의 근본주의적 극단주의자들뿐만 아니라 주류 그리스도교에서도 발견된다는 데 문제가 있다는 것이다. 바로 이런 종교로부터의 도피가 필요하며, 특히 어린 아이는 스스로 종교나 종교의 교리를 선택할 수 있게 놔둬야 한다는 것이다.

제10장은 "신이 우리에게 주는 것들"이라는 제목으로 시작한다. 도킨스는 종교인들이 흔히 주장하는 종교의 긍정적인 측면에 대해서 반박한다. 도킨스는 사람들이 종교에 집착하는 주된 이유는 종교가 주는 위로 때문이 아니라 교육에 따른 무의식적인 수용, 그리고 대안에 대한 인식 부재 때문에, 특히 "다윈의 놀라운 대안을 제대로 배우지 못했기 때문"이라고 생각한다.[28] 도킨스는 신은 마치 어린아이들의 머릿속에나 존재하는 '상상의 친구'와 같다고 본다. 즉, 세대를 거치면서 아이들이 이러한 상상의 친구와 결별하는 시기가 서서히 연기되면서 종교로 진화한 것으로 본다. 그리고 신이 존재하지 않고 도덕이 반드시 필요한 것이 아니라고 인정하면서도 신을 최후의 수단으로 여기는 사람들이 많다는 것이다. 이른바 신의 심리적, 정서적 필요성 때문이다. 종교를 버리면 그 자리에 무엇을 넣을 것인가? 도킨스의 입장은 단호하다. 비록 종교가 위로하는 힘이 있다고 해서 그것

---

28 위의 책, 588.

이 진실된 것은 아니다. 그리고 반대로 신을 안 믿는 무신론자라고 해서 불행하고 불안에 찌들어 절망에 빠지는 경향이 있다는 증거는 전혀 없다. 마찬가지로 종교인들 역시 행복한 사람들도 있지만, 불행한 사람들도 많다. 따라서 신 없이 살면 우울해할 타당한 이유는 없으며, 초자연적인 종교 없이도 얼마든지 행복하고 충족된 삶을 살 수 있다는 것이다.

> 종교가 위로하는 힘이 있다고 해서 그것이 진실이 되는 것은 아니다. 설령 우리가 엄청난 양보를 해서, 신이 있다는 믿음이 인간의 심리적, 정서적 안녕에 본질적인 역할을 한다고 할지라도, 모든 무신론자가 냉혹하기 그지없는 우주적 불안에 자살충동을 일으킨다 할지라도, 그 어떤 것도 종교 신앙이 진리라는 증거에 보탬이 되지 않는다.[29]

나아가 도킨스는 신을 안 믿는 무신론자들이라고 해서 신앙인들보다 더 큰 문제가 있고 더 큰 삶의 불행에 빠지고 불안해하고 위로와 무관하게 살아가지는 않는다고 주장한다.

> 나는 무신론자들이 불행하고 불안에 찌들어 절망에 빠지는 경향이 있다는 증거를 전혀 가지고 있지 않다. 어떤 무신론자들은 행복하다. 일부는 불행하다. 마찬가지로 어떤 기독교인, 유대인, 무슬림, 힌두교도, 불교도는 불행한 반면, 행복한 사람들도 있다. 행복과 믿음(혹은 불신)이 관계가 있다는 통계적 증거가 있을지도 모르겠지만, 나는 그것이 어느 쪽으로든 강한 영향력을 가질지 의심스럽다.[30]

29　위의 책, 539-540.
30　위의 책, 541.

IV. 나가는 말

　현대 과학적 무신론자의 대표인 도킨스는 종교가 세상 속 많은 악의 근원 중 하나이며, 만일 종교가 없었다면 자살 폭파범, 9·11 테러, 런던 폭탄 테러, 십자군, 마녀 사냥도 없었다고 말한다. 그러면서 종교 없이 훨씬 더 행복하고 평화로운 삶을 살 수 있다고 주장한다. 이런 맥락에서 종교를 부정하고, 종교의 핵심인 신을 부정하는 것은 큰 의의가 있다는 것이다. 특히 종교적 근본주의가 판을 치고 있는 미국에서 무신론자임을 주장하면 과거의 유색인종이나 동성애자와 같은 탄압을 각오해야 하는데, 도킨스는 이런 사회 분위기에 맞서 '무신론자의 자긍심'을 일깨우고자 한다.

　도킨스는 특히 신이 생물계의 복잡성을 만들었다는 지적 설계론을 조목조목 반박한다. 또 토마스 아퀴나스, 성 안셀무스, 파스칼 등 신의 존재를 옹호하는 사상가들을 논박한다. 이들이 증명한 신이란 잘못된 믿음이 주는 망상일 뿐이라는 것이다. 집단의 망상이나 환각일 뿐인 신을 믿음으로써 인류는 커다란 비극을 경험하기도 했다. 역사상 종교는 강자가 약자를 쉽게 억압하기 위한 지배 이데올로기로 기능했다. 잘못된 믿음을 증명하기 위해 전쟁에 나간 사람은 많아도 믿음의 부재를 증명하기 위해 전쟁에 나간 사람은 없었다는 것이다. 지구 나이가 6,000년에서 1만 년밖에 되지 않았다는 창조과학회의 가르침에 강요당한 나머지 혼란에 빠진 전도유망한 젊은 과학자의 사례도 소개된다. 그리스도교로 개종했다는 이유로 사형선고를 받은 이슬람 국가 시민, 조지 부시는 미국 투표자 중 다수가 선출한 것이 아니라 신이 임명했다고 말하는 미국의 장군, 에이즈는 동성애자들을 묵인한 사회에 대한 처벌이라고 주장하는 목사 등등 도킨스는 종교적 폐해의 예를 조목조목 지적하고 있다.

도킨스의 종교 비판은 근본주의적 종교가 영향을 미치는 세계 곳곳에 큰 의미를 준다. 도킨스가 겨냥한 곳은 주로 미국과 유럽 사회이지만, 여기에는 한국도 해당된다. 한국은 세계에서 유례가 없을 정도로 종교가 크게 발전한 나라이다. 특히 외래 종교인 그리스도교가 이 땅에 들어와 큰 성장과 발전을 이루었다. 하지만 신앙의 내용은 서구 근본주의 선교사들의 영향으로 매우 보수적이고 극단적인 경우가 대부분이다. 이는 물론 개신교만을 의미하지 않는다. 정도의 차이만 있을 뿐이지 가톨릭교회나 성공회의 보수성도 예외가 아니다. 이런 측면에서 도킨스의 종교 비판은 큰 의미가 있다. 도킨스의 종교 비판은 정말 이 땅의 종교인들이 신이나 절대자를 정말 믿고 있기나 한 것인지, 아니면 자신들의 환상이나 망상을 신으로 착각하며 믿고 있는 것은 아닌지, 또 우리 사회에서 종교의 실제 형태는 어떻게 나타나고 있는지에 대해 깊이 성찰하고 반성할 것을 촉구한다.

도킨스의 종교 비판은 특히 과학과 종교를 오해하거나 혼동하는 사람들에게 적용되어야 한다. 이른바 미국의 성경론적 창조론자인 모리스(Henry Morris)가 시작한 창조과학회가 대표적인 예이다. 우리 주위에도 이런 사람들이 있는데, 이들은 모임을 만들어서 끊임없이 과학 쪽의 진화론을 잘못된 것으로 간주하고, 대신 성서의 창조 보도에 근거한 창조론(creationism)을 하나의 과학으로 가르칠 것을 주장한다. 창조과학회 사람들은 성서 내용을 문자 그대로 받아들이는 자들로서 이른바 '젊은 지구 창조설'을 주장한다. 이들은 지구의 나이가 46억 년이 아니라 6,000년 안팎이고, 우주와 지구가 단 엿새 만에 창조됐다고 믿는 사람들이다. 또 이들은 '성서 무오설'에 입각해 문자적으로 성서를 믿는 근본주의 개신교인들로 이루어져 있고, 자신들의 입장을 '창조과학'으로 부르며 진화론에 맞선다. 이들에 의하면 진화론은 과학이 아니라 일부 과학자들의 신념일 뿐이며 오히려 창조론이 과학이라는 것이다. 그래서 이들은 창조론을 정당한 과학으로 가르치고 있다. 이들은 창세기 1장의 창조 보도를 과학적 이론인 창조론이나 창조설이 아니라 오히려 창조 신앙이나 창조 교리에 해당된다는 점을 이해하지 못하고 있다. 영국의 과학자이자 신학자인 폴킹혼(John Polkinghorne)은 성서의 창조 보도는 과학이 탐구하는 우주의 풍요로운 역사 및 놀라운 질서의 배후에 창조주의 정신과 목적이 자리한다는 믿음이라고 설명했다. 따라서 "이는 연대기적 교의가 아니라 존재론적 교의, 즉 우주의 기원과 발달에 관한 메커니즘과 시간의 틀을 자세히 설명하기보다는 만물이 궁극적으로 신에게 의지함을 확언하는 것이다."[31]

미국의 과학자 밀러(Kenneth R. Miller)는 과학은 자기비판적인 특징을 가지고 있기 때문에 진화론 역시 다른 과학 분야와 마찬가지로 문제가 있을 수 있다고 지적했다. 그러나 이것은 과학 본질에 관한 것이지 창조론과는 아무 관련이 없다는 것이다. 이렇게 과학자들은 창조론을 사이비 과학으로 본다는 점이 중요하다. 즉, 과학 자체의 본질을 이해하지 못하고 마치 진화론 그 자체를 부정하는 것처럼 허튼수작을 부린다는 것이다. 창조론자들은 과학의 정의조차 바꾸고 왜곡하면서 신앙을 과학인양 내세운다는 것이다. 오래전 〈부시맨〉이라는 영화가 상영된 적이 있다. 과학이 없는 세상에서 하늘에서 날아온 콜라병을 마치 신이 하늘에서 내려준 선물로 알게 되고, 자동차가 지나가면서 남긴 바퀴자국을 세상에서 처음 보는 이상한 동물의 발자국으로 인식한다. 과학자들이 바라보는 창조론이 바로 그런 모습이라는 것이다.

과학철학자 대니얼 데닛(Daniel Dennett)은 『만들어진 신』을 철학적으로 뒷받침하기 위해 『주문을 깨다』를 출판한 적이 있다.[32] 그는

31　알리스터 맥그래스/정성희·김주현 역, 『과학과 종교 과연 무엇이 다른가?』 (서울: LINN, 2013), 109.

종교를 '초자연'이 아닌 '자연' 현상으로 보면서 종교의 탄생과 진화 과정을 살핀다. 데닛은 창형흡충(dicrocelium dendriticum)이라는 뇌기생충에 감염돼 풀잎을 오르는 개미의 이야기를 들려준다. 창형흡충이 자손들을 더 유리한 환경에서 번식시키기 위해서는 소나 양의 배로 들어가야 하기 때문에, 개미가 풀잎 위에 올라 소, 양에게 먹히게 유도한다. 개미는 지금 뇌에 기생하는 '창형흡충'이라는 기생충에게 조종당하고 있다. 데닛은 종교가 바로 창형흡충과 비슷하다고 주장한다. 따라서 제목에 나와 있듯이 종교라는 '주문'에서 깨어날 필요가 있다. 이는 종교를 과학적으로 탐구하려는 시도를 막으려는 금기를 깨는 것도 의미한다. 도킨스의 종교 비판은 종교라는 주문에 사로잡혀서 과학을 제대로 이해하지 못하고 현실의 문제를 망각한 많은 종교인을 일깨운다는 데 큰 의의가 있다. 특히 도킨스의 『만들어진 신』은 배타적이고 근본주의적인 한국 그리스도교를 비판하는 좋은 도구가 될 수 있을 것이다.

하지만 도킨스의 종교 비판과 그가 주장하는 과학적 무신론에도 문제가 없는 것이 아니다. 몇 가지 비판을 소개하면 다음과 같다. 첫째, 과연 과학이 신이 존재하지 않음을 제대로 증명할 수 있는가 하는 문제이다. 도킨스는 과학자로서 신 존재에 대한 반증(反證)은 시간문제일 뿐이며 과학의 발달로 더 높은 확률을 가지고 신이 없다는 것을 증명할 수 있다고 확신한다. 잘못된 유신론주의를 비판하기 위한 그의 열정은 이해하지만, 이 역시 과학으로 모든 것을 해결할 수 있다는 과학주의적 절대론은 아닌지 묻지 않을 수 없다. 이는 종교로 모든 것을 해결할 수 있다는 종교 근본주의와 전혀 다르지 않다. 과연 과학은 모든 것을 다 설명해 줄 수 있는가? 과학은 현 인류의 복잡한 문제를 모두 해결해 주는 만능 신인가? 신이 사라진 자리를 과학이 메울 수

---

32 대니얼 데닛/김한영 역, 『주문을 깨다』(서울: 동녘사이언스, 2010).

있는가? 종교학자 카렌 암스트롱(Karen Armstron)은 『신을 위한 변론』이라는 책에서 도킨스류의 무신론과 일부 종교인의 근본주의를 모두 비판한다. 즉, 종교를 과학적 가설로 비판하는 도킨스의 무신론 역시 종교적 근본주의의 다른 판본이라는 것이다. 맥그래스 역시 종교와 과학의 상호 이해를 어렵게 만드는 대표자들로 종교 근본주의자인 헨리 모리스와 과학적 무신론자인 도킨스를 지적하면서, 이들은 서로 전쟁을 벌이고 있다고 주장한다. 이런 반종교적, 반과학적인 편견이나 편향은 양자의 대화나 건전한 관계를 방해한다.[33]

둘째, 종교적 신앙은 정말 유익보다는 해악을 끼치는가? 도킨스가 주로 비판한 종교는 근본주의적이거나 극단주의적인 유형이다. 당연히 그런 종교들의 부정적인 역할과 모습은 비판받아 마땅하다. 문제는 도킨스가 온건한 종교마저도 근본주의적, 극단주의적 종교로 발전할 수 있는 토양으로 간주하여 싸잡아 비판한다는 것이다. 즉, 종교 그 자체를 부정한다는 것이다. 정말 종교는 그렇게밖에 존재하지 않는가? 종교는 인간에게 해로운 존재인가? 이에 대한 답은 수많은 종교학자나 신학자들의 수천 년에 걸친 논쟁을 언급하는 것만으로 충분할 것이다. 그만큼 종교의 문제는 단순하지 않다는 것이다. 아직도 종교가 무엇인지에 대해 수많은 사람이 탐구하고 있는 중이다. 또 인류가 존재한 이래 종교는 항상 존재했으며, 지금도 함께하고 있고, 앞으로도 그럴 것이다. 도킨스가 인용한 존 레논의 유명한 노래 '이매진'(imagine)처럼 우리는 종교 없는 세상을 상상할 수는 있지만 현실에서는 그렇지 않다. 내가 종교를 인정하든 아니면 부정하든 간에 종교는 이미 우리 삶의 한 부분으로 확고히 자리 잡고 있다. 문제는 그 종교가 건강하게 기능하는지, 아니면 병든 모습으로 기능하는지 하는 것이다. 참된 종교라면 인간에게 희망을 주고 인간을 살리는 역할

---

[33] 알리스터 맥그래스/정성희·김주현 역, 앞의 책, 15.

을 할 것이다. 또한 도킨스가 주로 비판하는 신은 초월신인데, 신을 그렇게만 이해하는 데는 한계가 있다. 신은 우리 존재의 근거나 바탕으로도 존재할 수 있다. 초월적이면서 내재적인 신 개념도 있을 수 있으며, 신이 없는 종교도 있을 수 있다는 것이다.

더 나아가 도킨스는 경전을 갖춘 종교를 예로 들었는데, 경전 없이 존재하는 종교는 어떻게 이해해야 하는가 하는 문제도 생긴다. 어떤 면에서 도킨스는 오직 근본주의자들이 이해하고 있는 신만을 종교의 본질로 생각하고 있으며, 역설적으로 그의 신 이해는 근본주의자들을 닮아 있다는 비판을 받을 수 있다. 그래서 그는 '교조주의적 무신론 과학자'라는 비판을 받는다. 참된 종교는 신을 존재물로 형상화하거나 특정 개념으로 규정하는 것을 거부해 왔다. 신비주의 전통에서는 더욱 그러했다. 마지막으로 종교가 해로운 역할만을 한 것이 아니고, 오히려 인간의 해방과 자유를 위해 일한 예도 많다는 것이다. 즉, 부패한 제도 종교를 비판하며 이웃을 향한 사랑과 자비와 정의를 실천하기 위해 노력한 예도 많다는 것이다. 성서의 해방 전통과 예언자 전통 및 예수 운동이 그 대표적인 예이다. 따라서 성서를 소설쯤으로 여기는 도킨스의 견해는 매우 천박하다고 볼 수 있다. 종교 경전은 문자적으로 많은 모순이 있음에도 삶을 변혁시킬 수 있는 진리가 담겨 있는데도 이를 과학주의로 다 해소해 버리기에는 무리가 많다. 도킨스는 "신이 없을 가능성이 매우 높다. 그리고 종교 없이도 우리 인간은 잘 살 수 있다. 혹은 종교가 없어야 더 잘 살게 될지도 모른다"라고 주장한다. 하지만 과연 이런 계몽을 통해 종교인들이 종교라는 망상을 없앨 수 있을지는 의문이다. 오히려 종교를 없애려 하기보다는 종교 본연의 역할을 잘 찾게 해서 이웃과 더불어 사는 삶, 존재의 의미를 찾는 삶을 살게 하는 것이 더 중요하다고 생각한다.

셋째, 신앙은 과연 불합리한 것인가? 신앙과 과학은 공존할 수 없는가? 과학만이 모든 것을 다 설명하는가? 신앙은 이성적 이해를 초월하는 측면을 지니고 있지만, 이성의 측면을 결코 외면하지 않는다. "신앙은 참된 이해를 추구한다"(fides quaerens intellectum)는 중세 교부 안셀름(Anselm)의 유명한 명제가 이를 잘 드러낸다. 따라서 신앙인이라면 언제나 이성에서 나오는 진지한 물음과 회의를 간과하지 않는다. 이런 측면에서 신앙인 역시 과학의 논의들을 공부하고 이해해야 할 것이다. 도킨스는 신앙을 과학과 대립되는 것으로 생각한다. 도킨스가 생각하는 근본주의적 종교라면 당연히 그럴 것이다. 여기에 도킨스의 한계가 있다. 하지만 참된 신앙인은 결코 과학적 탐구를 외면하지 않는다. 도킨스의 말대로라면 참된 과학자가 되기 위해서 반드시 무신론자가 되어야 하는데, 이는 억측에 불과하다. 창조과학회에 속한 사람들처럼 과학과 신앙을 동일시하는 자들이라면 그의 비판이 타당할지 모르지만, 신의 문제를 진지하게 고민하는 과학자, 지적으로 충실한 유신론자 과학자도 얼마든지 가능하다는 것이다. 앞에서 소개한 밀러 박사는 스스로 유신론자임을 자처하는 유명한 생물학자인데, 사이비 과학자들인 창조론자들과 지적 설계론자들을 꾸준히 비판하고 진화론의 중요성을 알리는 데 많은 시간과 노력을 바치고 있다. 지적으로 충실한 유신론자의 좋은 예이다. 물론 지적으로 충실한 유신론자가 되는 일은 지적으로 충실한 무신론자보다 더 힘든 일이 될 수도 있다. 무신론자는 신의 존재를 부정해 버리면 그만이지만, 지적으로 충실한 유신론자는 자기가 믿는 신을 신앙적으로만 믿는 데서 그치지 않고 이성적으로도 탐구해야 하기 때문이다. 여기서 종교와 과학의 상호 대화와 협력이 필요하다. 도킨스의 지적대로 서로 다른 영역이므로 간섭하지 말자는 논리라든지, 과학만이 모든 것을 입증할 수 있다는 과학절대주의의 입장은 잘못된 것이다. 그보다는 서로 다른 영역을 접해 봄으로써 이웃의 입장을 배우고 이해할 수 있는 길이 더 바람직하다. 그렇게 될 때 종교든 과학이든 더 평화롭고 행복한 인류의 미래를 꿈꾸고 만들어 나갈 수 있을 것이다.

제7장

::

인간의 자유에 대치되는 신

―사르트르의 무신론적 실존주의

> 신은 존재하지 않는다. 왜냐하면 인간은 자유하기 때문이다. 만일 신이 존재한다면, 그는 인간의 자유를 폐기하였을 것이다. 그러나 인간이 자유하다는 것은 부인될 수 없는 사실이기에 신은 존재하지 않는다.
> ―『사르트르의 신』, 빼삭(H. Paissac)

I. 들어가는 말

사르트르는 20세기 프랑스를 대표하는 철학자요 문학가이며 실천적인 지식인이다. 사르트르가 1980년에 75세의 나이로 사망했을 때 파리에 5만 명이 넘는 군중이 모여 그를 애도했다. 사르트르는 1964년 노벨문학상 수상자로 지명될 만큼 뛰어난 소설가이자 극작가로서 명성을 날렸으며, 『존재와 무』, 『변증법적 이성비판』 같은 걸작을 남긴 위대한 철학자였다. 또한 사르트르는 제2차 세계대전 이후 프랑스의 주요 정치 논쟁 및 운동에 활발하게 관여했던 정치 비평가이자 운동가이기도 했다. 특히 사르트르는 20세기 후반 프랑스 마르크스주의 및 좌파 정치의 향방을 규정했던 위대한 사상가였다.

사르트르는 프랑스뿐 아니라 전 세계에 영향을 끼쳤다. 특히 그가 알제리 혁명운동을 비롯한 제3세계 해방운동에 사상적으로 끼친 영향은 실로 지대하다. 사르트르는 실존주의 철학자이자 소설과 희곡을 직접 쓴 문학가이기도 하다. 그가 저술한 많은 철학서와 소설 및 희곡들은 우리나라의 많은 지식인에게까지 영향을 끼쳤다. 1950년대 사르트르는 실존주의의 대표자로서 한국 문단에 자주 소개되어 온 인물이다. 1980년대 한국의 사회 변혁에 대한 실천적 관심이 커지면서, 대학가에서는 그의 『지식인을 위한 변명』이 필독서로 대접받기도 했다. 이 책은 1966년 사르트르의 일본 방문 때의 강연 내용을 담고 있는 책인데, 지식인은 지식 전문가로서 지배계급 이데올로기의 부당함을 깨닫고 그것에 맞서 싸우는 사람이라고 주장하면서 그의 지식인관을 설득력 있게 제시했다.

사르트르는 다방면에 걸쳐 천재성을 드러낸 사람으로 잘 알려져 있다. 그의 사상의 폭이 넓기 때문에 철학뿐 아니라 문학과 예술 및 정치 등 다양한 측면에서 그의 사상에 대해서 논할 수 있을 것이다. 하지만 이 글에서는 그의 철학사상, 특히 실존주의 철학사상에만 초점을 맞추려고 한다. 그는 인간 존재를 어떻게 분석했고, 사회와 역사의 문제는 어떻게 설명했으며, 신의 존재는 왜 부인했을까? 무신론적 실존주의의 대표자로 부르는 그에게 신은 어떤 의미였을까? 그가 거부했던 신은 어떤 신이었는가? 이제 이런 물음들을 전제로 사르트르의 생애와 사상을 살펴보고자 한다.

II. 사르트르의 생애[1]

장 폴 사르트르(Jean Paul Sartre, 1905-1980)는 1905년 해군 장교의 아들로 파리에서 태어났다. 사르트르가 두 살 되던 해에 아버지가 베트남에서 열병으로 사망하자 어머니는 친정으로 돌아갔다. 사

---

[1] 장 폴 사르트르/정소성 역, 『존재와 무』(서울: 동서문화사, 2016), 999-1007에 나오는 "사르트르의 생애"를 참조했음.

르트르는 어머니와 함께 열 살이 될 때까지 엄격한 외할아버지 샤를 슈바이처(Charles Schweitzer) 집에서 보냈다. 신학자요 의사로 아프리카에서 일생을 마친 알버트 슈바이처가 바로 외할아버지의 조카였다. 외할아버지는 뛰어난 독일어 교사이자 독서가이자 엄청난 장서가였다. 사르트르는 자연히 책을 대하는 습관을 갖게 되었다. 그러나 어머니의 재혼은 사르트르에게 배반으로 느껴져 충격을 주었고, 이때 느꼈던 소외감은 의붓아버지에 대한 반항으로 이어졌다.

1915년 사르트르는 파리의 명문 앙리 4세(Lycee Henri IV) 고등중학교에 입학하였다. 2년 후 1917년 의붓아버지의 근무지가 바뀌면서 사르트르는 외가를 떠나 라 로셀로 이사하고 그곳의 고등중학교로 전학했다. 사르트르는 열두 살 때 이미 신은 존재하지 않는다고 단정해 버렸고, 이런 생각은 평생 변하지 않았다.

사르트르는 1924년 프랑스에서 가장 우수한 학교로 뛰어난 인재를 많이 배출한 파리 고등사범학교에 입학하여 심리학, 철학, 사회학을 전공하게 되었다. 사르트르의 동기생 중에는 폴 니장, 레이몽 아론, 모리스 메를로퐁티, 조르주 폴리셰르, 시몬 드 보부아르가 있었는데, 시몬 드 보부아르는 훗날 사르트르의 반려자가 된다. 사르트르는 1929년 고등사범학교를 우수한 성적으로 졸업하고, 같은 해 11월 군에 입대하여 기상 관측병으로 18개월간 복무한다. 군에서 제대한 후에는 파리 근교의 고등학교에서 철학교사로서 일했다. 사르트르는 1932년 베를린의 프랑스 문화원의 강사로 있던 아론으로부터 후설의 현상학에 관해 처음으로 듣게 되고, 다음 해에 프랑스 문화원의 장학생으로 독일 베를린으로 유학하여 현상학을 좀 더 깊이 연구한다. 이때 사르트르는 후설과 하이데거의 철학을 공부했다. 파리로 돌아와 다시 교편생활을 하면서 현상학 소개자로서 철학 연구에 몰두하는 한편 7년여에 걸쳐 집필한 소설 『구토』를 1938년에 출판함으로써 사르트르는 문학계에 널리 알려지게 된다. 1939년 제2차 세계대전이 시작되자 사르트르는 포병대 기상반으로 전쟁에 참여했다가 1940년 35세에 독일군 포로가 되어 수용소에서 잠시 포로생활을 했으며, 그 후 레지스탕스 활동에 참여했다. 1943년에는 대저 『존재와 무』를 출간했다.

사르트르는 전쟁의 경험으로 현실에 눈을 뜨게 된다. 전쟁 이전의 사르트르는 정치에 거의 관심이 없었고, 예술과 문학에 심취해 있었다. 하지만 독일의 프랑스 점령 기간 동안 정치에 눈을 떴으며, 전쟁 후 본격적으로 정치 활동에 뛰어든다. 그는 개인적 실존의 탐구에서 자유로운 선택과 책임을 주장하는 '앙가주망'(참여)의 사상가로 변한다. 그는 1945년 교직에서 물러난 후 메를로퐁티, 장 폴랑, 레이몽 아롱 등과 함께 「현대」(Les Temps modernes)를 창간하고, 이를 통해 알제리 해방운동을 지원했다. 이때 "실존주의는 휴머니즘이다"라는 제목으로 유명한 강연을 했고, 이는 나중에 책으로 출판되었다. 1946년 『유물론과 혁명』, 1947년 『문학이란 무엇인가』, 1948년 희곡 『더럽혀진 손』 등을 발표했다.

1948년에 사르트르는 '민주혁명연합'이라는 단체를 결성하여 미국과 소련의 영향력에서 자유로운 사회주의 유럽을 건설하려고 했다. 또 이때부터 정치 문제를 비롯한 현실 문제들에 적극적으로 참여하기 시작하면서 각종 탄원서와 선언문을 발표하였다. 같은 해 로마 교황청은 사르트르의 전체 저작을 가톨릭 신도들이 읽어서는 안 될 금서목록으로 지정했다. 1952년 해군 수병 앙리 마르탱이 인도네시아 전쟁을 반대하는 전단을 뿌려서 금고 5년형을 선고받자 사르트르는 마르탱 석방 운동을 벌였고, 공산당 부서기장 뒤클로의 체포에 대해 항의 운동을 전개했다. 이런 사건들을 통해 사르트르는 마르크스주의에 더 깊은 관심을 갖게 되었으며, 1953년에는 『공산주의자와 평화』라는 글을 쓰기까지 했다. 또 이 당시 오랜 벗 소설가 알베르 카뮈와 논쟁을 벌였다. 1959년에는 희곡 『알토나의 유폐자들』을 발표하여 역사적 사건에 대한 개인의 책임 문제를 추궁했다.

　1960년에 들어서서 사르트르의 활동은 절정에 이른다. 그 해에 사르트르는 '알제리 전쟁에 반대하는 121인 선언'에 참여하여 드골의 프랑스와 다른 또 하나의 프랑스를 대표하는 인물이 되었다. 또 사르트르는 『변증법적 이성비판』을 출간함으로써 자신의 정치적 참여에 대한 철학적 근거를 제시하고자 했다. 1961년 알제리 해방운동을 지지한다는 이유로 사르트르의 아파트에 폭탄이 투척되기도 했지만 사르트르는 다른 곳으로 이미 이사를 한 후였다. 그해에 사르트르는 프란츠 파농이 쓴 『대지의 저주받은 자들』에 서문을 기고하여 알제리 무장독립투쟁을 옹호했다. 1964년 사르트르는 노벨문학상 수상자로 결정되었으나 수상을 거부하였다. 여러 가지 이유가 있는데, 무엇보다도 사르트르는 개인에게 주는 문학상의 성격에 의문을 표시했고, 또 노벨상 자체가 서유럽 작가 일변도로 기울어져 공평성을 잃었다고 생각했기 때문이다. 1965년 미국의 코넬 대학을 방문하기로 계획했다가, 미국이 북베트남에 폭격을 계속하는 한 미국을 방문하지 않겠다고 사르트르는 선언했다. 1966년에는 베트남에서 미국이 저지른 범죄를 고발하기 위해 런던에서 열린 베트남 전쟁 범죄 국제 재판에 철학자 버트란트 러셀의 초청으로 참여했다. 이 재판에서 사르트르는 베트남 전쟁범죄를 비판하여 일생 동안 평화주의와 사회주의자의 입장을 끝까지 견지했다. 사르트르는 1968년 파리에서 발생한 5월 혁명에서 학생들을 지지했다. 같은 해 소련의 체코슬로바키아 침공을 비판했으며, 1973년 사르트르는 "선거, 바보들의 덫"이라는 글을 발표하여 유권자들이 고립된 개인들로 환원되고 마는 선거제도에 반대했다. 사르트르는 1980년 4월 15일, 75세의 나이로 파리 시민의 애도 속에 눈을 감았다.

III. 사르트르 실존철학의 개요

1. 두 가지 존재 양식 – '즉자'와 '대자'

사르트르는 하이데거의 실존주의 철학과 후설의 현상학에 영향을 받았다. 사르트르의 철학적 관심은 인간의 실존 방식을 해명하는 데 집중되어 있다. 사르트르는 하이데거 실존철학의 기본 명제인 '세계-내-존재'를 '의식-내-존재'로 바꾸어서 설명한다. 이런 점 때문에 종종 하이데거의 실존철학을 왜곡했다는 평을 듣기도 한다. 사르트르에 따르면, 인간은 지적 혹은 이론적 자아가 아니라 욕망적이고 실천적인 주체이다. 다른 말로 하면, 인간은 사회적 동물이나 이성적 동물과 같은 본질 규정이 중요한 게 아니라, 먹고, 자고, 느끼고, 생각하고, 사랑하고, 교제하고, 노는 구체적인 인간이라는 점이 더 중요하다는 것이다. 사르트르는 후설의 현상학적 방법에 영향을 받아 철학적 탐구의 출발점을 인간 자신의 경험 자체로 본다. 그래서 『존재와 무』의 부제목을 '현상학적 존재학'이라고 붙였다.

하지만 사르트르는 후설이 말하는 에포케(epoche), 즉 모든 것의 존재 자체를 거부하고 판단을 유보하는 작업은 불가능하다고 본다. 그 대신 세계의 객관적 존재를 인정한다. 그런데 여기서 객관적으로 존재하는 세계 자체도 나의 의식을 떠나서는 생각할 수 없다. 나에게 의식되지 않는 세계는 믿을 수 없다는 것이다. 동시에 나의 의식 역시 세계 없이는 생각할 수 없다. 의식은 언제나 대상을 전제로 하기 때문이다. 이렇게 의식과 세계는 상호의존적인 관계에 있는데, 그러면서도 의식은 논리적으로 대상과 구분된다. 여기서 사르트르의 두 가지 존재 방식, 즉 의식으로서의 존재와 그것의 대상으로서의 존재라는 유명한 존재 양식이 등장한다. 사르트르는 헤겔의 용어를 빌려 존재를 두 가지 양식으로 나누었다. 첫 번째, 대상으로서의 존재를 즉자(卽自, en-soi)라 부르고, 의식으로서의 존재를 대자(對自, pour-soi)라고 부른다. 즉자는 '그냥 있는 것', '있는 그대로 충족되어 있는 것'이라고 말할 수 있고, 대자는 '있는 그대로 충족될 수 없는 것', '무엇인가를 의식하고 욕망하는 것'을 의미한다. 즉자와 대자는 고정된 존재 자체를 의미하는 것이 아니라 존재양식을 의미한다. 즉자는 인간 아닌 모든 사물을 가리키고, 대자는 인간만을 가리킨다. 왜냐하면 인간만이 의식을 가진 존재이기 때문이다. 사르트르는 이 같은 존재를 다른 사물들과 구분하여 '실존'(existence)이라고 부른다. 실존이라는 말은 불어나 영어로 '있다'라는 말도 되고, '본질'과 구분하여 '밖으로 나타난 존재'라는 뜻으로도 사용되는데, 사르트르의 경우 인간을 가리킨다.[2]

즉자와 대자의 두 가지 존재양식은 사르트르의 '의식-내-존재'라는 개념을 잘 설명해 준다. 우주는 즉자와 대자로 나뉜다. 한마디로 즉자는 외적 주관의 세계, 내 외부에 있는 세계 전체의 존재양식을 말한다. 즉자는 인간 의식의 대상이 된다. 즉자는 스스로에 대한 의식도 없고, 단순하며 그 자체로 충족되어 있다. 즉자는 가능하지도 필연적이지도 않다. 즉자는 아무 근거 없이 우연적으로 존재할 뿐이다. 다시 말해 즉자는 시공 속에서 존재하며 양적으로 서술되고, 자연과학이 전제하는 인과법칙에 의해서 그것의 변화 역시 설명 가능하다. 가령, 산과 물과 같은 자연은 그냥 우연히 존재한다. 이렇게 그냥 존재하는 것, 목적도 이유도 없이 존재하는 것이 바로 즉자의 특징이다. 즉자는 대자의 관점에서 볼 때 구역질이 난다.

사르트르는 소설 『구토』에서 이 점을 잘 묘사하고 있다. 이 소설은 32세의 독신 앙투안 로캉탱의 일기를 바탕으로 하고 있다. 『구토』

---

2   박이문, 『현상학과 분석철학』(서울: 지와사랑, 2014), 142-413.

의 주인공 로캉탱은 오랜 여행 끝에 롤르봉 후작의 전기를 쓰기 위해 부빌 시에 이제 막 정착했다. 그는 과거에 경험한 변화를 기록하기 위해 일기를 쓴다. "나는 내가 이 탁자, 이 길, 사람들, 내 담뱃갑을 어떻게 보았는지를 기술해야만 한다. 왜냐하면 바로 이것들이 변했기 때문이다." 사르트르는 로캉탱을 통해 사물을 기술하는 작업을 시도한다. 로캉탱은 조약돌과 같은 사물들과의 만남을 통해 갑자기 사물들의 우연성과 무의미성을 인식한다. 사물이 그 본래의 모습을 드러낸 것이다. 사물이 그 자체로 충족되어 있는 상태로 나타난 것이다. 주인공은 이때 당황하게 되고 구토를 느끼게 된다. 여기서 구토란 존재가 맹목적인 존재임을 깨닫고 그것을 설명할 어떤 근거도 없다는 것을 느꼈을 때의 감정을 의미한다.[3] 다시 말해 구토란 인간의 인지를 가능케 해주는 사물의 친숙한 측면을 사라지게 만든다. 로캉탱은 심지어 자신의 존재마저도 정당화될 수 없는 잉여물이라는 것을 깨닫게 된다. 사르트르는 존재에 앞서 존재의 이유가 없으며, 대상이 그저 거기에 우연히 있을 뿐이라는 부조리한 경험을 로캉탱의 구토라는 감정을 통해 자세히 묘사한다. 세계의 모든 존재는 우연히 그저 그대로 존재할 뿐 그것을 설명할 수 없다. 이 우연성이란 부조리를 로캉탱이 깨달은 것이다.

반면에 '대자'는 인간의 존재양식을 가리킨다. 즉, 의식적 존재로서의 인간은 대상을 의식할 수 있는 존재, 대자적 존재이다. 즉자는 충족되고 완결된 상태로 존재하는 반면, 대자는 충족되지 못한 상태로 존재한다. 그래서 사르트르는 즉자는 존재라 부르고, 대자(의식)를 무(無, neant)라고 부른다. 여기서 '무'는 오해되기 쉽다. 여기서 '무'는 사물을 가리키는 것이 아니라 의식현상, 즉 대자라는 현상을 가리

---

[3] 로버트 베르나스코니/변광배 역, 『How To Read 사르트르』(서울: 웅진지식하우스, 2008), 19.

킨다는 점에 유의할 필요가 있다. 사르트르는 인간의 의식현상을 설명하기 위해 '무'라는 단어를 썼다.

대자는 결핍되어 있는데, 이 결핍을 채워 무를 메꾸고 존재가 되려 한다. 인간의 소유욕은 이런 원리에서 비롯된다. 또한 인간을 무로 볼 때 그것은 인간을 사물의 현상을 얽어놓은 자연현상의 인과법칙이라는 사슬로부터 벗어났다는 것을 의미한다. 즉, 대자로서의 인간은 자유로운 존재라는 것이다. 인간은 의식을 가진 존재로서 자연현상을 지배하는 인과법칙에 지배되지 않는다. 여기서 사르트르가 말하는 인간의 자유는 그렇게 선고받은 저주와도 같으며 바꿀 수 없는 영속적인 상태이다. 그래서 사르트르는 "나는 자유롭도록 선고받았다. … 우리에겐 자유롭지 않을 수 있는 자유가 없다"라고 말한다.

물론 인간이 의식적인 존재로서 인과법칙에 지배되지 않는다고 해서 저절로 자유롭다고 말할 수는 없다. 그런 의식 역시 우연에 지배되기 때문이다. 따라서 인간은 우연에 의해 움직이는 존재가 아니라 주체성을 가진 존재일 때 자유로운 존재라고 말할 수 있다. 주체성은 의지에 따라 주어진 여건을 초월할 수 있는 것을 의미한다. 주체가 된다는 것은 자유로운 존재가 된다는 것을 의미한다. 주체로서의 인간은 선택의 자유를 행사한다. 어떤 경우에도 인간에게는 자기의 행동을 스스로 결정할 힘을 가지고 있다는 것이다. 따라서 인간의 운명은 인간 외부의 힘에 의해 좌우되지 않는다. 인간의 운명은 인간 스스로 결정하고 선택해서 살아간 결과에 불과하다. 이런 점에서 사르트르의 실존철학에서 인간의 운명을 좌우한다든지 섭리해 나가는 신과 같은 존재는 당연히 거부된다.

2. 인간의 실존은 본질에 앞선다

인간 실존의 본질은 자유이다. 사르트르는 인간의 자유를 긍정하지만 그것은 절대적 의미에서의 자유가 아니다. 인간은 '세계-내-존재'인 만큼 필연적으로 구체적인 사회적 여건 속에 존재하기 때문이다. 사르트르는 이것을 기존 조건성(facticite) 혹은 상황(circonstance)이라고 부른다. 즉, 인간으로서 나라는 존재는 시간과 공간이라는 구체적인 사회·역사적 상황 속에서 존재한다는 것이다. 언뜻 보기에 허공에 뜬 자유, 순수한 의미의 자유를 우리는 상상할 수 있다. 하지만 자유는 구체적인 여건이나 상황 속에서만 가능하다. 이런 점에서 외부적인 조건이나 상황은 인간의 자유를 부정하는 듯하다. 하지만 기존 조건성이나 상황은 인간의 자유를 부정한다기보다는 자유를 가능하게 하는 필요조건으로 볼 수 있다.

엄밀하게 말할 때, 인간은 그 어떠한 상황과 조건 속에서도 어떤 행동을 선택할 자유가 있다는 것을 부정할 수 없다. 심지어 가장 고통스럽고 강압적인 상황 속에서도 인간은 여전히 무엇인가를 선택하고 어떤 행동을 할 자유가 주어져 있다는 것이다. 심지어 내가 노예가 되었을 때조차도 나는 주인에 대한 순종과 반항 가운데 선택할 자유가 있다. 자살의 경우도 마찬가지이다. "내 생명을 구하도록 나를 강요하는 아무것도 없음이 사실이라면, 내가 심연 속에 투신하지 못하게 막을 아무것도 없다"라고 『존재와 무』에서 사르트르는 말했다. 자유의 절대성이란 결국 인간에게 선택의 힘이 주어졌다는 것을 의미한다. 이렇게 어떤 조건하에서도 완전히 결정될 수 없는 대자로서 인간의 힘을 초월(transcendence)이라고 부른다. 초월은 인간이 외부적인 상황이나 조건에 따라 완전히 결정되지 않는다는 것을 말한다. 즉, 초월은 말 그대로 주어진 여건을 넘어서며, 미래의 계획에 따라 현재의 상황을 넘어서는 것이다. 이런 점에서 인간의 실존은 본질에 선행한다. 이 말은 인간의 운명은 밖의 힘에 의해 결정되지 않고 오직 자기 자신의 자유로운 선택에 의해서만 결정될 수 있다는 말이다. 이때 자유란 상황을 부정하고 그것을 극복하려는 인간의 본질을 의미한다. 그래서 사르트르는 1940년대에 프랑스 레지스탕스 대원으로 활약하면서 자유의 여러 개념을 정리하면서 『침묵공화국』이라는 책을 통해 이렇게 말한 적이 있다.

> 우리는 독일군 점령 기간 동안보다 더 많은 자유를 누리지 못할 것이다. … 나치의 독이 우리 사고 속으로 스며들었기 때문에, 모든 정확한 사고는 하나의 전리품과 같았다. 강력한 경찰이 우리에게 침묵을 강요했기 때문에, 모든 말들은 원리 선언의 가치를 지니고 있었다. 우리는 박해당하고 있었기 때문에, 우리의 몸짓 하나는 숭고한 헌신의 의미를 지니고 있었다. … 매 순간마다, 우리는 흔히 쓰이는 짧은 구절, 즉 '인간은 죽을 수밖에 없는 존재이다'라는 말을 끝까지 지켜 나가고자 했다. 우리 각자가 자신의 삶에 대해 내린 선택은 진정한 것이었다. 왜냐하면 그 선택은 죽음에 직면해서 이루어졌기 때문이며, 또한 '~하느니 차라리 죽음을 택하겠노라'는 말 속에서 언제나 표현될 수 있었기 때문이다.[4]

사르트르는 데카르트가 신에게만 속해 있다고 생각했던 자유를 인간에게로 복귀시키고자 했다. 자유는 정말 인간에게 적합한 것이라고 사르트르는 주장한다. 인간의 자유는 절대적이며 창조적인 자율이다. 그런데 이런 자유는 인간과 같은 의식적인 존재에게나 가능하다. 사물이나 도구는 이와 반대로 본질이 실존에 우선한다고 말할 수 있다. 가령 책상과 도구는 인간이 먼저 만들고자 하는 책상의 본질을 생각한 다음 그 본질에 따라 만든다. 즉, 도구의 본질은 그것이 실존하기 전에 이미 결정된다. 도구는 본질이 먼저 있고 그것의 존재인

---

[4] William Barret, *Irrational Man: A Study in Existential Philosophy*(New York: Doubleday Anchor Books, 1958), 213-215에서 재인용.

실존은 나중에 출현한다. 이처럼 도구적 존재에서는 본질이 실존에 선행한다고 볼 수 있다. 인간 실존과는 정반대이다. 여기서 신을 믿는 유신론자들은 당연히 인간도 신이라는 존재가 마음속에 인간이라는 개념을 가지고 인간을 창조했다고 믿는다. 즉, 유신론자들은 신이 인간을 창조하기 전에 인간의 모습과 성향과 행동 따위를 미리 규정해 놓고 그것들에 따라 인간을 창조했다고 믿는다는 것이다. 이렇게 신이 자기 생각대로 인간의 본질을 미리 규정하고 인간을 만들었다면 당연히 인간도 사물이나 도구처럼 본질이 실존에 앞선다고 말할 수 있을 것이다. 하지만 사르트르는 신을 인정하지 않는다. 인간의 자유가 긍정되는 한 신이 들어설 자리가 없다. 따라서 인간의 존재에 앞서는 본질 역시 있을 수 없다. 또한 사르트르는 후설의 현상학에서 지향성이라는 개념을 빌려온다. 즉, 인간의 의식은 본질적으로 지향적이라는 것이다. 현상의 세계는 그 자체가 세계 전체일 뿐이다. 인간의 의식은 현상세계에 의해 규정되지 않으며, 오히려 세계를 향해 욕구하고 갈망한다. 즉, 지향적이라는 것이다. 따라서 인간은 사물이나 도구와 다르다. 인간에게는 본질이나 목적이 실존에 앞서 있지 않다. 오히려 인간은 본질에 앞서 존재하는 실존적 존재이다. 즉, 인간의 실존이 본질에 앞선다는 것이다.

사르트르에 의하면, 이 세상은 그저 우연히 존재하게 되었다. 인간 역시 이 세계 속에 아무 이유 없이 내동댕이쳐져 있다. 인간은 자신의 의지로 세상에 태어나지 않았다. 인간은 선택하지 않은 세상, 선택하지 않은 얼굴, 선택하지 않은 조건을 가지고 삶을 시작한다. 죽을 때도 인간은 자신의 의지로 이 세상을 떠나지 않는다. 그렇다면 인간의 본질은 어떻게 형성되는가? 한마디로 인간이 이 땅에 태어나서 삶을 시작할 때 자신의 의지로 어떤 행위를 하고 선택을 하며 살아가느냐에 따라 그 인간의 본질이 결정된다고 사르트르는 본다. 물론 이때 인간의 본질은 인간 전체에게 적용되는 유적 본질이 아니라 인간 개인의 가능성이 완결된다는 의미에서의 본질이다. 즉, 인간인 나 자신이 어떤 선택을 하느냐에 따라 내가 이루어 나갈 삶의 본질이 규정된다. 인간은 자신이 선택하는 인간상을 창조한다.

이렇게 볼 때 인간은 실존의 세계에 내던져진 다음 스스로의 행동과 선택에 의해 자기 자신을 만들어 나가고 자기에게 본질을 부여하는 존재다. 즉, 내가 본질을 선택하는 것이다. 이것이 인간이 존재하는 방식, 즉 실존이 본질에 앞선다는 말의 의미이다. 따라서 인간에게 지시를 하거나 인간의 삶을 섭리에 따라 인도할 신과 같은 존재는 있을 수 없다. 인간은 완전히 자유로운 존재이다. 인간의 본성은 태어날 때부터 자유로우며 비결정적이다. 인간이 이런 점을 깨닫는다면 신을 믿거나 신에게 의지할 필요가 없다. 이제 신이란 개념은 더 이상 성립될 수 없다. 신이라는 개념은 인간의 실존을 제대로 파악하지 못한 데서 비롯된 오류인 것이다. 이 점에서 사르트르의 실존철학은 철저히 무신론적 실존철학이다. 왜냐하면 사르트르는 철저히 인간 실존의 본질을 자유로 규정하고 있고, 신은 그 자유에 반대되는 개념이기 때문이다.

사르트르가 쓴 『파리 떼』라는 희곡에서 일렉트라(Electra)의 누이가 쥬피터에게 굴복해서 그의 노예가 되면서 그녀는 반(反) 휴머니즘의 화신이 되었다. 오레테스(Oretes)는 자신의 자유를 충분히 의식하고 열망하는 인간을 대표하는데, 인간의 자존심을 가지고 쥬피터에게 대담히 맞서면서 이렇게 선언한다. "나는 인간이다. … 자유가 인간의 심장에서 용솟음친 이상, 신은 인간을 대적할 수 없다."[5] 이는 인간의 자유를 대표적으로 강조하고 있는 사르트르의 대표적인 주장이다. 사르트르에 의하면, 신이 더 이상 존재하지 않는 상황에서 인간은 전면적이고 무한한 자유를 누린다. 인간은 실존적인 상황에서 계속

---

5   Jean-Paul Sartre, *Les Mouches*(Paris: Theatre, 1947), 11-13.

무엇인가를 자유롭게 선택하면서 살아간다. 그러므로 가장 인간적인 삶은 자유로운 삶이다. 심지어 선택을 하지 않는 것조차 일종의 선택이다. 아무것도 하지 않겠다는 것도 일종의 결정이다. 이렇게 인간은 철저히 자유로운 존재이다. 사르트르는 "나는 자유의 형벌에 처해져 있다"라고까지 표현한다. 더 나아가 인간은 자유로운 선택을 하되 자기가 선택한 일에 책임을 져야 한다. 인간은 자기가 한 모든 일에 책임을 지면서 새로운 선택을 향해 끊임없이 결단해야 한다는 것이다.

다른 한편으로, 인간은 내던져진 실존의 상태에서 고독과 절망을 느낀다. 불안은 인간 실존의 기본현상이다. 인간에게 자유가 운명인 이상 인간은 자유에 따르는 무거운 짐을 체험한다. 즉, 자유에 따르는 무거운 책임의식 때문에 불안과 고독과 절망을 느낄 수밖에 없다는 것이다. 반대로 말하자면, 불안은 인간이 곧 자유 자체라는 결과에서 비롯된다. 불안은 공허와 절망의 감정이기도 하다. 그래서 사르트르는 실존의 특징인 불안을 "무의 심연에서 느끼는 어지러움"으로 표현했다. 이제 인간은 불안으로부터 도피하고자 한다. 마치 불안이 없는 것처럼 회피하고자 한다. 마치 어떤 선택이나 행동이 다른 사람이나 사회 또는 신에 의해 결정된 것처럼 행동하고자 한다. 하지만 인간의 실존 자체가 불안이다. 인간 스스로 불안으로부터 벗어날 길은 없다. 인간이 불안하다는 것은 역설적으로 인간이 자유롭다는 것을 의식할 수 있다는 것을 의미하기 때문이다.

3. 타자는 지옥이다

사르트르에 의하면 인간은 타인과 더불어 살아간다. 의식으로서의 대자(對自, pour-soi)는 또 하나의 대자, 즉 다른 인간과 접촉하며 살아간다. 한 주체로서의 대자의 눈에는 또 하나의 대자가 타자(the other)로서 나타난다. 내 입장에서 볼 때 타자는 내 의식의 대상이 된다. 하지만 타자의 입장에서 보면 나라는 대자가 곧 타자가 된다. 여기서 갈등이 일어난다. 한 대자가 상대 대자를 의식할 때 양자는 주체로서의 의식과 객체로서의 대상과 관계를 맺게 된다. 나는 자유가 있는 주체자의 입장에 서고 타인은 사물에 불과한 대상으로 전락한다는 것이다. 그래서 내 입장에서 볼 때 나는 대자로서 남아 있고 타인은 내게 사물로서, 즉자로서 나타난다는 것이다. 이렇게 볼 때 인간과 인간과의 관계는 갈등과 싸움의 관계이다. 인간 사이에는 언제나 주인과 노예의 관계만이 있을 뿐이다. 인간 서로의 이해관계는 언제나 대립되어 있다. 따라서 인간관계의 본질적 요소는 타인과 더불어 사는 존재인데 이제 인간은 갈등의 관계에 처해 있는 존재로 변한다.

사르트르에 의하면 타자는 나에게 응시(시선)의 대상으로 나타난다. 타자는 무엇인가? 나를 바라보며, 나의 주체성을 폐기시켜 버리는 자다. 그럼으로써 나는 하나의 사물로 전락해 버리고, 나의 초월과 자유는 억압된다. 나는 즉자적 존재로 전락해 버리고, 타자로 인해서 나는 초월이 상실된 채로 드러난다. 타자는 나에게 위협적인 존재이다. 타자가 나를 응시할 때 타인은 나를 사물로 소유하고자 하는 주체로서 나타난다. 즉, 타자의 응시 속에 인간은 하나의 대상으로, 즉자로 등장한다. 가령 방 안에서 내가 옷을 벗고 있다가도 타인이 들어온다거나 누군가 문구멍으로 쳐다본다고 생각될 때 우리는 즉시 옷을 입고 몸을 가린다. 내가 옷으로 몸을 가려 타인의 시선의 대상물, 즉 즉자로 전락하지 않으려 하기 때문이다. 이렇게 타자는 나를 자극한다. 타자는 나를 당황스럽게 하고 부자연스럽게 만든다. 사르트르에 의하면 부끄러움이라는 감정은 한 인간이 타인과의 관계에서 타인에 의해 대상으로 취급됨을 의식하는 감정이다.

인간은 타자의 시선이 차단된 밀폐된 공간에서는 보통 편안함을 느끼곤 한다. 이런 공간에서는 타자를 의식하지 않아도 되기 때문이다. 하지만 타자가 나를 응시하고 있을 경우에는 자신을 옆이나 뒤에서 보기보다는 정면에서 보기를 원하곤 한다. 왜냐하면 타자의 시선을 확인하고 통제할 수 있으며, 타자의 시선과 맞서 싸움으로 타자를 사물로 전락시켜 버릴 수 있기 때문이다. 이처럼 타자는 나를 대상화시키는 시선으로 나타난다. 타자가 나를 응시하지 않을 때 타자는 한낱 사물에 불과하지만, 타자의 응시는 나를 그의 대상으로 만들어 버린다. 타자가 응시 대상인 내게 자기 마음대로 의미를 부여한다. 따라서 타자의 자유는 내게 위협이 된다. 타자는 자유로 인해 나는 즉자로 전락하고, 타자에게 무방비 상태의 노예로 전락하게 된다. 그야말로 타자는 나의 주체성을 박탈하는 적과도 같다는 것이다.

사르트르는 『닫힌 방』이라는 희곡에서 인간은 늘 타자의 고문을 당하고 있다고 주장한다. 제2제국의 양식으로 꾸며진 지옥을 비유한 한 응접실에서 사건이 일어난다. 이 희곡에는 함께 살 수밖에 없는 하인과 기자와 두 여인이 등장한다. 여인들 중 하나는 동성연애자이고 하나는 이성연애자이다. 서로를 감시하는 눈초리로 인해 이들의 자유는 사라진다. 이들은 소유된 존재를 소유하기 위한 영원한 전쟁에 빠져 있다. 그들 중 어느 누구도 타자의 대상화하는 시선을 피할 수 없다. 사르트르는 이렇게 선포한다.

> 그래, 이제 때가 됐군. 청동상이 여기 있고, 내가 그걸 바라보고 있고 난 내가 지옥에 와 있다는 것을 알겠어. 당신들에게 말하지만 모든 것이 예견되어 있었어. 그들은 내가 이 벽난로 앞에서 손으로 이 청동상을 쥐고서 모든 시선을 받고 서 있을 걸 예견했던 거야. 나를 잡아먹는 이 모든 시선들을. … 이런 당신 둘밖에 안 돼? 난 당신들이 훨씬 많은 줄 알았지 뭐야. … 그러니까 이런 게 지옥이군, 정말 이럴 줄은 몰랐는데. … 당신들도 생각나지, 유황불, 장작불, 석쇠. … 아! 정말 웃기는군. 석쇠도 필요 없어, 지옥은 바로 타인들이야.[6]

그렇다면 타인이 지옥인 이런 상황에서 주체적인 인간은 어떻게 응답하는가? 먼저 자신의 자유를 회피하여 자기기만, 즉 불성실에 빠지는 길이다. 인간이 불성실하게 살아가고 불성실하게 행동하는 것은 인간적 책임을 포기하고 인간성을 구성하는 자유를 포기하는 것을 말한다. 즉, 인간 스스로 의미와 가치를 추구하는 일로부터 도피하는 것을 말한다. 인간은 자신의 본질적 속성인 자유를 회피하고자 하는 유혹을 늘 받는다. 이런 유혹에 빠진 상태를 사르트르는 '자기기만'이라고 부른다. 다른 말로 하면, 자기기만은 자유에 동반되는 책임을 회피하는 것을 말한다. 인간은 자유롭도록 운명지어진 하나의 비극인데, 이 자유를 부정하는 것은 자기기만이다. 사르트르에 의하면, 불성실하게 살아가는 사람들은 정형화된 삶을 추구하고 고정된 역할만을 수행하는 사람을 말한다. 삶의 의미나 가치를 추구하는 책임을 회피하고 기존의 역할만을 반복하는 사람들, 현재의 안락만을 추구하는 사람을 말한다. 그런 사람은 자유를 경험하는 주체가 아니라 미리 정해진 기능을 수행하는 대상이나 사물처럼 취급될 뿐이다.

둘째로, 자신의 자유를 인정하고 그에 따르는 행동에 책임을 지는 태도가 있다. 사르트르는 이런 태도를 진정성이라고 부른다. 그리고 이런 인간 생활이야말로 불합리하게 실존하는 인간의 본모습을 인정하는 정직한 생활이라고 본다. 인간은 자신의 행동의 주인일 뿐 아니라 그 행동이 가져올 결과의 주인이기도 하다. 나는 내가 한 행동의 결과가 어떤 것이든 간에 그 결과에 책임을 지게 된다는 것이다. 이런 점에서 사르트르의 철학은 염세주의와 거리가 멀다. 오히려 인간은 적극적으로 자유를 누리는 존재이다. 가장 인간다운 인생은 자유로운 인생이다. 그래서 사르트르는 "인간의 운명은 그 자신 안에 있다"라고 말한다.

---

6 장 폴 사르트르/지영래 역, 『닫힌 방·악마와 선한 신』(서울: 민음사, 2013), 82.

4. 변증법적 이성비판 – '세계 – 내 – 존재'에서 '사회적·역사적 – 세계 – 내 – 존재'로

사르트르는 『존재와 무』에서 인간의 실존분석을 통해 존재론적 자유를 잘 설명해 주었다. 이제 후기에 들어와 사르트르는 『변증법적 이성비판』이라는 저서를 저술했다. 이 책을 통해 사르트르는 개인적 실존주의의 차원을 넘어서 사회·역사적 차원에 대한 철학적 성찰로 나아갈 수 있게 된다. 『존재와 무』에서 제시된 인간은 고립된 인간이자 타인과의 갈등 관계에 있는 인간, 반사회적인 인간이었다. 하지만 인간의 개인적 실존이 중요하다 하더라도 인간은 타인과 밀접한 관계를 이루며 사회나 공동체에서 살아가기 때문에 사회의 문제, 집단의 문제를 외면할 수 없다. 엄밀히 볼 때 인간은 태어나는 순간부터 구체적인 사회체제 안에 던져지며 죽는 순간까지 이 체제 안에서 살아간다. 따라서 인간과 사회의 문제가 규명되지 않고서는 인간의 문제가 온전히 설명될 수 없다는 것이다. 사르트르는 전쟁을 겪으면서 이런 점을 인식했으며, 그 결과 전기 사상의 핵심인 『존재와 무』를 보완해서 『변증법적 이성비판』이라는 책을 출판하기에 이르렀다.

사르트르는 『존재와 무』에서 제시된 자신의 철학이 비역사적인 인간관에 있다는 점을 깨닫고, 마르크스주의를 통해 이 점을 보완해 나가기로 결심했다. 왜냐하면 마르크스주의야말로 역사에 대한 가치 있는 해석을 제공한다고 보았기 때문이다. 그래서 사르트르의 후기 철학을 '실존주의적 마르크스주의'라고 부른다. 마르크스주의를 통해 그는 구체적인 역사야말로 인간의 자유가 회복되는 장이자 혁명적인 실천이 이루어지는 장으로 보게 되었다. 물론 사르트르가 마르크스주의를 중시했지만, 그것은 변증법적 유물론이 아니라 역사적 유물론에 해당되는 경우였다. 변증법적 유물론은 물질 개념을 통해 모든 것을 설명하려는 일종의 형이상학적 유물론이다. 따라서 변증법적 유물론은 인간의 역사와 관련해서 의미가 있을 뿐이다. 그런데도 그것을 자연 전체로 확대 적용시킴으로써 인간 역사를 하나의 자연현상으로 환원시키는 오류를 범하게 되었다는 것이다. 이런 점에서 변증법적 유물론은 인간의 진보에 관한 기계론적인 의사과학(擬似科學)으로 변질되었다고 사르트르는 비판한다. 반면에 역사적 유물론은 초월적이거나 영적인 차원을 인정하지 않으면서 세계의 역사 발전에 관여하는 인간의 구체적인 역할을 제시한다고 본다. 인간은 자연 대상이 아니라 역사적 존재이므로 자연히 자연 대상과는 다른 차원에서 이해되어야 한다는 것이다. 사르트르는 마르크스의 유명한 명제를 출발점으로 삼는다. "인간들은 자신들의 역사를 만든다. 그러나 마음대로, 곧 자신들이 스스로 선택한 상황 아래서 만드는 것이 아니라, 그들에게 이미 주어지고 전승된 상황에서 만든다."("루이 보나파르트의 브뤼메르 18일") 인간은 교조적인 변증법적 유물론에서 말하는 것처럼 경제적 상황에 의해 전적으로 결정되는 수동적 산물이 아니라 오히려 역사를 창조하는 실천적 주체라는 것이다.

앞에서 설명했듯이, 초기에 사르트르는 인간은 고립된 존재이며 반사회적인 존재라고 보았다. 하지만 후기에 들어와서는 인간의 사회성을 강조한다. 인간은 구체적인 사회체제 안에서 살아가며 자신의 자유로운 결정에 의해 사회에 참여하고 사회를 만들어 나간다는 것이다. 인간은 타인과 갈등의 관계에 있기도 하지만, 다른 한편으로 타인과 관계를 맺지 않고서는 살아갈 수 없다. 이런 상반된 측면들은 언뜻 모순되게 보인다. 즉, 사르트르의 고독한 인간관과 사회적 인간관은 모순된 것인가 하는 문제이다. 이런 문제를 해결하기 위해 사르트르는 '희소성' 개념을 사용한다. 즉, 인간이 사는 데 필요로 하는 여러 가지 물질들이 충분하게 존재한다면 사회를 형성하여 살 필요가 없다는 것이다. 반대로, 현재 인간이 살아가는 여건은 개개인이 원하는 것을 만족시킬 만큼 충분하지 않다는 것이다. 이런 희소성 때문에 사회생활이 필요하게 된다. 즉, 모든 사람이 다 같이 필요로 하는 물질의 희소성으로 인해 사회생활이 형성된다. 또한 이런 희소성으로 개인들은 서로 치열한 경쟁을 하게 되고 서로에게 위협으로 나타난다. 남들도 내가 필요로 하는 것을 원하기 때문이다. 이러한 타인 간의 갈등을 합리적으로 해결할 필요성에 의해 사회가 탄생했다.

사르트르에 의하면 인간은 자신의 욕구를 충족하기 위해 행동하는 데 기존의 사회상황에 알맞게 행동해야 하며 동시에 똑같이 자신들의 욕구를 위해 분투하는 타인들과 접촉하며 관계를 맺어야 한다. 또 타인들과의 관계를 해결하기 위해 사회와 사회질서가 필요하게 된다. 이 과정에서 인간은 세계에 관여할 수밖에 없다. 인간은 세계에 무관심한 존재가 아니라 적극적인 실천 속에서 자신을 초월하며 사회질서를 바꾸어 나가고 미래를 향해 나아가야 한다는 것이다. 이렇게 인간은 역사적이요 사회적인 동물인 것이다. 이제 사르트르가 말하는 인간은 '세계-내-존재'에서 '사회적·역사적-세계-내-존재'로 바뀌게 되었다.

5. 악마와 선한 신 — 신은 더 이상 존재하지 않는다!

사르트르 실존철학의 초점은 인간에 있다. 의식을 가진 인간만이 대자로서 존재하며, 철저히 자유를 누리는 존재가 바로 인간이다. 당연히 신은 거부된다. 사르트르는 『악마와 선한 신』이라는 희곡에서 자신이 신을 거부하는 이유를 자세히 밝히고 있다. 이 작품에서 사르트르는 인간의 자유가 절대적이기 때문에 그 어떤 도덕적 규범이나 가치가 존재하지 않는다고 선언한다. 왜냐하면 그동안 하늘에서 그런 규범이나 도덕을 써 놓았던 신이 더 이상 존재하지 않기 때문이다. 이제 인간은 삶의 주체로서 삶에 의미를 부여하는 가치와 도덕을 스스로 만들어 낼 수 있다. 인간의 자유만이 가치의 유일한 토대이다.

그 어떤 것도 도덕이나 가치를 택하는 데 인간을 대체할 것은 아무것도 없다. 더 나아가 그리스도교 도덕 역시 인간이 보증으로서 붙잡을 수 있는 확고한 토대를 제공하지 않는다.

사르트르는 도덕적 선(善)이 신의 의지라고 믿는 그리스도인들의 믿음을 비판한다. 인간은 아무리 노력해도 악을 행할 뿐이란 것이다. 따라서 도덕적 선을 신의 의지로 실천하고자 하는 노력은 무의미하다. 왜냐하면 도덕적 선 같은 것은 없기 때문이다. 또한 신의 의지 같은 것도 존재하지 않는다. 인간 저 위의 하늘은 텅 비어 있으며 인간만이 혼자 존재할 뿐이다. 신은 존재하지 않는다. 신은 악이나 선과 아무 관계도 없다.

사르트르는 『악마와 선한 신』이라는 드라마의 주인공 괴츠를 통해 이런 관점을 잘 제시했다. 이 작품은 16세기 독일 농민전쟁을 배경으로 한다. 즉, 사르트르는 16세기 농민전쟁을 전후한 여러 역사적 사건을 소재로 삼아 허구적으로 이 작품을 재구성했다. 이 작품에서 사르트르는 신과 내기를 벌여서 악당에서 사제로 변신했다가 마지막에는 다시 인간과 함께 행동하는 주인공을 그리고 있다. 이 작품에서 사르트르는 먼저, 인간에게 '절대선'이라는 것은 불가능하며, 둘째, 인간의 행동을 위해 '절대선'을 보장받기 위해 신에게 호소하는 것도 불가능하고, 따라서 신은 존재하지 않는다고 주장한다. 주인공 괴츠는 보름스 시를 포위하고 있다. 그는 과연 신이 억압받는 당신의 백성을 구하러 오시는지 알아보기 위해 2만여 명의 주민을 살해하려고 한다. 하지만 괴츠는 하인리히 신부의 간곡한 부탁을 받고 마음을 바꾸어 포위를 풀기로 결정한다. 하인리히 신부는 인간은 오직 악만 행하며 모든 선은 하나님에 의해 이루어졌다고 괴츠에게 말한다. 그러자 괴츠는 자기가 선을 행하는 첫 번째 인간이 되겠다고 선언하고 숲 속으로 들어가 몸에 상처를 내며 고행을 한다. 그때 하인리히 신부가 다가와서 농민들이 귀족들에게 패배했고 2만 5,000여 명이 살해되었다고 말한다. 그러면서 금욕적인 고행으로 자기 영혼을 상하게 하는 것은 그런 행위 자체에 만족하는 것처럼 악한 짓이라고 말한다. 또한 인간은 무엇을 하든 단지 악을 행할 뿐이고 신은 인간이 하는 일에 전혀 관심이 없다고 주장한다. 괴츠는 자신이 환상 속에 살아왔음을 문득 깨닫는다. 하늘을 향해 표징을 구하지만 전혀 응답이 없자, 괴츠는 신은 없다고 선언한다. 신은 인간이 직면하고 있는 침묵, 곧 인간의 고독에 지나지 않는다는 것이다. 악을 선택하고 선을 이루는 자는 우리 자신뿐이다. 그러므로 인간만이 인간 자신을 용서할 수 있다는 것이다. 사르트르는 괴츠를 통해 이렇게 선언한다.

> 나는 매 순간 신의 눈에 내가 어떤 존재일 수 있을까 자문했지. 이제는 내가 그 답을 알아, 아무것도 아닌 거야. 신에게는 내가 안 보여, 신은 내 말을 듣지도 않고, 나를 알지도 못해. 우리 머리 위에 저 허공이 보여? 저게 신이야. 문짝에 나 있는 저 틈새가 보이나? 저것이 신이야. 땅에 있는 이 구멍이 보여? 저것도 신이야. 침묵, 이게 신이야. 부재, 이게 신이지. 신이란 인간들의 고독이야. 나밖에 없었던 거지, 나 혼자 악을 결정했고, 내가 혼자서 선도 만들어 냈어. 속인 것도 나였고, 기적을 행한 것도 나였고, 오늘 나를 심판하는 것도 나야. 나 혼자만이 내 죄를 사할 수 있지, 나, 인간인 내가 말이야. 만일 신이 존재한다면 인간은 무(無)이고, 만일 인간이 존재한다면…. 하인리히, 내가 아주 엄청난 장난거리 하나 알려 줄게. 사실 신은 존재하지 않아. … 그는 존재하지 않아. 환희, 환희의 눈물! 할렐루야. 미친놈! 때리지 마, 내가 우리를 해방한 거라고. 더 이상 하늘도 없고, 더 이상 지옥도 없어, 이 땅뿐이야.[7]

---

7   장 폴 사르트르/지영래 역, 앞의 책, 309-310.

IV. 나가는 말

사르트르는 평생 인간의 문제에 관심을 기울였던 위대한 철학자였다. 그는 하이데거의 실존철학을 후설의 현상학과 결합하여 발전시킨 인물로 평가된다. 무엇보다 그는 지식인으로 끊임없이 현실의 문제를 고민하고 현실에 참여한 실천적인 지식인이었다. 그는 단지 철학뿐 아니라 문학을 비롯한 여러 분야에 지속적으로 많은 영향을 끼쳤다. 그는 인간을 의식적인 존재로, 사회·역사적인 존재로 파악했으며, 인간 실존의 본질을 자유로 파악했다. 그의 인간존재 분석은 철저히 인간 그 자체로 귀결되며, 당연히 인간을 결정짓거나 조종하는 그 어떠한 외부적인 존재도 철저히 배격했다. 신도 예외가 아니었다. 사르트르에게 신이란 인간의 자유를 파괴하는 존재일 뿐이다. 따라서 인간의 본질이 자유인 이상, 인간이 의식적인 대자로서 삶의 본질을 결정하는 신이라는 외부적 존재는 여기에 끼어들 틈이 전혀 없다.

사르트르의 논리를 따라, 신이 혹시라도 존재한다면 그는 뛰어난 타자일 것이다. 편재하는 그의 시선은 인간의 자유를 완전히 파괴할 것이고 인간은 소외되고 마비된 존재로 살아갈 수밖에 없을 것이다. 따라서 사르트르의 결론은 명확하다. 인간이 자유롭고 능동적인 주체가 되기 위해서 신을 거부해야 한다는 것이다. 인간의 자유를 위해 신과 같은 외부 존재를 거부한다는 점에서 그의 무신론은 철저히 휴머니즘적이다. 그리고 이런 점은 인간의 자유를 억압하고 맹목적인 순종만을 강조하는 잘못된 종교를 비판하는 데 직접적으로 도움이 된다.

하지만 사르트르가 거부했던 신은 어떤 신이었는지를 우리는 물어야 될 것이다. 사르트르는 자서전 『말』(Les Mots)에서 어린 시절 자신이 어떻게 무신론자가 되었는지에 대해 이렇게 밝힌 바 있다.

한때 나는 신이 존재한다고 느꼈다. 나는 성냥을 가지고 놀다가 그만 불을 내고 말았다. 갑작스럽게 신이 나의 모습을 봤을 때 나는 죄를 숨기느라 바빴다. 나는 머릿속과 손 위로 쏟아지는 신의 시선을 느꼈다. 살아 움직이는 표적물이 된 나는 공포에 질려 욕실 여기저기를 뛰어다녔다. 나는 분노에 의해 구원을 받았다. 나는 그런 재치 없는 유치한 행위에 화가 났다. 그리고 신에게 욕을 했다. … 신은 다시는 나를 쳐다보지 않았다.[8]

사르트르는 인간이 주체로서 자유를 누리고 자신을 실현하는 것을 방해하는 자, 철저히 인간을 마비시키는 눈초리를 가지고 있는 존재로 신을 이해했다. 이런 신이라면 사르트르가 말하지 않아도 당연히 거부되어야 할 것이다. 사르트르는 또 다른 곳에서 어린 시절 늙은 할아버지가 성부 하나님의 모습을 닮았다고 술회했다. 할아버지가 다른 손자들에게 애정을 베풀지도 않았고, 손자들 역시 할아버지를 필요로 하지 않았지만 그 자신만큼은 모든 일에 있어서 할아버지를 의지했다는 것이다. 당연히 성인이 되어서는 이런 할아버지가 필요치 않았다. 이렇게 신이라는 존재는 신을 의지함으로 나르시스적인 만족감을 맛본 사람들을 노예화시킨다는 것이다. 사르트르는 평생 이런 부정적인 신 개념을 가졌던 것으로 보인다. 하지만 사르트르가 어린 시절 경험을 통해 제시한 신은 과연 올바른 신의 모습인가? 오히려 그런 신은 신이 아니라 인간의 자유를 억압하고 인간을 파괴하는 우상이요 거짓 신이 아닌가? 고압적인 자세로 인간을 응시하고 있는 사르트르의 신은 우리가 믿고 추구하는 신과는 거리가 멀다. 그런 신은 일찍이 고대 근동에서 지배자의 통치 이데올로기로 이용된 우

---

8 Jean-Paul Sartre, *Les Mots*, tr. by Irene Clephane(영문판 *Words*)(London: Penguin Books, 1967), 65.

상에 지나지 않는다. 이렇게 그의 신 개념에 의문을 던지지 않을 수 없다. 만일 사르트르가 해방자 야웨나 예수의 하나님 운동에 대해 알았다면 그의 신이나 종교에 대한 평가는 달라졌을 것이다.

우리가 신을 믿는 이유는 참된 자유를 얻기 위함이지 자유를 박탈당하기 위해서가 아니다. 우리가 신을 믿는 이유는 노예가 되기 위해서가 아니라 참된 인간, 온전한 인간이 되기 위해서이다. 참된 신은 인간의 자유를 원하시며 그의 사랑의 삶에 동참하도록 인간을 초대한다. 나라는 존재를 사물로 전락시켜 버리고, 초월과 자유를 억압하는 신은 참된 신이 아니다. 적어도 성서에서 보여주는 신의 모습은 인간을 사랑의 시선으로 바라보고, 인간의 슬픔을 느끼고 인간의 편이 되어주는 분이요, 인간의 자유와 해방을 위해 싸우시는 분이다. 사르트르는 이런 긍정적인 신의 모습을 경험하지 못한 것 같다.

또한 타인이 곧 지옥이라는 사르트르의 분석에도 문제가 있다. 사르트르의 이런 사상으로는 진정한 공동체를 이루기가 어렵다는 것이다. 사르트르 말을 따른다면 공동체 운동을 벌이고 있는 사람들은 다 잘못되었다고 평가해야 할 것이다. 아니 인간들 사이에 공동체라는 것 자체가 불가능해진다. 하지만 역사적으로 많은 사람이 서로 다른 사람들의 차이점을 극복하고 따뜻한 인간애와 사랑이 넘치는 공동체를 건설하기 위해 노력했고 지금도 그렇게 하고 있지 않은가? 꼭 타인의 시선을 사르트르가 말한 식으로 해석해야 되는 것인가? 가령 타인을 사랑의 눈으로 따뜻하게 바라볼 수는 없는가 하는 점이다. 타자를 사랑의 눈으로 바라볼 때 그것은 타자가 능동적인 주체가 되기를 바라는 것을 의미한다. 사랑은 타인을 자유로운 자기실현의 존재로 의지하게 만든다. 사랑을 받는다는 것은 자유 속에서 자기성취를 방해하는 것이 아니라 오히려 그것을 돕는 것이다. 다른 사람의 사랑스런 시선 속에서 우리는 내 자신의 존재와 위엄을 발견한다. 즉, 다른 사람을 사랑한다는 것은 한 인격으로서 그의 독특성을 인정하고 받아들이는 것이다. 연인들이 서로를 사랑한다고 고백하는 순간 그들은 다른 방식으로 존재하기 시작하지 않는가? 그것은 사랑받는 자의 자유를 파괴하는 것이 아니라 오히려 타인의 자유를 더 존중하고 배려하는 것이다. 사르트르는 이런 사랑의 관계를 알지 못한다. 그에게 자유로운 주체들끼리의 관계는 오직 증오와 갈등의 관계일 뿐이다.

마찬가지로, 하나님 역시 인간을 사랑스런 시선으로 바라보고 계신다. 하나님의 사랑스런 시선은 진정한 자유로의 초대를 의미한다. 그것은 실제적인 역사의 주체로서 우리의 삶을 보장해 주는 '절대자 너'와 함께 우리의 계획을 실현해 나가라는 요구인 것이다. 유대교 신학자 마르틴 부버(Martin Buber)는 세 가지 관계를 말했다. 사르트르가 말한 타인과의 관계는 '나와 그것'(I and It)의 관계에나 해당될 것이다. 하지만 참된 인간관계는 '나와 너'(I and Thou)로 만나는 인격적인 관계를 의미한다. 타인을 인격적인 '너'로 만날 수 있다면, '영원한 너'(eternal Thou)요 '절대자 너'(absolute Thou)인 신 역시 만날 수 있을 것이다. 왜냐하면 인간은 신의 형상으로 지어졌기 때문이다. 인간뿐 아니라 신 역시 타자로 응시하는 관계가 아니라 자녀와 부모와 같이 사랑으로 친교하는 삶을 살기를 바라신다. 그리고 그런 삶은 참된 자유와 공동체의 삶으로 인도하신다. 그러므로 인간들 사이의 관계는 지옥이라기보다는 사랑과 우애라고 말해야 할 것이다.

제8장

::

인간의 자기투사로서의 신

— 포이어바흐의 인간학적 무신론

> 신적인 존재는 인간적인 존재에 불과한 것이다. 아니면 차라리 개인의 한계에서 벗어나서, 대상이 되어 버린, 정화된 인간적 본질, 즉 또 하나의 별난 존재로 생각되고 숭배된 존재에 불과한 것이다.
> — 포이어바흐
>
> 인간은 종교의 시작이며, 종교의 중간점이고, 종교의 종점이다.
> — 포이어바흐

I. 들어가는 말

2016년 10월 우리나라 전체가 최순실 국정 농단이라는 엄청난 사건을 경험했다. 자칫 역사 속으로 영원히 묻힐 뻔했던 사건들이 계속 폭로되었다. "박근혜-최순실 게이트"로 명명된 이 엄청난 역사적 사건들로 인해 온 국민은 실의에 빠졌다. 그러면서도 국민들은 분노의 함성을 곳곳에서 표출하여 마침내 '촛불시민혁명'을 일으켰고 낡고 부패한 권력을 무너뜨리고 새로운 지도자를 대통령으로 선출하게 되었다. 그런데 온 국민들이 분노했던 갖가지 권력형 비리 배후에 종교가 개입되어 있음에 다시금 놀라게 된다. 그것은 일국의 대통령을 뒤에서 조종한 최순실이라는 인물 배후에 있었던 그 아버지 최태민의 종교적 행위 때문이다. 최태민은 이미 1970년대부터 무당들도 두려워하는 큰무당으로 알려졌던 사람이다. 그는 그리스도교, 불교, 천도교

등 세 종교에 정통한 자로서 예지몽(豫知夢)을 꾸고 죽은 자의 혼을 불러내는 능력을 지녔다고 한다. 1970년대 들어 최태민은 서울과 대전 일대에서 난치병을 치료한다는 등 사이비 종교 행각을 벌였다. 또한 불교, 그리스도교, 천도교를 종합했다는 교리를 내세웠고, 방민이란 가명을 쓰면서 '원자경', '칙사' 또는 '태자마마'라는 호칭을 자처했다. 최태민은 신학교육을 받지 않았는데도 돈을 주고 목사안수까지 받은 자였다. 최태민은 죽은 육영수 여사의 혼을 불러내어 그 딸 박근혜에게 보여주고 대신 메시지까지 전해주었으며, 이후 최태민과 박근혜는 영적으로 묶인 부부가 되었다고 한다. 이렇게 영적으로 묶인 부부의 인연은 그 딸 최순실에게로 이어져 지금까지 내려왔고, 한 인간을 허수아비로 세우고 뒤에서 조정하는 기이한 형태로 나타나게 되었다.[1]

 사이비 종교를 다룬 드라마나 영화에서나 나올 법한 이야기이다. 이런 일이 개인에게 일어나도 비극인데, 국가를 책임지는 한 나라의 대통령에게 일어났다는 점에서 더 큰 비극이다. 그에게 맡겨진 국가라는 시스템이 마비되고, 온 국민이 피해를 보게 되었기 때문이다. 외신은 이 사건이 터지자마자 '무당(shaman)에 의해 조종받은 허수아비 박근혜'라고 대대적으로 보도했다. 최태민과 20여 년을 교류한 한 목사는 신문 인터뷰에서, "최태민·최순실은 주술가이자 무당이다. 부녀가 대를 이어 박근혜 대통령을 망쳤다. 선무당이 사람을 잡는다는 말은 최씨 부녀에게 딱 맞는 얘기다"라고 주장했다.[2] 물론 당사자들

---

1 "이름 7개, 부인 6명, 승려 목사 '최태민 미스터리'", 「한겨레신문」, 2016. 10. 30., http://www.hanI.co.kr/arti/politics/politics_general/542931.html; "최태민은 주술가이자 무당… 박근혜와 영적 부부라 말해", 「국민일보」, 2016. 10. 30., http://news.kmib.co.kr/article/view.asp?arcid=0923635269
2 "최태민과 20년 교류한 전기영 목사 '최태민-최순실 부녀 무당이 박 대통령 망쳤다'", 「중앙일보」 2016. 10. 31., https://news.joins.com/article/20804316

은 자신들이 버린 일들은 무속적인 행위와 전혀 관계가 없다고 반박했지만, 1970년대 자료들이 속속 공개되면서 실로 기이한 형태의 종교가 박근혜-최순실 게이트의 배경에 자리 잡고 있음이 확인되었다. 또 최순실은 서울의 대형 교회 예배에 종종 참석하여 헌금까지 했다고 한다. 그 자신이 그리스도인이라는 사실도 드러난 것이다.

이 엄청난 역사적인 사건에 종교가 개입되었다. 그것은 물론 부정적인 의미의 종교일 것이다. 최태민의 예지몽이나 최순실의 예지력은 무엇을 의미하는가? 그들에 의해 정신을 빼앗긴 채 공과 사를 구분하지 못할 정도로 사고력과 판단력을 잃은 대통령은 무엇을 말하는가? 다시 한 번 종교의 본질과 의미를 물어야 할 때이다. 이 엄청난 사건으로 인해 사건의 본질과는 무관한 무속인들 전체가 비난을 받고 있다. 또한 최태민의 목사라는 호칭과 최순실의 예배 참석 보도로 인해 한국 교회의 위상도 더 추락하고 있다. 물론 종교를 이용한 최태민과 최순실이라는 개인에게 이 모든 일의 책임이 있을 것이다. 하지만 이것을 계기로 종교의 본질에 대해 다시 질문을 던지는 것은 큰 의미가 있다. 무엇보다도 이렇게 드러난 종교의 폐해를 통해서 다시금 21세기 현대 한국 종교들의 현실을 살펴보고 종교의 본래 목적을 조금이라도 회복할 수 있기 때문이다. 이제 이 장에서는 종교를 인간 욕망의 투사로 본 철학자 포이어바흐를 중심으로 종교의 본질, 특히 그리스도교의 본질에 대해서 살펴보고자 한다.

II. 포이어바흐의 생애[3]

무신론의 아버지 루트비히 안드레아스 포이어바흐(Ludwig Andreas von Feuerbach, 1804-1872)는 1804년 7월 28일 독일 남쪽 바이에른 주에 있는 작은 도시 란츠후트에서 법학자인 파울 요한 포이어바흐의 넷째 아들로 태어났다. 포이어바흐는 할아버지 때부터 전통적인 학자 가문에서 성장했다. 가문의 어원을 따지면 포이어(불)와 바흐(샘)이다. 이런 가문의 특징이 포이어바흐에게 많은 영향을 주었다. 포이어바흐의 아버지는 절대군주의 통치 아래 있었던 바이에른의 법률을 개선하는 데 많은 노력을 기울였다. 포이어바흐는 2년 동안 고등학교에 다닌 후 좋은 성적으로 학교를 졸업하였다. 기록에 의하면 그는 활달한 성격의 소유자였고, 질서와 도덕을 존중하고 근면한 학생이었다. 그는 고등학교 시절 부모의 별거로 인해 정신적인 고통을 받았지만 계속 부모를 존중하였다.

포이어바흐는 개신교의 전통 속에서 자랐고 목사가 되기 위해 1823년 하이델베르크 대학 신학과에 입학했다. 그러나 신학교수들의 강의가 맹목적인 신앙의 강조나 합리적인 짜깁기에 불과한 궤변으로 가득 차 있었기 때문에 그는 실망한다. 다우프(Karl Daub) 교수의 강의는 그래도 포이어바흐의 마음에 들었다고 한다. 당시 신학과에는 파울루스가 중심이 된 보수적이고 교회사적인 합리주의 신학자들과, 다우프가 중심이 된 헤겔적이고 사변적인 신학자들이 서로 대립하고 있었다. 포이어바흐는 파울루스의 합리주의적인 강의에 실망을 하고, 관념론적 헤겔 철학으로 그리스도교 교리를 발전시킨 다우프 교수의 강의에 매력을 느끼게 된다. 다우프 교수는 헤겔의 영향을 받고 그리스도교 교리를 철학적으로 해명하고자 노력했다. 그는 헤겔의

---

3   루트비히 포이어바흐/강대석 역, 『기독교의 본질』(서울: 한길사, 2008), 13-21; 김덕영, "인간이 자신의 형상대로 신을 창조했다 신학을 뒤엎은 철학자", 「한겨레신문」 2013. 4. 3., http://www.hanI.co.kr/arti/culture/culture_general/581147.html#csidxed6f186581b7697ab726d4442ca3079와 Dale DeBakcsy, "Brief Lives Ludwig Feuerbach"(1804–1872), *Philosophy Now*, https://philosophynow.org /issues/103/Ludwig_Feuerbach_1804–1872 등을 참조.

'신에 대한 인간의 지식은 신의 자의식'이라는 명제를 자신의 신학강의에 적용하려 했다. 포이어바흐는 점차 헤겔의 사상에 심취되어 헤겔의 강의를 직접 듣기 위해 당시 헤겔이 주도하던 베를린 대학으로 옮겨가게 된다.

베를린 대학에서 포이어바흐는 2년간 헤겔의 강의를 들으면서 점차 신학을 벗어나 철학으로 넘어간다. 헤겔은 신학이라는 협소한 테두리를 벗어나게 해준 운명적인 존재였다. 포이어바흐는 1826년부터 1년간 독학을 한 뒤 1827년부터는 에를랑겐 대학에서 공부를 하여 마침내 1828년 "이성의 무한성, 통일성, 보편성"이라는 논문으로 박사 학위를 받았다. 이후 이 논문을 보강하여 "유일하고 보편적이고 무한한 이성"이라는 교수 자격 논문을 완성했다. 이 두 논문 모두 헤겔의 영향 아래 완성된 것이지만 포이어바흐는 이미 이 논문들에서 헤겔을 비판하기 시작했다. 포이어바흐는 헤겔의 절대정신이 보편자로서 감성이나 현상의 상위에 있는 주재자가 아니라 개별자 속에서 작용한다는 사실을 지적했다. 포이어바흐는 점차 헤겔의 영향력에서 멀어졌다. 1829년 여름 학기부터 포이어바흐는 에를랑겐 대학에서 논리학과 형이상학을 강의하기 시작했다. 이때 그는 '청년 헤겔파'에 가입하면서 그리스도교에는 흥미를 잃어 갔다. 당시 '청년 헤겔파' 또는 '헤겔 좌파'는 헤겔의 사변적인 철학체계에 회의를 나타내면서 기존 종교 및 국가와 타협하려는 헤겔 철학을 신랄하게 비판했다. 이들은 진보적이며 반종교적이고 무신론적이었으며, 당시 독일의 정치적, 사회적 상황을 비판하고 개선하고자 했다.

포이어바흐는 헤겔 철학을 궁극적이고 절대적인 것으로 간주하는 견해를 배척하면서 동시에 그리스도교를 절대화하는 것도 거부했다. 그는 점차 헤겔의 관념론을 거부하면서 실제적이고 유물론적인 지식을 강조하게 된다. 즉, 헤겔 철학은 인간의 감각적 지각에 호소하면서도 사실상 감각적 지각 자체로부터 출발하지 않고 감각적 지각에 관한 관념에서부터 출발한다는 것이다. 그는 철학은 진리와 총체성에서 본 실재에 관한 학문인데, 실재의 체현은 가장 보편적인 의미에서 자연이라고 주장한다. 이 시기에 그는 그리스도교와 더 멀어져 갔다. 친구에게 쓴 한 편지에서 그는 "신학에서는 내가 더 이상 공부할 것이 없다. 나는 자연을 내 마음속에 담기를 갈망하고, 그 자연은 신실한 신학자가 그 깊이를 움츠러들기 전의 것이다. 그리고 자연인으로써 인간은 완전한 본질을 갖는다"라고 밝혔다.

또한 이 시기에 포이어바흐는 프랑스 무신론의 선구자 피에르 벨(Pierre Bayle)을 통해 무신론을 접하게 된다. 포이어바흐는 피에르 벨이 신과 세계의 갈등, 천당과 지상의 갈등, 은총과 자연의 갈등, 영과 육의 갈등, 이성과 신앙의 갈등을 분석하는 방식에 깊이 영향을 받는다. 그는 1828년 에를랑겐 대학에서 학위를 취득한 후 그곳에서 철학 강사가 되었으나, 자신만의 학문 활동을 위해 곧 사임하였다. 이런 사임에는 그가 초기에 저술한 『죽음과 불멸성에 관한 고찰』(1830)이 큰 이유가 되었는데, 이 책을 통해 그리스도교를 비판하였기 때문이다. 포이어바흐는 청년 헤겔파의 대표였던 슈트라우스(Strauß)의 영향을 받았다. 슈트라우스는 『예수전』에서 그리스도교 복음이 역사적인 사실성을 갖지 못한 신화 내지 창작물에 불과하다고 주장했다. 포이어바흐는 이런 배경에서 종교 문제에 관심을 갖고 이에 대한 연구 결과를 발간했는데 이 책이 바로 『죽음과 불멸성에 관한 고찰』이다. 이 책은 포이어바흐의 운명을 결정지을 만큼 중요했다. 이 책에서 포이어바흐는 다음과 같은 세 가지 명제를 제시하며 그리스도교를 비판했다. 첫째, 그리스도교적인 영혼불멸 신앙은 이론적인 측면뿐만 아니라 실천적인 측면의 이기주의가 낳은 산물이다. 둘째, 세계에 대한 인간의 가장 올바른 태도는 범신론이다. 셋째, 개인의 영혼은 사멸하고 인간종족의 영혼만이 불멸한다.

이 책은 그리스도교뿐 아니라 모든 종교의 근거인 인간 영혼의 불멸성을 부정하고 있기 때문에 그리스도인들의 분노를 사게 되었고, 곧 바이에른 정부에 의해 압수되고 말았다. 이 여파로 에를랑겐 대학은 정부의 지시에 따라 포이어바흐의 강의를 금지시켰다. 포이어바흐는 1835-1836년 겨울학기 에를랑겐 대학에서 다시 강의를 했지만, 1836년에는 영원히 대학을 떠나서 평생 재야학자로 활동했다.

포이어바흐는 변호사인 친구의 소개로 브루베르크에서 도자기 공장 운영주의 딸 뢰브(Bertha Löw)를 알게 되었고, 진지한 사귐 끝에 1837년 결혼했다. 돈을 버는 데 시간을 낭비하지 않고 연구에 전념할 수 있게 된 포이어바흐는 브루베르크의 공장 옆에 주택을 마련하고 연구와 저술에 몰두할 수 있었다. 그러다가 부인이 공동 소유주로 있던 도자기 공장이 파산하자 가족과 함께 1860년 뉘른베르크 근처의 촌락 레헨베르크에 있는 한 농가로 다시 이사를 해 세상을 떠날 때까지 그곳에서 살았다. 이 시기에는 실러 재단, 뉘른베르크의 친구들과 후원자들, 사회민주노동당 등으로부터 재정적 지원을 받았다.

포이어바흐는 에를랑겐 대학 교수를 그만둔 후 재야(在野) 철학자로서 저술활동을 계속하다가 1872년에 사망했다. 그는 사후 뉘른베르크의 '성 요한 공동묘지'에 묻혔다. 주요 저서로는 『베이컨에서 스피노자에 이르는 근세철학』(1833), 『라이프니츠 철학의 서술, 발전, 비판』(1837), 『피에르 벨: 철학과 인류의 역사에 대한 기여』(1838), 『철학과 기독교에 대하여』(1839), 『기독교의 본질』(1841), 『장래 철학의 근본문제』(1843), 『종교의 본질』(1851) 등이 있다. 포이어바흐는 그리스도교는 물론 관념적인 헤겔 철학에 대한 비판을 통하여 유물론적인 인간주의 철학을 제시했다는 점에서 큰 공헌을 하였다. 그의 철학은 마르크스와 엥겔스에 의해 계승되었으며 후대 무신론 사상에 큰 영향을 끼쳤다. 특히 그의 종교 투사론은 마르크스와 프로이트의 무신론적 종교 이해에 직접적인 영향을 끼쳤다.

III. 그리스도교에 대한 비판

포이어바흐는 『기독교의 본질』과 『종교의 본질』이라는 책에서 그리스도교에 대해 비판하며 종교의 본질에 대해 설명했다. 특히 그는 『기독교의 본질』이라는 책으로 유명해졌는데, 이 책에서 그는 다양한 그리스도교의 주제들에 대해서 비판적으로 논의하면서 종교의 기원과 발생에 대해서 인간학적인 관점에서 해석을 시도하고 있다. 물론 그리스도교에 대한 그의 비판은 그가 살던 당시 그리스도교가 부정적으로 기능했던 시대적 상황에서 비롯되었다. 그는 철학과 종교에 의해 왜곡된 당시의 모습을 다음과 같이 표현했다. "가상(假像)이 현대의 본질이다. 우리의 정치도, 우리의 도덕도, 우리의 종교도, 우리의 학문도 가상일 뿐이다. 지금은 진리를 말하는 사람이 무례하고 버릇이 없는 사람이고, 버릇이 없는 사람은 부도덕한 사람이 된다. 진리가 우리 시대의 부도덕이다."[4] 이런 왜곡되고 불의한 현실에서 그는 당시 주류 종교였던 그리스도교에 대해서 비판을 가하며, 더 나아가 종교 일반에 대한 문제로 논의를 확대한다.

잘 알려져 있듯이, 포이어바흐는 헤겔 좌파에 속한 무신론의 주창자였다. 신에 관한 인식은 인간이 자기 자신의 본질을 무한화한 것 외에 다른 것이 아니라고 보았다. 즉, 인간은 자기 자신의 본질을 무한화하여 종교의 대상으로 삼는다는 것이다. 따라서 종교는 논리적이거나 존재론적 실재를 갖는 것이 아니라 순전히 심리적 실재성을 가질 뿐이며 환상적인 것이다.

그러므로 포이어바흐의 종교 이해는 한마디로 "사람이 사람에게 신이다"로 표현된다. 또 이런 점에서 그리스도교 신학은 인간학에 불

---

[4] 루트비히 포이어바흐/강대석 역, 『기독교의 본질』, 39.

과하다. 종교의 대상, 즉 우리가 신이라고 부르는 존재는 단지 인간 본질의 표현이라는 것이다.

포이어바흐는 "인간이 자신의 형상을 따라서 신을 창조했다"고 주장했다. 이 주장은 "신이 자신의 형상을 따라서 인간을 창조했다"는 그리스도교 신학을 뒤집은 것이다. 인간이 환상으로 신을 창조했다는 것이다. 이 말은 다시 "인간은 인간에게 신이다"(Homo homini Deus est)로 표현된다. 또 이런 점에서 그리스도교 신학은 인간학에 불과하다. 포이어바흐는 종교란 인간이 자신의 본질을 추상화해서 절대적인 존재로 신격화한 것이라고 보았다. 그러므로 신은 주체가 아니라 대상일 뿐이다. 주체는 어디까지나 인간이다. 이렇게 되면 종교에 대한 논의는 신학이나 철학에서 심리학과 인간학으로 전환되어야 한다. 즉, 인간은 신에 대한 거짓된 환상들을 거부해야 하며, 인간으로서 우리 자신에게 적합한 속성들을 재포착해야 한다는 것이다.

1. 전통적 그리스도교와 인간

포이어바흐에 의하면 모든 철학함의 출발점은 신이 아니라 인간이다. 인간의 첫째가는 관심 대상은 신이 아니라 인간이라는 것이다. 여기서 인간은 추상적이고 개념적인 존재가 아니라 실재적인 존재를 의미한다. 즉, 데카르트 이래로 강조되어 온 이성적 인간, 자연으로부터 분리되고 감각으로부터 초연해진 추상적 인간이 아니다. 그가 강조하는 인간은 진실되고 실제적이고 구체적이며 감각적이고 신체적인 인간 존재이다. 더 나아가 인간은 고립된 채 존재하는 인간이 아니라 공동체 안에서 존재한다. 즉, 인간은 다른 인간과 이루는 일치 안에서 존재한다는 것인데, 이 점에 대해 포이어바흐는 인간 전체, 인류라는 종(種)과 연관하여 인간을 이해해야 한다고 주장한다. 이렇게 보편적 인간, 유적 존재로서의 인간이야말로 최고 존재이며 모든 사물의 척도이다. 이런 점에서 포이어바흐는 철저한 휴머니스트이다.

포이어바흐는 종교 발생의 문제 역시 인간학적으로 이해한다. 그는 전통적으로 신이 자신의 형상에 따라 인간을 창조했다는 그리스도교의 전통적인 인간론을 해체시킨다. 즉, 인간이 자기 필요에 의해 신이라는 대상을 만들어 냈으며, 인간은 자신이 만들어 낸 신과 운명적인 관계를 가지고 있다는 것이다. 포이어바흐는 다음과 같이 주장한다.

> 종교 – 적어도 기독교적인 – 는 인간의 자신에 대한 관계, 좀 더 정확하게 말하면 자기 본질에 대한 관계다. 그러나 자기의 본질을 다른 본질로 착각하는 관계다. 신적 본질은 인간적 본질에 불과하다. 좀 더 정확하게 말하면 신적 본질은 인간 본질이 개별적이고 현실적·육체적 인간의 한계로부터 분리되어 대상화된, 곧 개인과 구분되어 다른 독자적 본질로서 직관되고 존경되는 인간의 본질이다. 신적 본질의 모든 규정은 인간 본질의 규정이다.[5]

포이어바흐의 이런 입장은 신이라는 존재를 창조자로 상정해 놓고 인간을 그의 피조물로 이해하는 전통 신학적 입장을 부정한다. 포이어바흐의 이런 무신론적 입장은 신의 존재 자체와 우리에게 나타나는 신 또는 우리가 실제로 인식하는 신의 차이를 부정하는 것을 의미한다. 포이어바흐는 이렇게 주장한다.

> 신 자체와 나에 대한 신을 구분하는 것은 종교의 평화를 파괴한다. 이러한 구분은 게다가 그 자체가 근거나 내용이 없는 것이다. 나는 신이 그 자체로 또는 그 자신을 위해서는 나를 위해 존재하는 것과

---

5 위의 책, 77.

는 다른 어떤 것인지 아닌지 조금도 알 수가 없다. 나를 위해 존재하는 신이 나에게는 신의 전부이다. 나에게는 신이 나를 위해 존재할 때의 규정 속에 신 자체의 본질이 있다. 신은 항상 나를 위해 존재할 수 있는 모습으로 존재한다. 종교인은 신이 그에 대하여 갖는 관계에 완전히 만족하고 있다. 그 외의 관계에 대해서 그는 아무것도 모른다. 신은 그에게 꼭 인간 일반에게 존재하는 모습으로 존재하기 때문이다.[6]

위에서 밝힌 바대로 포이어바흐는 신의 존재 자체를 부정한다. 신 자체와 나에게 인식되는 신은 따로 구분되지 않는다는 것이다. 그리고 신이 설령 존재한다 하더라도 그 신은 인간에게 나타나는 바대로만 알 수 있다고 주장한다. 즉, 신의 존재를 인식하는 척도는 바로 인간이라는 것이다. 그러므로 신이나 신에 대한 신앙 모두 인간의 의인화된 표현에 불과할 뿐이다. 이렇게 볼 때 전통 신학에서 강조하는 신과 인간의 절대적인 차이는 존재하지 않는다. 그런데 이런 점을 전통 그리스도교에서는 은폐한다. 그 이유는 그리스도교가 인간 존재에 대해 이중적인 태도를 취하기 때문이다. 즉, 인간은 자신의 욕구나 가치를 부정하면서 신에게로 가지만, 종교는 이런 인간존재의 부정을 통해서 사라진 모든 것을 다시 신에 의해 보상받는 길을 제시하기 때문이다. 즉, 인간적인 것을 부정하면서 신 안에서 자기 자신을 포기한 것을 다시 신을 통해 회복할 수 있다고 생각한다는 것이다. "인간은 자기 자신에서 부정한 것을 신 안에서 긍정한다."[7]

이렇게 인간 존재의 부정을 통해서 만들어진 신이란 어떤 존재인가? 포이어바흐는 이렇게 말한다.

---

6   위의 책, 80.
7   위의 책, 91.

인간은 신과의 관계에서 자기 자신의 지식과 사유를 부정하고 그것을 신 안에 설정한다. 인간은 스스로의 인격을 포기한다. 그러나 그 대신에 인간에게는 전능하며 제한되지 않은 본질인 신이 인격적인 존재인 것이다. 인간은 자신의 명예, 자신의 자아(Ich)를 부정한다. 그 대신에 인간에게 신은 모든 것 속에서 오직 자기만을, 오직 자기의 명예만을, 오직 자기의 이익만을 추구하는 자아적이고 이기적인 존재이다. 그러므로 신은 다른 모든 것을 싫어하는 아욕(我慾)의 자기만족이며 이기주의의 자기향락이다.[8]

포이어바흐의 무신론적 주장은 모든 종교, 그중에서도 특히 그리스도교를 겨냥한다. 왜냐하면 그리스도교가 가장 세련된 교리를 갖고 있기 때문이다. 또 그만큼 인간이 철저히 소외되어 있기 때문이다. 그래서 그는 신들과 신의 거짓된 정체를 폭로하고 비신화화하고자 한다. 그의 무신론은 종교, 특히 그리스도교 신학이 인간에게서 빼앗아 간 것을 인간에게 다시 돌려주려고 한다. 그에 의하면 종교는 인간의 자기 자신과의 분열이다. 인간은 신을 자신에 대립된 본질로 설정한다. 포이어바흐는 전통 그리스도교가 인간을 유한한 존재로, 타락한 존재로 규정하는 것을 거부한다. 무엇보다 그리스도교에서 인간을 유한하고, 타락한 존재로 보는 것은 인간과 신의 분리와 대립에서 비롯된다. 이런 대립은 심각한 문제를 야기한다. 이런 대립은 인간과 신 사이의 갈등을 야기하는데, 신이라는 존재는 없으므로 이것은 사실상 인간과 인간 자신 사이의 갈등을 의미한다.

종교는 인간의 자기분열이다. 종교에서 인간은 신을 인간에 대립하는 존재로서 정립한다. 신이 아닌 것이 인간이고, 인간이 아닌 것이

---

8 위의 책, 94.

신이다. 신은 무한한 존재며, 인간은 유한한 존재다. 신은 완전하며, 인간은 무력하다. 신은 성스러우며, 인간은 죄를 짓기 쉽다. 신과 인간은 양극이다. 신은 완전히 긍정적인 것이며 모든 실체성의 총체이고, 인간은 완전히 부정적인 것이며 모든 허무성의 총체이다. 그러나 인간은 종교 속에서 스스로의 은밀한 본질을 대상화한다. 종교는 신과 인간의 대립, 갈등에서 시작되는데 신과 인간의 갈등은 인간과 인간 자신의 본질과의 갈등과 같다는 사실이 증명되어야 한다.[9]

그렇다면 인간과 구분되는 신의 존재는 단순히 없다고만 말을 할 수 있는가? 포이어바흐는 신의 존재는 우리의 사유, 즉 인간의 오성 가운데만 존재한다고 말한다. 신의 존재 근거를 사유, 즉 오성에만 부여할 수 있다는 것이다. 다른 말로 하면, 신은 오직 인간 사유의 대상에 불과할 뿐이다. 즉, "신으로서의 신, 곧 유한하지도 않고, 인간적이지도 않고, 물질적으로 규정되지도 않고, 감성적이지도 않는, 본질로서의 신은 사유의 대상일 뿐이다. 신은 비감성적이고 형태가 없으며 파악되지 않는 형상 없는 본질이며, 추상적이고 부정적인 본질이다."[10] 따라서 그리스도교에서 말하는 창조자, 섭리자, 절대자, 자존자(自存者)로서의 신은 존재하지 않는다. 물(物) 자체로서의 신, 절대적인 신, 항구적으로 존재하는 신, 스스로 존재하는 신 따위는 존재하지 않는다는 것이다. 신은 인간이 오성을 통해 만들어 내는 존재에 불과하다. 여기서 인간의 오성은 '원본적·원초적' 본질이다. 인간의 오성은 인간 자신 속에서만, 자기의 본질 안에서만 세계의 근거와 목적을 발견한다. 여기에 신의 존재도 해당된다. 이렇게 포이어바흐는 종교에서 인간의 역할을 강조한다. 그에게서 인간의 부정은 곧 종교의 부정을

---

9 위의 책, 103.
10 위의 책, 105.

의미한다.

2. 인간의 자기투사로서의 종교

포이어바흐는 종교를 인간학적으로 해석한다. 그에게 신과 같은 존재는 인간화된 신, 인간적인 신에 불과하다. 신은 감성적 대상 그 자체로서 인간과 무관한 대상이며 감정이나 판단력으로부터 독립된 대상이다. 신에 대한 의식은 인간의 자의식이며, 신의 인식은 인간의 자기인식이다. 인간과 신은 동일하다. 신은 인간의 내면이 나타난 것이며, 인간 자체가 표현된 것이다. 또한 종교는 인간의 숨겨진 보물이 장엄하게 밝혀지는 것이고, 인간의 가장 내적인 사상이 공언되는 것이며, 사랑의 비밀이 공공연하게 고백되는 것이다. 포이어바흐는 이렇게 말했다.

> 어떤 주체의 대상은 객관적으로 취해진 그 주체의 본질에 지나지 않는다. 그런 것들은 인간의 사상과 기질들이며, 그것이 바로 인간의 신인 것이다. … 당신은 인간의 신으로 인간을 가장 잘 알 수 있고, 인간으로 인간의 신을 가장 잘 알 수 있다. 즉, 양자는 동일한 것이다. … 신이란 내적인 본질이 표현된 것이며, 인간의 자아가 표현된 것이다. … 종교란 인간의 숨겨진 보물이 엄숙하게 드러나는 것이고, 인간에게 친숙한 사상이 계시되는 것이며, 인간이 가지고 있는 사랑의 비밀이 공개적으로 고백되는 것이다. … 신적인 존재는 인간적인 존재에 불과한 것이다. 아니면 차라리 개인의 한계에서 벗어나서 대상이 되어 버린, 정화된 인간적 본질, 즉 또 하나의 별난 존재로 생각되고 숭배된 존재에 불과한 것이다. 그러므로 신적인 본질의 모든 특징은 인간적 본질의 특징이다.[11]

포이어바흐는 신에 관한 지식은 마치 거대한 조명과 흡사하다고 본다. 신은 인간의 투사된, 실체화된 영상으로서 떠오르지만 사실 그 배후에는 아무것도 존재하지 않는다. 이른바 신적인 것이란 인간적인 것이 투사된 것에 불과하다. 사랑, 지혜, 정의 같은 신적인 본성의 속성들은 사실상 인간의 속성들에 불과하다. 그러므로 '인간은 인간에게 신이다.' 바로 여기에 종교 전체의 신비가 숨어 있다.

특히 인간적인 신의 모습은 신약성서에 나타난 고난당하는 신의 모습에 잘 나타나 있다. 그 대표적인 예가, 예수가 죽은 나사로를 위해 눈물을 흘렸다는 점과 십자가 죽음 앞에 운명의 잔을 비켜가게 해 달라고 기도했다는 점이다. 이른바 고난의 종교인 그리스도교는 인간적인 감정을 중요한 요소로 간주한다는 것이다. 그리스도교의 고난 받는 신의 신비는 곧 인간 동정심의 신비이다. 타인을 위해서 당하는 인간의 고난, 동정심 그 자체가 신적이라는 것이다.

이런 특징은 인격신 개념에서도 잘 드러난다. 포이어바흐에 따르면, 인격신은 인간이 가지고 있는 다양한 감정이 신이라는 대상의 속성이나 본질로 전위된 것에 불과하다. 포이어바흐는 이렇게 주장한다.

> 섭리에 대한 믿음은 결국 인간의 자기 자신에 대한 믿음이다. 신은 나를 걱정해 준다. 나의 행복, 나의 구원을 생각하고 있다. 신은 내가 행복해지기를 원한다. 나도 똑같은 것을 원한다. 그러므로 나 자신의 관심은 신의 관심이며, 나 자신의 의지는 신의 의지이며, 나 자신의 궁극 목적은 신의 목적이며, 나에 대한 신의 사랑은 나의 신격화된 자기애에 불과하다. … 결국 신에 대한 믿음은 인간의 존엄성에 대한 믿

---

11 Ludiwig Feuerbach, *The Essence of Christianity*(New York: Harper & Row, 1957), 12–14.

음, 인간 본질의 신적 의미에 대한 믿음에 불과하다. 그런데 (종교적) 섭리에 대한 믿음은 무에서의 창조에 대한 믿음과 일치한다.[12]

결국 신이라는 존재는 인간 스스로 자신의 가치와 존엄성을 인정한 것에 지나지 않는다는 것이다. 인간은 종교 속에서 자기를 만족시킨다. 종교는 인간의 최고선이다. 또한 인간은 이성과 도덕에 갇혀 있기 때문에 그것을 신에게 투사하여 이성적이고 도덕적인 신을 만들어 낸다. 이런 맥락에서, 포이어바흐는 그리스도교뿐 아니라 모든 종교를 관통하고 있는 정언 명령을 다음과 같이 제시한다. "그대들의 인격신은 그대들 자신의 인격적 본질에 불과하다는 것을 승인하라! 신의 초자연성과 자연 외적 성질을 믿고 증명하는 것은 당신 자신의 초자연성과 자연 외적 성질을 믿고 증명한 것에 불과하다는 것을 승인하라!"[13]

이렇게 신은 인간의 인격성을 투사한 것에 불과하다고 생각하는 포이어바흐는 종교는 종교를 만든 사람들의 이익을 대변할 뿐이라고 주장한다. 가령, 유대교는 단지 이스라엘 민족의 이기주의가 인격화된 것에 불과하다. 또한 유대교와 그리스도교의 '창조'라는 개념 역시 이기적인 인간의 생각이 잘 반영된 개념이다. 왜냐하면 인간을 위해 자연 자체의 독자성을 훼손하기 때문이다. 결국 창조는 인간이 자신의 욕구를 충족시키고 또 그런 관점에서 자연을 해석하기 위해 만들어 낸 도그마에 불과한 것이다. 창조설은 "인간이 실천적으로 자연을 자신의 의지와 욕구에 종속시키고 자연을 자신의 표상력 안에서 단순한 산물, 의지의 산물로 저하시키는 입장에서만 발생한다"[14]는 것

---

12 루트비히 포이어바흐/강대석 역, 『기독교의 본질』, 196.
13 위의 책, 199.
14 위의 책, 250.

이다. 또한 그리스도교의 육화(肉化, incarnation) 교리도 마찬가지이다. 신이 육화되었다는 것, 신이 인간의 살을 입고 나타났다는 것은 인간적인 본질 자체인 신에 대한 직관에 불과하다는 것이다. 다시 말해 육화란 신의 인간적인 본성이 사실적·감성적으로 나타나는 현상에 불과하다. 즉, 신이 자신을 위하여 인간이 된 것이 아니라, 오히려 인간의 필요와 욕구가 육화의 근거라는 것이다. 육화한 신은 신이 된 인간의 표현에 불과하다. 화육을 통해 보여준다는 인간을 위한 신의 사랑은 인간이 자신을 위하는 사랑의 신비 외에 다른 것이 아니다.

종교의 인간학적 해석이라는 관점은 그리스도교에 대한 해석에 그대로 적용된다. 포이어바흐는 이렇게 주장한다.

> 그리스도교의 기본 교리는 마음의 소원이 충족된 것이며 그리스도교의 본질은 심정의 본질이다. 견디는 것은 행하는 것보다도 한층 더 심정을 편하게 하며 타인에 의해 구제되고 해방되는 것은 자기 자신을 해방하는 것보다도 한층 더 심정을 편하게 한다. 자신의 행복을 어떤 인격에 의존시키는 것은 자기 활동의 힘에 의존시키는 것보다도 한층 더 심정을 편하게 한다. 자기가 신에게 사랑받고 있는 것을 아는 것은 모든 본질이 타고날 때부터 갖고 있는 단순한 자연적 자기애로써 자기 자신을 사랑하는 것보다도 한층 더 심정을 편하게 한다.[15]

그리스도교의 교리가 인간의 소원이 투사된 것에 불과한 것이라는 포이어바흐의 주장은 모든 종교에서 자주 강조하는 영혼불멸이라는 교리에 그대로 적용된다. 포이어바흐는 『죽음과 불멸성에 대한 고찰』이라는 책에서 영혼불멸의 개념이 모든 종교의 근본 요소이자

---

15 위의 책, 243.

목표라는 점을 밝힌 바 있다. 그에 의하면 영혼불멸이라는 개념은 인간존재에 대한 확신, 즉 모든 제한에서 벗어나 지고하게 존재하는 인간 존재에 대한 염원을 잘 드러낸다. 인간의 자기투사의 또 다른 예는 부활신앙이다. 인간은 자신의 유한성을 극복하기 위해 스스로 부활의 교리를 만들어 냈다는 것이다. 즉, 부활이나 내세에 대한 교리 역시 인간이 자연의 제약에서 벗어나 누리는 자유에 대한 믿음, 불사불멸에 대한 즉각적인 확실성을 바라는 인간의 희망이 투사된 것이다.

한마디로 포이어바흐가 이해하는 종교는 인간 개인의 소원이 투사(projection)된 것에 불과하다. 이 점에서 다양한 종교 교리들은 인간이 구체적인 상황 속에서 소망하는 것, 갈망하는 것을 드러낸 것이다. 또한 종교는 인간의 의존감정에서 출발한다. 불완전한 인간은 자신에 만족하지 못하고 보다 완전한 존재인 신의 존재를 상정해 놓고 그것에 의존하면서 만족감을 얻는다는 것이다. 결국 종교는 인간의 자기투사와 의존 감정에서 생겨난다고 말할 수 있다. 포이어바흐에 따르면 인간은 종교의 시작이고 중간이며 종점이다. 종교의 중심은 곧 인간이다. 또 이런 점에서 그리스도교 신학은 인간학을 의미한다. 신학의 신비란 무엇보다도 인간학이 지니는 신비에 불과하다는 것이다. 이제 그리스도교 신학이 빠져 있던 관념론적 추상에서 벗어나 실제적인 인간으로 초점을 옮겨가야 한다고 포이어바흐는 주장한다. 신의 온전한 실현과 인간화, 신학을 인간학으로 변환하고 해소시키는 것이야말로 모든 신학자가 지닌 사명인 것이다.[16] 포이어바흐는 하이델베르크에서의 강의를 마무리하면서 자신의 열망을 이렇게 설명했다.

16　한스 큉/성염 역, 『신은 존재하는가 I』(왜관: 분도출판사, 1994), 284.

신의 친구들을 인간의 친구들로, 신자들을 사상가들로, 숭배자들을 노동자들로, 저 세상의 추구자들을 이 세상의 탐구자들로, 자신들의 신앙고백으로 반은 동물이고 반은 천사인 그리스도인들을 인간으로, 즉 온전한 인간으로 변화시키는 것이었다.[17]

IV. 나가는 말

포이어바흐는 종교를 인간 욕망의 자기투사에 불과하다고 보았다. 특히 그는 살과 피를 가진 구체적인 인간의 관점에서 종교나 신을 이해하고자 했다. 포이어바흐는 인간을 육체를 가진 정신으로 만든 데카르트의 이원성과 인간의 정신에만 관심을 보인 헤겔의 태도를 비판하면서 인간은 세상에서 타인과 함께 살아가고 있는 육체적 존재라는 점을 강조했다. 이런 인간 이해는 종교인들이 빠지기 쉬운 추상적이고 관념적인 인간 이해의 문제점을 잘 드러내 준다. 인간에게는 정신도 중요하지만 인간은 육체를 가진 인간이며, 이런 인간에게 필요한 물질적인 요구 역시 중요하다는 것이다. 즉, 인간은 추상적이고 관념적인 존재가 아니라 살아 있는 피와 살을 가진 인간이다. 이런 생동하는 인간이 물음과 대답의 초점이 되어야 한다는 것이다.

이 같은 비판은 물론 포이어바흐가 활동한 19세기 유럽 사회에 신플라톤주의와 데카르트의 유심론적 영향이 강력했으며 당시 제도화된 그리스도교가 너무도 무기력했다는 시대적 배경에서 비롯되었다. 따라서 오직 정신이나 영혼만이 강조되고, 인간의 육체성은 부끄러워하거나 부정되는 시대였던 것이다. 이런 시대에 살과 피를 지닌

---

17 "Karl Barth's Introductory Essay," Ludwig Feuerbach, *The Essence of Christianity*(New York: Harper & Row, 1957), 서문.

인간을 강조하고 그런 시각에서 종교를 파악했다는 것은 대단한 의의를 갖는다. 관념론에 젖어 있는 오늘날의 종교계에 그의 종교론은 종교 스스로를 정화하고 종교의 방향을 환상이 아니라 살아 있는 인간 그 자체로 전환하는 데 기여할 수 있을 것이다. 20세기 현대 신학자 바르트(Karl Barth)는 포이어바흐의 『그리스도교의 본질』을 평가하면서 저자의 인간학적 관심과 열의, 솔직성, 감성적 인간 이해, 인간의 감성적 차원의 중요성을 적극적으로 언급한 바 있다.

> 포이어바흐는 정말로 인간적인 정직성과 진지성을 가지고 일하는 자였고, 더욱 사람들이 제각기 도시나 촌락, 여관이나 공장 등지에서 매일 사는 실생활과는 하등 무관한 추상적, 관념론적, 소위 학문적 신학과 비교해 볼 때 그는 정말 그리스도교 실재론에 관심을 가졌던 것이다. 그는 아담과 이브의 벌거벗은 모습을 실제로 본 것 같고, 또 비록 원거리에서나마 신학이 문제 삼은 처음과 마지막이 되는 문제들을 다 본 듯싶다.[18]

또한 그의 종교 비판은 오늘날 한국 사회의 현실에 특히 타당성을 지닌다. 앞에서 언급한 최태민이나 최순실은 가장 좋은 예이다. 그들이 이용한 종교는 인간 욕망의 투사, 즉 부와 권력을 종교라는 이름으로 투사시킨 것에 불과했다. 비단 이들만의 예는 아닐 것이다. 이 땅에 존재하는 수많은 종교 지도자와 종교인들은 신을 믿는다 하면서도 사실상 신의 이름으로 돈과 권력과 명예에 심취해 있는 실정이다. 종교가 외적으로 성장하여 거대화되어 세상의 권력과 야합하여 각종 비리를 저지르고, 그것도 모자라 자식들에게 세습하는 이 땅의

---

18 루트비히 포이어바흐/이양구 역, 『기독교의 본질』(서울: 교육출판공사, 2007), 39.

현실이 아닌가? 최근에 한 보수교단 목사가 카지노에 상습적으로 출입하다 200억 가량을 도박으로 날려 버리고 법정에서 구속된 예는 이런 현실을 잘 보여준다. 이들이 믿는다고 하는 신은 그들 자신들의 욕망의 투사에 불과하다고 말할 수 있다.

물론 포이어바흐는 인간은 살을 가진 유적 존재로 파악했지만, 구체적으로 어떤 사회 조건 속에서 하루하루를 살아가고 있는지, 또 그 속에서 어떤 문제에 부딪치며 살아가고 있는지에 대해서는 관심이 없었다. 이 점은 그의 비판적 계승자 마르크스가 해명하고자 했다. 그래서 마르크스는 『포이어바흐에 관한 테제』 제6항에서 포이어바흐를 이렇게 비판했다.

> 포이어바흐는 종교적 본질을 인간의 본질로 용해시킨다. 그러나 인간의 본질은 개개인에게 내재하는 추상물이 아니다. 인간의 본질은 현실에서는 사회적 관계들의 총체이다. 포이어바흐는 이러한 현실적인 본질에 대하여 비판을 가하지 않는다. 그렇기 때문에 그는 1) 역사 과정을 도외시하며, 종교적 감정을 그 자체로 무엇인가에로 고정시키고, 하나의 추상적인 – 고립된 – 개인을 전제로 하지 않을 수 없으며, 2) 그에게서 인간의 본질은 단지 '유'(類)로서만, 다수의 개인을 순전히 자연적으로 결합하는 내적인 무언의 일반성으로만 이해될 수밖에 없다.[19]

즉, 포이어바흐는 구체적인 사회관계 속에서 존재하는 인간의 모습을 파악하지 못했으며, 종교란 인간 욕망의 투사라기보다는 불의한 사회구조의 표현물임을 파악하지 못했다는 것이다. 마르크스는

---

19 Robert C. Tucker ed., *The Marx-Engels Readers*(New York: W. W. Norton & Company, Inc., 1978), 145.

『포이어바흐에 관한 테제』 제11항에서 이러한 불의한 사회구조를 변혁할 것을 역설했다.

포이어바흐의 종교론은 여러 가지로 의미가 있지만 한계도 있다. 무엇보다 종교를 인간적인 측면으로만 논하고 있지 않은가 하는 점이다. 종교의 표현이 인간의 언어로 되어 있는 이상 이런 측면을 무시할 수 없지만, 종교에서 인간의 언어를 초월해 있는 측면은 어떻게 설명할 수 있는가 하는 문제이다. 신이라는 존재 역시 먼저 인간이라는 존재를 기준으로 상정해 놓고 그것의 투사로만 볼 수 있는지 의문이 든다. 그렇다면 신의 초월성이나 계시와 같은 측면은 어떻게 설명되어야 하는가? 수많은 종교인이 인간을 초월하는 어떤 존재를 체험했는데 그것은 신비라고밖에 표현할 수 없으며, 또 그런 신비체험이 자신을 보다 유의미한 존재로 변화시켰다고 주장하는 것을 어떻게 이해할 것인가? '신'이라는 개념 자체도 초월적인 존재에 대한 하나의 상징에 불과한데 인간적인 욕망을 투사한 대상으로만 볼 것인가? 너무 일방적인 주장이 아닌가 하는 것이다.

또한 포이어바흐는 자신의 주장을 주로 심리학적으로 주장하면서, 특히 신(神) 개념 자체를 인간의 심리적 산물로 본다. 또 종교는 주로 의존 감정에 기초를 두는데, 이 의존 감정은 순전히 인간 내부에 관한 것이라고 주장한다. 신에 관한 신앙이 이렇게 심리학적으로 해석될 수 있고 연역될 수 있음에 이의가 없다. 하지만 심리학적 설명으로 지극히 복잡한 신이나 신앙의 문제를 다 설명할 수 있는가 하는 문제가 제기된다. 만일 그것이 가능하다면 또 하나의 심리학적 환원주의에 빠지게 될 것이다. 또한 인간의 욕구를 인간 밖으로 투사한다는 논리로 종교를 설명할 수도 있겠지만, 정말 그 대상이 되는 신과 같은 실재가 존재할 가능성 역시 배제할 수 없다. 스위스 신학자 한스 큉 역시 포이어바흐의 심리학적 논증만으로는 인간을 초월자의 실재성으로 인도하지 못하며, 따라서 초월자의 실재성에 대해 중립적인 입장으로 남아 있어야 한다고 주장한다. 다시 말해 심리학적 논증만으로 초월자의 실재성을 부인하지 못한다는 점에서 포이어바흐의 종교비판 역시 얼마든지 뒤집어질 수 있다는 것이다.[20]

신학자 바르트는 포이어바흐를 당시 노동운동과 각종 사회운동에 영향을 끼친 유일한 철학자로 평가하였다. 그럼에도 교회는 유산계급의 편에 서서 그의 예언자적 외침에 둔감했다고 지적했다.

> 포이어바흐의 종교 인간화론은 분명히 해방과 자유를 위한 투쟁의 일익을 담당한 셈이었다. 물론 자유해방운동이 혁명에 의해 시작되었고 동시에 방해도 받아 온 것은 사실이지만 그의 종교 비평론이 큰 역할을 한 것은 틀림없다. 관념철학에 의해서 스스로 영광을 받아 온 부르주아 계층이나 그리스도 교회가 이 투쟁의 필연성과 공정성을 인정해 주지 않은 것은 물론, 둘 다 고의적으로든 또는 무의식적으로든 이 투쟁에 둔감했고 때로는 더욱 어리석고 심술궂은 반대를 해온 것도 사실이었다. 또한 교회가 시대의 징조를 보는 예언자적 통찰력이 결여되어 있었다는 것도 큰 잘못이었다. 용감한 19세기 신학의 두 보호자격인 유산 계급과 교회는 이런 면을 보는 데에는 아무 일도 하지 않은 것 같다.[21]

이렇게 포이어바흐의 주장은 그 시대의 예언자적 비판이라는 의의를 지닌다. 그의 인간주의적 무신론은 당시뿐만 아니라 후대에 많은 무신론자와 사상가들 및 신학자들에게 영향을 끼쳤다. 따라서 언제 어디서나 종교가 잘못되고 있을 때 그의 비판은 여전히 유효하다. 하지만 그가 종교의 참된 본질, 신이라는 존재의 의미, 종교체험의 의

---

20 한스 큉/성염 역, 『신은 존재하는가 I』, 299.
21 루트비히 포이어바흐/이양구 역, 『그리스도교의 본질』, 40-41.

미 등에 대해 좀 더 관심을 기울였다면 종교에 관한 다른 평가가 나오지 않았을까 하는 생각이 든다. 특히 구약의 예언자적 전통이나 예수의 혁명적인 사상을 알았더라면 그의 그리스도교 비판과 인간주의적 무신론 역시 달라졌을 것이다.

제9장
::

참 그리스도인은 무신론자여야 하는가?
– 에른스트 블로흐의 무신론적 유토피아주의

> 오로지 무신론자만이 올바른 그리스도인일 수 있다. 오로지 그리스도인만이 올바른 무신론자일 수 있다. 그렇지 않다면 어째서 인간의 아들이 신과 동일하다고 명명될 수 있단 말인가?
> – 에른스트 블로흐

I. 들어가는 말

1960년대 세계 신학계를 강타한 주제는 '신 죽음의 신학'(Theology of the Death of God)이었다. 두 번에 걸친 세계대전에 이어 냉전으로 세계는 이미 미움과 적대로 가득 차게 되었다. 특히 홀로코스트 유대인 대학살로 인해 전통적인 하나님 신앙은 흔들리기 시작했다. 과연 하나님이라는 존재가 살아 있기나 한 것인지 많은 사람이 의문을 품게 되었고, 마침내 전통적으로 믿어 왔던 신은 더 이상 존재하지 않는다고 선언해 버렸다. 이제 더 이상 신이라는 존재를 믿는 것이 필요한 것일까? 만일 신이 더 이상 필요 없는 존재라면, 또 신은 더 이상 존재하지 않는다면, 그동안 신을 통해 가졌던 믿음은 어떻게 되는 것일까?

1966년 4월 8일 시사주간지 「타임」(Time) 표지에 "신은 죽었는가"라는 제목이 실리고, 미국 신학자 토머스 알타이저(Thomas Altizer)가 이른바 '신 죽음의 신학'에 관해 쓴 논문이 소개되었다. 1960년대 서구 신학계를 대표하는 이 사건은 전 세계 그리스도인들에게 충격을 준 사건이었다. 그런데 이런 상황에서 독일의 무명 신학자였던 위르겐 몰트만(Jürgen Moltmann)이 신 죽음에 대해 전혀 반대의 소리를 내었다. 1964년에 몰트만은 『희망의 신학-그리스도교적 종말론의 근거와 의미에 대한 연구』를 출판하면서, 신은 죽지 않았으며 오히려 절망과 혼돈의 시대에 새로운 희망이라고 주장했다. 1967년에 『희망의 신학』이 영어로 번역되어 미국에서 출간되자, 「뉴욕 타임스」는 "신의 죽음의 신학은 희망의 신학 때문에 기반을 잃어버렸다"고 논평했다. 그런데 몰트만이 『희망의 신학』을 집필하는 데 결정적인 영향을 준 것은 독일의 철학자 에른스트 블로흐(E. Bloch)가 쓴 『희망의 원리』(*Das Prinzip Hoffnung*, 원제: 보다 나은 삶에 관한 꿈)라는 책이었다. 블로흐가 10여 년간 미국에서 망명생활을 하면서 저술한 이 책은 금세기 최고의 철학서로 인정받고 있다. 이 책은 몰트만뿐 아니라 신학자 칼 라너(Karl Rahner)와 요한 밥티스트 메츠(Johan B. Metz)에게도 큰 영향을 주었으며, 특히 1970년대 남미의 해방신학과 이후에 등장한 여러 유형의 진보 신학에도 크게 영향을 미쳤다.

    신학자 위르겐 몰트만은 블로흐의 『희망의 원리』를 읽은 후 "왜 그리스도교 신학은 바로 그 자신의 주제가 되어야 할 이 희망이라는 주제를 내팽개쳤는가? 하지만 희망은 원래, 그리고 본질적으로 그 자신의 가장 고유한 주제가 아닌가", "원시 그리스도교의 생생한 희망의 영은 오늘날 어디에 남아 있는가?"[1] 등의 질문을 던졌다. 그리고 이런 질문으로 인해 몰트만은 『희망의 신학』이라는 대작을 집필하게 된 것이다. 오늘날 몰트만은 세계적인 신학자로 추앙받고 있다. 하지만 무명의 젊은 신학자 몰트만을 세계적인 신학자로 만들어 준 철학자 블로흐에 대해서 아는 사람은 그리 많지 않다. 그 이유는 블로흐가

---

1 위르겐 몰트만/이신건 역, 『희망의 신학』(서울: 대한기독교서회, 2016), 6.

마르크스주의 철학자였기 때문이다. 더욱이 그는 정통 마르크스주의자가 아니라 유토피아, 즉 인간의 좀 더 나은 미래에 대한 생각을 초기 마르크스주의 사상뿐 아니라 종교와 철학, 문학 등 다방면에 걸친 연구를 통해 자유롭게 자신의 사상을 제시했기 때문이다. 그는 동구권과 서구권 모두에서 수정주의자로 비판을 받았다. 그 이유는 동독 출신 마르크스주의자였던 블로흐가 소련의 스탈린을 중심으로 일어난 교조적인 마르크스주의를 비판하면서 서독으로 자리를 옮겼고, 또 서양철학의 중심에서 벗어나 종교와 유토피아의 문제를 다양하게 취급하였기 때문이다. 블로흐는 기본적으로 마르크스주의를 자기 사상의 기본으로 삼으면서도 일체의 교조나 교리를 거부하는 성격을 가지고 있었다. 이로 인해 그에게는 늘 '이단'이라는 꼬리표가 따라다녔다. 왕성한 지적 탐구욕을 가진 블로흐는 철학은 물론 정치경제학, 신학, 문학, 사회학, 역사학, 정치학, 법철학, 예술 등 매우 다양하게 저술활동을 전개했다.

블로흐는 현대 인류의 지성사에 다방면에 영향을 끼친 철학자로서, 특히 그리스도교 신학과 직접적으로 관계를 맺고 있다는 점에서 중요하다. 일찍이 블로흐는 36세였던 1921년에 독일 농민혁명을 일으켰던 토마스 뮌처를 혁명의 신학자로 파악하여 책을 출판한 바 있다. 마르틴 루터에게만 관심을 두고 있는 서구 신학계의 현실에서 농민들과 함께하다가 잡혀서 화형당한 토마스 뮌처를 연구의 주제로 삼았다는 것은 그의 관심사가 어디에 있는지를 잘 보여준다. 블로흐의 그리스도교에 대한 관심은 계속되어서 1868년 84세 되던 해에 『그리스도교 안의 무신론』(*Atheismus im Christentum*)을 발간하기에 이른다.[2] 『희망의 원리』에서 시작된 신학의 단초들을 대작을 통해 완

---

2 Ernst Bloch, *Atheismus im Christentum* (Frankfurt: Suhrkamp Verlag, 1968). 원제는 "그리스도교 안의 무신론"인데, 한국어 번역으로는 『저항과

성하게 된 것이다.

블로흐는 현대의 대표적인 무신론자로서 유토피아적 종말론을 주장한 자이다. 그는 신의 자리에 인간을 내세우면서 유토피아적 이상 세계를 인간 스스로의 힘으로 세울 수 있다고 보았다. 그는 하나님 없는 하나님 나라를 추구하는 변혁의 종말론을 제시했다. 그는 그리스도교의 유산을 저항과 혁명이라는 관점에서 재해석하고자 했다. 특히 성서에 대한 그의 해석은 기존 그리스도교에서는 찾아볼 수 없는 매우 독특한 해석이다. 일찍이 그는 '참된 그리스도인은 무신론자여야 한다'고 선언했다. 이 말은 무슨 의미인가? 그리고 그의 말대로 신이 없는 그리스도교 신앙은 가능한가? 이런 질문들을 중심으로 이 장에서는 먼저 블로흐의 생애를 간단히 살핀 후 신학과 관련된 그의 사상을 몇몇 주제를 중심으로 알아보고자 한다.

II. 에른스트 블로흐의 생애[3]

에른스트 블로흐(Ernst Bloch)는 1885년 독일 남부 바이에른 주

반역의 기독교』라는 다소 생소한 이름으로 2009년 박설호에 의해 번역 출판되었다. 본 장에서는 이 한국어 판과 함께 영어 번역판을 참고했다.

[3] 블로흐의 생애에 관해서는 다음과 같은 자료들을 참고했음. Wayne Hudson, *The Marxist Philosophy of Ernst Bloch*(New York: St. Martin's, 1982), 4-19; Jack Zipes, "Introduction" to Ernst Bloch, *The Utopian Function of Art and Literature*: Selected Essays, tr. by Jack Zipes and Frank Mecklenburg(Cambridge, MA: MIT UP, 1988), xi-xliii; and Neville Plaice, Stephen Plaice, and Paul Knight, "Translator's Introduction" to Ernst Bloch, *The Principle of Hope*, 3 vols.(Cambridge, MA: MIT UP, 1986), xix-xxxiii; 김진, 『에른스트 블로흐와 희망의 원리』(울산: 울산대학교출판부, 2006).

에 위치한 작은 산업도시 루트비히스하펜(Ludwigshafen)의 한 유대인 가정에서 태어났다. 아버지는 철도공무원이었다. 블로흐는 어릴 때부터 철학에 뛰어난 재능을 발휘했다. 블로흐는 이미 10대 중반부터 산업혁명에 관해 비판적인 입장을 갖게 되었다. 블로흐는 칸트, 피히테, 쉘링, 헤겔, 마르크스, 엥겔스, 베벨, 룩셈부르크 등 독일 철학자들의 글을 읽으면서 자신의 철학을 연마해 나갔다. 블로흐는 13세에 "무신론적 차원에서 본 전체"라는 최초의 철학논문을 썼고, 17세 때는 "힘과 그 본질에 관하여"라는 논문을 썼다. 두 번째 논문에서 블로흐는 "물(物) 자체는 객관적 환상이다"라고 주장함으로써 이미 나름대로 철학적 관점을 터득했음을 보여주었다.

철학적 천재성에도 불구하고 블로흐는 학교 성적이 좋지 않아 남들보다 1년 학교를 더 다닌 끝에 고등학교를 졸업하고 1905년에 뮌헨 대학에 진학했다. 이듬해에는 뷔르츠부르크 대학으로 옮겨 철학과 물리학 및 음악을 공부했다. 1908년 블로흐는 "리케르트에 관한 비판적 고찰과 현대 인식론의 문제"라는 제목의 논문으로 박사 학위를 받았다. 이 논문에서 블로흐는 현대 심리학의 아버지 프로이트의 '무의식' 개념과는 전혀 다른 '아직-의식되지-않은 것'이라는 개념을 주장하였다. 블로흐의 이 개념은 그 후 '아직-아님의 존재론'(not-yet-being)으로 발전하여 그의 대표 저작인 『희망의 원리』를 통해 보다 자세히 설명되고 있다.

1913년 블로흐는 여성 조각가인 엘세 폰 스트리츠키와 결혼하여 가르미쉬에서 신혼생활을 시작한다. 그리고 철학자 루카치(George Lucàcs)의 주선으로 막스 베버(Max Weber)를 만나게 된다. 당시 베버는 정신분석학, 해석학, 사회주의, 여성 해방운동, 종교 문제 등을 다루는 유명한 종교사회학자였다. 하지만 블로흐는 이들과 교류를 지속하지 못하고 갈라서게 된다. 블로흐는 첫 작품으로 『유토피아의 정신』을 1918년에 출판했는데, 루카치나 베버로부터 좋은 평을 받지 못했다. 블로흐가 유토피아 개념을 통한 메시아적 자기의식을 표방하고 표현주의를 옹호한 루카치와 달리 실재론적 미학을 표방했기 때문이다. 또 이후 유토피아 개념에 관한 관심으로 인해 블로흐는 그 누구로부터도 환영받지 못하는 신세가 되었다. 즉, 그가 관심을 기울였던 마르크스주의 철학 진영에서도 비정통적이거나 사이비 사상가라는 낙인이 찍히게 되었다.

블로흐는 『유토피아의 정신』에서 프로이트의 정신분석학과 전혀 다른 '아직-아님의 존재론'을 발전시켰으며, 한 번도 의식되지 않은 미래적인 사건들에 대한 예견을 철학의 주제로 제시했다. 후에 그의 대표작이 된 『희망의 원리』는 그만의 독특한 철학인 '아직-아님의 존재론'을 구체화시킨 작품이다. 그는 기존에 이미 있었던 것을 정리한다는 의미에서 '황혼에야 날기 시작하는 올빼미로서의 철학'을 거부하고 미래를 철학으로 끌어들인다. 그가 '아직 존재하지 않는 것', '아직 의식되지 않고 있는 무엇' 등에 관심을 쏟은 것도 그 때문이다. 심리학자 프로이트는 현재의 의식을 과거의 것에서 구하려 한 반면 블로흐는 미래의 것, 아직 존재하지 않는 무엇에서 찾고자 했다. 그래서 두 사람 모두 꿈에 주목했지만, 프로이트의 꿈은 과거를 들여다보는 창(窓)인 반면, 블로흐에게 꿈은 미래를 읽어내는 단서였다.

또한 블로흐는 마르크스가 주장한 이상 사회를 유대-그리스도교적 종말론과 통일시키려 했다. 즉, 블로흐는 마르크스와 그리스도교의 유토피아 개념을 통합하여 인간과 자연이 함께 생산활동을 하고 인간 기술이 자연 주체와 제휴를 이루는 자유의 왕국, 하나님 없는 하나님 나라라는 희망을 제시하고자 했다. 그것은 구체적인 역사와 매개되어 실현될 수 있는 희망이었다. 그러므로 그가 제시한 유토피아는 일상적인 것이 되었고, 모든 물질적 잠재성 가운데 아직 아닌 것으로 기능하게 되었다.[4] 블로흐는 1917년 독일제국의 전쟁을 비판하는 논문들을 발표한 것을 계기로 스위스에 1년간 망명했으며, 그 후

1920년대에는 방랑의 시기를 거친다. 1921년 부인 엘세가 죽은 후 모든 사람과 교제를 끊었으며, 그동안 작업했던 『혁명의 신학자 토마스 뮌처』를 탈고하여 출판했다. 그리고 블로흐는 다시 베를린으로 이주해서 화가 린다 오펜하이머와 재혼하였고, 1924년부터 1926년에 이탈리아, 북아프리카, 프랑스 등을 여행하고 다시 베를린에 돌아왔다. 이후 두 번째 부인과도 이혼하고 유대계 폴란드 출신 건축기사 카롤라 피오르코프스카와 1934년에 결혼한다.

1930년대는 블로흐에게 망명의 시기였다. 히틀러가 독일을 통치하면서 블로흐는 외국으로 망명생활을 시작했다. 1933년에 블로흐는 나치에 쫓겨 스위스로 망명하였고, 나치 세력이 전 유럽에 영향을 미치는 것을 목도하면서 1938년 다시 미국으로 망명하였다. 이후 10년간 미국에서 생활하면서 『희망의 원리』, 『자연법과 인간의 존엄성』, 『종교철학적 연구 주관-객관: 헤겔 연구』 등을 집필했다. 마르크스주의 철학자였던 블로흐는 당시 미국에서 일자리를 찾을 수 없었으므로, 건축 기사였던 부인이 생활을 담당해야만 했다. 미국 망명 시절 "보다 나은 삶을 위한 꿈"이라는 제목으로 집필이 끝난 『희망의 원리』는 신학자 파울 틸리히의 주선에도 불구하고 결국 출판되지 못했다. 그 대신 『희망의 원리』 중 일부분이 『자유와 질서』라는 이름으로 1946년 뉴욕에서 출판되었다.

제2차 세계대전이 끝나자 블로흐는 미국에서의 망명생활을 청산하고 1948년 동독의 라이프치히 대학 철학 교수로 초빙되었다. 이어서 그의 책 『주관-객관』과 『희망의 원리』 제1권과 제2권이 출간되었고, 블로흐는 동독의 국가상을 수상하였으며 독일 학술원 회원으로 추대되었다. 그는 이제 동독을 대표하는 철학자로 추앙받게 되었다.

1956년부터 동구에 불었던 자유화 바람을 차단하기 위해 소련 공

---

4 김진, 앞의 책, 31.

산당은 제20차 전당대회를 통해 스탈린주의를 선포한다. 블로흐는 스탈린주의를 비판하기 시작했고, 당연히 동독 공산당으로부터 숙청의 대상이 되었다. 그는 특히 헤겔에 대한 재평가와 교조적 마르크스주의의 결정론 비판, 예술과 크리스천-마르크시스트 대화를 지지한다는 이유로 비판을 받게 되었다. 블로흐는 교조주의적 마르크스주의와 동독 정부를 격렬하게 비판하였으며, 그 결과 교수직에서 쫓겨났고 더 이상 강의와 강연을 하지 못하게 되었다. 블로흐의 제자들 역시 감옥에 가거나 망명을 떠나야만 했다. 이런 정치적 상황에서 블로흐는 1958년 헤겔학회 참석차 서독의 프랑크푸르트를 방문하였는데, 이것을 시작으로 서독 방문이 늘어나게 된다. 블로흐는 1960년 튀빙겐, 하이델베르크, 슈투트가르트 등에서 강연하였고, 튀빙겐 대학으로부터 객원교수로 초빙을 받았다. 1961년 블로흐는 서독의 바이로이트와 뮌헨을 방문하던 중 동베를린 장벽 설치에 관한 소식을 듣고 동독으로 돌아가지 않고 서독에 남기로 결심한다. 이때부터 블로흐는 튀빙겐 대학의 객원교수로 활동하게 되었다. 튀빙겐 대학 객원교수로 취임하면서 블로흐는 "희망이 환멸로 바뀔 수 있을까?"라는 제목의 강연을 하였다. 그의 사상적 여정이 고스란히 표현된 것이다.

이후 블로흐는 자본주의 국가인 서독에 살면서 반전반핵운동, 평화운동, 환경운동에 앞장섰다. 1964년 독일 노동조합의 문화상을 수상하였고, 1967년에는 독일 출판협회의 평화상을 수상하였다. 나이 83세 되던 1968년에 블로흐는 『그리스도교 안의 무신론』이라는 역작을 출간함으로 신학계의 주목을 받게 되었다. 그 후 자그레브 대학, 튀빙겐 대학, 소르본 대학 등에서 명예박사 학위를 받았다. 블로흐는 1977년 8월 4일 눈을 감았다. 그가 평생에 걸쳐 쓴 16권의 저작과 기타 유고들은 독일의 수어캄프(Suhrkamp) 출판사에서 출판되고 이후 각국의 언어로 번역되었다.

III. 블로흐의 철학의 주요 주제들

1. 유토피아를 지향하는 희망의 원리로서의 낮꿈

블로흐는 '유토피아'(utopia)라는 개념을 통해 그의 사상을 전개해 나갔다. 블로흐에 따르면, 유토피아란 아직 이루어지지 않은 희망의 현재적 표현이다. 유토피아는 미래의 새로운 사회를 추구하는 인간의 주체적 의지 속에 지속적으로 존재하며, 희망과 자유를 끊임없이 추구하게 만드는 동력이다. 블로흐는 희망과 자유를 지향하는 인간의 욕구가 어떻게 표출되는지를 설명하기 위해 '낮꿈'이라는 독특한 개념을 제시한다. 낮꿈은 심리학자 프로이트가 주장한 '밤꿈'과 대비되는 것이다. 프로이트에 의하면, 꿈은 무의식의 표현이다. 특히 인간의 기본적 자아인 이드(Id)가 무의식적 정신 영역에서 활동하는데, 이드가 억압되어 있다가 꿈으로 나타난다는 것이다. 즉, 프로이트의 밤꿈은 주로 과거의 억압된 성적 욕망이 재현되는 장소이자 욕망을 성취하는 장소이다. 반면에 블로흐는 밤꿈보다 낮꿈이 더 중요한데, 낮꿈이란 현실에서 자신에게 없는 것을 인식하고 이를 실현하기 위한 유토피아적 이상을 표현한다고 보았다.

블로흐의 낮꿈은 덧없이 출현했다 사라지는 것도 아니고, 예언적이거나 지시적인 것이 아니다. 그것은 형상으로 나타난 갈망의 성취이자 어떤 무의식적인 바람에 대한 가상적 실현이다. 프로이트의 밤꿈이 과거지향적이고 완료와 단절을 제시하는 반면, 블로흐의 낮꿈은 미래지향적이며 지속적인 경향을 보인다. 즉, 블로흐는 미래지향적 요소를 지닌 낮꿈의 해석을 통해 희망의 원리인 '유토피아'를 제시하고자 한다.

밤에 꾸는 꿈과는 달리 낮꿈은 공중의 화폭에다가 자유자재로 선택할 수 있으며 반복할 수 있는 형상들을 그리고 있다. … 낮에 꾸는 꿈은 무언가를 궁리하고 계획한다. 그것은 은유자적한 방법으로 정치적, 예술적, 학문적 사고를 계속 추적해 나간다. … 낮꿈은 계속적 사고를 요하는 많은 착상을 전해주고 있다.[5]

프로이트의 밤꿈은 성적인 본능이 억압된 과거에 너무 집착하고 있다고 블로흐는 비판한다. 즉, 인간 개개인의 성적 욕망을 억압함으로써 성적인 의미를 지닌 형태가 모든 종류의 꿈에 나타난다는 것이다. 반면에 블로흐는 낮에 꾸는 꿈, 더 밝은 세상에 대한 꿈이야말로 실제로 인간을 움직이게 하고 역사를 진전시키는 것이라고 주장한다. 인간이 꾸는 낮꿈 속에는 여러 가지 사적이고 일시적인 충동뿐 아니라 새로운 미학과 사회개혁을 추구하는 열망이 들어 있다. 인간은 낮의 다양한 꿈들, 동화, 스포츠와 음악, 사랑과 같은 방식을 통해 자신의 소망을 표현하는데, 때때로 이것들은 지금 시점에서 이루어지지 않지만 미래를 향하고 있다. 즉, 미래를 향한 '희망의 원리'로 작용하고 있다는 것이다.

블로흐는 낮꿈을 꾸며 미래를 지향하는 인간을 '아직-아닌 존재'로 제시한다. 인간은 어둠과 굶주림과 같은 인간실존의 갈망을 갖게 되는데, 이런 것들이 바로 인간을 존재하게 만드는 충동이나 생명력으로 기능한다는 것이다. 여기서 인간 존재의 굶주림과 같은 내적 갈등은 프로이트가 말한 무의식의 근원인 성적 에너지 리비도와 연결되어 있는 반면, 어둠은 사회경제적 차원과 관계를 맺고 있다. 즉, 어둠의 차원은 낮꿈, 즉 유토피아적 희망과 연관되어 있다는 것이다. 프로이트의 밤꿈이 억압되어 있던 무의식을 통해 발현되는 반면, 블로

---

5 에른스트 블로흐/박설호 역, 『희망의 원리 1』(서울: 열린책들, 2004), 160.

흐의 낮꿈에서는 아직 성숙되지 않은 것, 아직 존재하지 않은 것, 아직 실현되지 않은 것에 대한 의식이 잠재성으로 남아 있으며, 이것이 인간 모두에게 유토피아적 이상으로 작용한다는 것이다. 더 나아가 인간은 현존하는 모습을 통해 미래에 관한 희망을 낮꿈을 통해 상상하거나 기대한다. 그것은 곧 희망의 원리가 되어 현순간을 살아가는 힘이 된다. 또한 낮꿈을 통해 기대된 유토피아적 이상은 인간의 구체적인 사회경제적인 현실에 바탕을 두고 실현되어 나가는 지속성을 갖게 된다.

이렇게 블로흐의 낮꿈은 유토피아를 지향한다. 그것은 아직 이루어지지 않은 희망의 잠재적 표현이다. 여기서 유토피아란 단순히 실현 불가능한 관념을 의미하지 않는다. 오히려 그것은 발전가능하고 변화 가능한 미래적 개념, 즉 종말론적 개념이라고 블로흐는 주장한다. 인간에게 미래의 유토피아란 아직 해결되지 않은 지금, 즉 어둠을 포함하고 있는 정신적 공간으로서 새로운 세계를 향하여 나아가게 만드는 원리와도 같다. 블로흐에 따르면, 유토피아란 과거나 닫힌 완전으로 규정될 수 없다. 오히려 그것은 미래에 다른 모습으로 실현되는 열린 결말이라고 할 수 있다. 즉, 유토피아는 현재 있는 것을 획득하면서 동시에 현재에 없는 것을 추구함으로써 새로운 유토피아의 단계에 이르게 한다. 그럼으로써 유토피아는 새로운 사회를 추구하는 인간의 주체적 의지 속에 지속적으로 존재하게 된다.

이런 점에서 인간은 '아직-아닌-존재', 즉 '아직 실현되지 않은 존재'이다. 인간은 종말에 가서 완성된 존재가 되고 인간이 누구인가 하는 문제도 종말에 가서야 온전히 풀리게 된다. 바로 이것이 종말 때 완성될 구원이다. 아직 실현되지 않은 존재, 즉 아직 실현되지 않은 유토피아적 이상은 그것을 지향하는 인간의 꿈을 통해 표현되고 잠재적 희망으로 성장한다. 이런 희망이 현재의 물질적 조건 가운데 아직 실현되지 않았으므로, 미래에 실현되리라고 여전히 기대한다는 점에서 그것은 종말론적 희망과도 같은 것이다. 여기서 블로흐는 그리스도교적 이상에는 유토피아적 요소가 담겨 있다고 본다. 블로흐의 유토피아주의적 구원론은 마르크스주의적 유토피아 사상과 그리스도교의 하나님 나라 사상을 결합한 구원론이라고 말할 수 있다. 블로흐는 그리스도교의 하나님 나라 운동을 구약시대 예언자들의 사회주의적 유토피아 운동에서 비롯되었다고 보면서, 그것을 철저히 사회적–정치적 유토피아 운동으로 "이 지상에 실현될 하늘"을 의미한다고 주장한다.[6]

블로흐에 따르면, 또한 그리스도교의 진정한 정신은 저항과 혁명에 있다. 즉, 신정정치(神政政治)라는 이름으로 인간을 억압하는 온갖 유형의 전제정치에 저항하여 참다운 유토피아를 실현하는 것이다. 블로흐는 특히 콘스탄티누스 황제 이후의 국가화된 종교, 지배계급을 위한 종교를 신랄하게 비판한다. 이런 종교의 성직자들은 사람들을 참 신앙으로 깨우치는 자들이 아니라 잠재우는 자들이라고 비판한다. 이들은 그리스도교 신앙을 아편으로 만들어 사람들에게 먹임으로써 사람들을 잠재운다는 것이다. 이런 자들은 예수와 억압받는 자들을 배신하고서 지배권력을 옹호했다고 블로흐는 비판한다.

> 성직자들은 최초의 그리스도교 이단자를 십자가에 처형했던 권력에 자발적으로 경의를 표하였다. … 그러나 가난한 자, 착취당하는 자, 불우한 자들에게는 힘을 설교하는 대신 인내와 참음을 설교하였다. 이들 신부(목사)들은 억압자들이 힘을 사용하는 것을 조금도 문제시하지 않았다. 일상적이고 계속된 협박이든, 아래로부터 솟아오르는 불만에 대한 노골적인 잔인성이든 억압자들의 가스와 권총은 방위

---

6   Ernst Bloch, *Man on His Own* (New York: Herder and Herder, 1970), 121.

의 수단을 의미했고, 반항은 그것이 아무리 정당화될 수 있는 것이라 하더라도 폭력으로 규탄되었다.[7]

블로흐는 지배 이데올로기에 지나지 않는 국가화된 종교를 배격하는 대신 미신이나 환상이 아닌 성숙한 종교, 참된 종교를 옹호하였다. 이런 종교는 전체적 세계나 완전함과 관련된 희망의 총체, 또는 가장 강력한 희망으로 정의된다.[8] 블로흐는 이런 종교는 성서에 근거해 있으며, 그리스도교에서 최초로 참된 종교가 출현했다고 말한다. 블로흐는 특히 그리스도교의 경전인 성서야말로 사회변혁에 대한 꿈을 내재하고 있다고 주장한다. 그는 그리스도교를 비롯한 모든 종교가 지배체제와 협력하여 권력을 정당화하고 인간을 억압하는 데 이용되어 왔지만, 그리스도교의 본래 정신은 혁명과 저항의 정신이라고 주장한다. 바로 그런 혁명과 저항의 정신을 가지고 실천하는 인간만이 희망이라는 것이다. 더 나아가 블로흐는 마르크스주의적 물질론을 따르면서도 인간의 희망이 있는 곳에는 종교가 존재한다고 주장한다. 종교는 '신적 존재와의 재결합'이라는 의미에서 반동적이고 억압적인 요소를 지니고 있었지만, 이제 새로운 무엇과 결부되는 인간적 희망에서 기존의 종교를 넘어서는 새로운 종교, 미래의 유토피아를 지향하는 희망의 원리로서의 종교로 나아가게 된다는 것이다.

2. 지하의 성서를 통해 나타난 저항과 혁명의 그리스도교

블로흐는 그의 대표적인 신학 저술인 『그리스도교 안의 무신론』

---

7   Ernst Bloch, *Atheism in Christianity*(New York: Herder and Herder, 1972), 267.
8   Ernst Bloch, *Man on His Own*, 152.

이라는 책에서 성서의 새로운 해석을 제시한다. 이런 성서적 해석을 통해 그동안 그리스도교에서 잊혀져 왔던 종말론을 유토피아적 개념으로 새롭게 제시하고자 한다. 그가 말년에 저술한 『그리스도교 안의 무신론』은 "출애굽과 왕국의 종교"(zur religion des exodus und des reichs)라는 부제를 달고 있다. 이 책의 부제가 잘 암시하듯이 블로흐는 지금까지 전통적으로 교회에서 가르쳐 왔던 성서의 내용과는 달리 새로운 눈으로 성서를 읽고자 한다. 블로흐는 그것을 "지하의 성서"(eine unterirdische Bible)라고 부른다. 여기서 블로흐가 말하는 지하의 성서는 반혁명적이고 반동적인 사제들과 교권 세력들에 의해 감추어지고 삭제된 성서의 전통을 의미한다. 블로흐에 의하면, 성서 속에는 사제들이 모시는 높은 신에 대항하는 결정적인 정서가 들어 있다. 즉, 성서에는 권력의 신에 저항하고 혁명을 일으키라는 외침이 담겨 있다. 이것이 바로 지하의 성서의 맥이다. 지하의 성서는 단지 소수만이 인식할 수 있는 섬들과도 같다. 이 섬들은 물속에 잠겨버린 대륙의 산봉우리가 대양 가운데 정확한 위치에서 돌출해 있는 것처럼 성서 안에 들어 있다. 지하의 성서는 종래의 입장과는 전혀 다른 체제비판적 요소와 반정태주의(反靜態主義)적 요소를 지니고 있다. 지하 사람들이 읽는 성서 속에는 머릿속에 빛을 환하게 밝히는 비밀스러운 운동을 암시한다. 지하의 성서는 성서에 대한 문헌학적 비판을 통해 탐구할 수 있다. 블로흐는 이렇게 말한다.

> 성서 속에는 체제 파괴적이고 종말론에 해당하는 마지막 사실이 마치 끝없이 다가오는 물결처럼 출렁이고 있다. 이러한 물결의 강변에는 이집트 대탈출이라는 해방의 과업이 시도되고, 완전히 새로운 곳에 유토피아의 나라가 건설되고 있다.[9]

---

9   에른스트 블로흐/박설호 역, 『저항과 반역의 그리스도교』(서울: 열린책들,

종교의 가장 훌륭한 점은 이단자가 속출했다는 사실이다. … 우리에게 긴급하게 필요한 것은 고대 이스라엘 사람들의 잘 알려진, 혹은 은폐된 고통과 불평을 마치 탐정처럼 추적하여 분석하는 작업이다. 실제로 이 책에서 바로 이러한 이단의 역사를 추적해 나갈 것이다. 그렇게 한다면 우리는 성서에서 모든 비굴한 요소, 권력, 이데올로기, 이질적인 신화 등을 걷어내고 보물창고를 발견하게 될 것이다.[10]

지하의 성서는 성서 곳곳에 파편의 형태로 존재하고 있다. 블로흐는 구약과 신약을 통하여 자세히 예를 들며 설명한다. 먼저, 대표적인 예를 창세기 2장의 타락설화에서 찾을 수 있다. 타락설화에 나오는 뱀을 블로흐는 인간을 유혹하는 자가 아니라 인간에게 자유를 일깨우는 지혜로운 존재로 해석한다. 지혜를 상징하는 뱀을 숭배하는 전통은 역사적으로 존재했고, 성서 안에도 광야의 구리뱀에 대한 전승에 반영되어 있다고 한다. 비록 성서에서는 뱀이 악마의 원조로 해석되어 왔지만, 지하의 성서에서 파편처럼 남아 있는 전복적인 구절들을 통해 생명을 선사하는 원리이자 이 세상을 부수는 이성으로도 해석되어 왔다는 것이다.

다음으로, 야곱이 하나님의 천사와 씨름한 이야기(창 32장)를 블로흐는 악마적 공포에 맞서는 인간의 투쟁으로 해석한다. 즉, "저에게 축복해 주시지 않으면 놓아드리지 않겠다"(창 32:27)는 야곱의 청원은 겸손한 기도가 아니라 하늘을 향한 인간의 서약이라는 것이다. 마찬가지로 바벨탑 설화도 인간이 하나님께 대항하여 죄를 지음으로 일어난 언어의 혼란이 아니라, 하늘 저 위에서 전권을 행사하면서 인간을 그 아래에 복종시키는 신에 맞서 싸우는 인간을 범례적으로 제

2009), 24.
10 위의 책, 22.

시하는 것으로 해석한다. 이런 블로흐의 성서 해석은 인간을 지배하고 억압하는 신정주의적(theokratisch) 신관에 대한 비판과 관련이 있다.

이런 점에서 지하의 성서는 무신론적이다. 성서의 무신론은 욥의 이야기에서 절정을 이룬다. 블로흐는 욥을 '성서의 프로메테우스'로 부르면서, 지하의 성서 안에 프로메테우스의 저항정신이 살아 있다고 주장한다. 욥은 선한 신앙 양심에 따라 신뢰할 수 없는 판관들과 자기 친구들에게 항의한다. 왜냐하면 야웨 하나님이 만일 사탄의 활동을 허락한다면, 전능하고 선한 존재일 수 없기 때문이다. 따라서 온갖 종류의 신정론이나 변신론은 거부된다. 욥의 도덕의식은 이제 막 시작된 인간의 계몽을 의미하며, 또한 '제왕적인 신의 표상'으로부터의 탈출을 의미한다. 여기서 블로흐가 말하는 제왕적인 신의 표상으로부터의 탈출은 출애굽 사건에서 이미 실현되었다. 즉, 억압받던 히브리 노예들이 이집트를 탈출하여 가나안 땅을 향했는데, 가나안 땅은 더 이상 타율적인 신의 지배가 필요 없고 인간의 자유가 온전히 실현되는 '자유의 왕국'을 의미한다. 이렇게 블로흐는 성서의 전복적이고 혁명적인 전통을 중시하면서도 철저히 하나님이라는 존재를 부정한다. 그렇기 때문에 그는 그리스도교 안의 무신론, 곧 성서 안의 무신론을 주장하는 것이다.

3. 해방자 예수와 해방의 복음

지하의 성서는 신약성서를 통해서도 흐르고 있다. 특히 예수는 인간의 역사에서 새로운 삶을 시작하게 만들었다. "새로운 삶이 시작되었다"는 예수의 선언은 인간 역사에서 새롭고 위대한 것이며, 바로 이것이 인간의 삶에 비약적인 새로움을 주었다는 것이다. 이 선언은 본래 "새 시대가 시작되었다"는 단테의 공식이었는데, 이제 성서와 그리스도교를 통해서 이 세상에 들어오게 되었다. 블로흐는 다음과 같이 주장한다.

> 인간 적합성의 기원은 신·구약성서의 예언자들에게서만 찾아볼 수 있다. 여기에서만 인간 멍에의 질곡이 종식되기 때문에 옛 시대와 새 시대가 구별된다. 압박이 짐과 부패의 악취로부터의 해방, 신선한 공기와 열린 공간으로의 전진, 실제로 이 메시아주의를 모든 혁명적 신생 또는 재생의 선험적인 것으로 만드는 자연의 휴머니즘(humanism), 그리고 인간 미래의 진보 등은 모든 시대에 계속되었던 메시아주의의 유일한 슬로건이 되었다. '새로운 삶이 시작되었다'는 것은 새로운 시대를 열었다는 단테의 공식이다. 그 뿌리는 현대 경제학에 있다. 그러나 그 뿌리의 이데올로기적 성장에 영양을 공급한 흐름, "새 시대"라는 이름을 가능하게 하였고 또 가능하게 하고 있는 흐름은, 그리스도교에 의해 활성화된 새 시대를 위한 만족할 줄 모르는 파토스로부터 발생한 것이었음을 아무도 부인하지 못할 것이다.[11]

새로운 삶이 시작되었다는 선언의 구체적인 내용은 성서와 그리스도교 역사를 통해서 지속되었는데, 특히 메시아 예수의 출현이야말로 역사 속에서 새로운 삶이 시작된 것의 절정이다. 그렇다면 예수에게서 시작된 새로움이란 무엇을 의미하는가? 블로흐는 예수가 선포한 해방의 복음을 '이 세상에서의 새로운 삶의 새 시작'이라고 정의한다. 이런 점에서 예수는 구세주이자 메시아이다. 이 말은 전통적으로 예수를 대속론이라는 측면으로 이해하지 않고, 새로운 삶의 시작이 역사적으로 예수를 통해, 또한 예수와 더불어 시작되었다는 것을 의미한다. 즉, 예수를 통하여 역사적 출발점이 이루어졌다는 것이다.

---

11 Ernst Bloch, *Man on His Own*, 79-80.

그리스도교 의식(consciousness)에서 '새로운 삶이 시작되었다'는 것은, '본디오 빌라도 아래에서'라는 표현에서 보듯이 연대적으로 독특한 역사적 출발점을 가지고 있다. … 마치 예수 이전에는 새로운 것이라고는 하나도 없었고 사람들이 이 한 가지 새로운 것을 열망만 하고 제시만 하고, 기대만 하였던 것처럼 시간 안에서 새로운 것(a novum)으로 출현하였다.[12]

블로흐가 예수를 보는 관점은 십자가 사건보다는 십자가 사건 이전 예수의 삶과 복음 및 그의 인격에 맞춰져 있다. 또한 신약성서가 보도하는 예수에 대해 블로흐는 철저히 무신론적으로 해석한다. 예를 들어, 예수에게 붙여진 사람의 아들은 하나님의 아들이 아니라 그리스도의 숨은 표징으로서, 종말론적으로 이해되어야 한다. 왜냐하면 그가 바로 마지막 날 새 하늘과 새 땅이 창조되는 순간에 활동하게 될 자이기 때문이다. 그런데 장차 도래할 형상인 사람의 아들이 이제 헬라화된 그리스도교에서 마치 로마의 개선장군처럼 제의적으로 높여진 주님으로서의 그리스도상으로 대체되었다고 블로흐는 비판한다. 이런 헬라화된 그리스도교는 바울에 의해 발전되었다. 즉, 바울은 교회의 번영을 위해 십자가의 인내를 부르짖게 되었다. 바울이 예수의 혁명적 복음을 내세 중심주의와 내면 중심주의로 바꾸고, 결국 반동적이고 체제 옹호적인 신앙 체계로 변모시켰다고 블로흐는 비판한다.

블로흐는 십자가 이전의 예수의 인격, 삶, 종말론적인 해방의 메시지와 그가 벌인 사역 모두가 구원의 능력을 가진다고 주장한다. 반면에 블로흐는 예수의 십자가상의 죽음에서 흘린 피가 공적으로 인간에게 구원을 가져온다는 주장은 결국 예수의 자아충족적인(self-

---

12 위의 책, 76.

sufficient) 공적의 결과로 구원이 이루어진다는 주장이라고 비판한다. 이런 주장은 개인주의적, 영적 구원을 정당화할 수 있지만, 구원의 사회적, 정치적, 물질적 차원을 포함하지 못한다. 무엇보다 예수의 해방적 실천이 예수의 죽음을 해석하며, 그 반대는 성립하지 않는다. 다른 말로 하자면, 하나님의 용서하는 사랑과 치유 능력의 임재는 예수의 말과 행동에서 구체적 형태를 부여받는다는 것이다. 즉, 예수의 인격과 정체는 그의 해방의 복음과 그가 벌인 운동과 불가분리적 관계에 있다. 예수의 죽음보다는 예수의 삶과 말에 구원의 실제적 효력이 있다는 것이다.

블로흐는 성육신 사건이 일어난 방식에 중요한 신학적 의미가 있다고 본다. 즉, 마태복음과 누가복음에 기록된 예수의 탄생 이야기야말로 예수의 해방의 구원론을 파악할 수 있는 중요한 단서라고 본다. 이것은 하나님으로부터의 인간의 해방을 보여준 사건이며, 구유에 놓여 있는 아기 예수에게서 하나님이라는 존재는 끝났음을 의미한다. 그러므로 예수의 성육신 사건은 '하나님으로부터의 출애굽'이다(Exodus from God). 여기서 블로흐의 독특한 무신론적 주장을 엿볼 수 있다. 블로흐는 이렇게 주장한다.

> 별은 말구유까지 여행하였다. 그 말구유에서 하나님은 끝나게 되었다. 하나님은 무로 끝나게 된 것이 아니고, 이후부터 인간과 세계에서 태어나도록 촉구되고 추구되어 왔던 것의 정체인 자아해방, 곧 '신의 인간 되심'(cur-Deus-homo)으로 신이라는 존재가 끝나게 되었다.[13]

다른 말로 하면, 이제 신은 인간이 됨으로써 인간을 해방한다는

---

13 위의 책, 225.

것이다. 신이 인간이 되어 나타난 이 아기에게 사람들은 기도를 드리며 그를 구세주라고 예배한다. 이게 바로 성육신의 의미이며, 바로 여기에 그리스도교의 본질이 있다는 것이다. 더 나아가 예수의 부활과 승천 역시 블로흐는 무신론적으로 해석한다. 즉, 예수는 부활과 승천을 통해 하나님의 권좌에 앉게 됨으로써, 이제 천국은 하나님의 사유지에서 인간의 도시로 변모하게 되었고, 그것이 바로 묵시록에서 묘사하는 새 예루살렘이라는 것이다. 예수가 하나님의 권좌를 빼앗은 이야기야말로 종교사에서 가장 혁명적인 표현이며, 이것은 창세기 타락 설화에 나오는 "너희는 신과 같이 되리라"는 구절이 실현된 것을 의미한다.

그렇다면 예수의 복음은 구체적으로 무엇을 의미하는가? 블로흐는 예수가 전한 메시지가 구원의 능력과 효력이 있다고 주장하면서 매우 독특한 해석을 내놓는다. 한마디로 블로흐는 예수의 복음의 내용을 사랑과 희망으로 설명한다. 바로 이것이 예수의 해방의 복음의 특징이라는 것이다.

> 본래 복음의 실제 내용은 복음의 개방성과 일체성을 보유하고 있다. 도덕적으로는 노동자들과 무거운 짐 진 자들을 위한 사랑으로 가득 차 있고, 종말론적으로는 소위 우리의 '가면이 벗겨진 얼굴'의 계시에 대한 희망으로 가득 차 있다.[14]

구체적으로 복음의 내용은 무엇인가? 첫째, 예수가 전한 복음의 내용은 사랑이다. 여기서 사랑은 감상적, 낭만적, 철학적 사랑 따위를 말하지 않고, 전복시키는 혁명적인 사랑을 의미한다. 대표적으로, 첫째가 되는 꼴찌의 사랑이 바로 그런 것이다. 이런 정치적, 혁명적 사

---

14 Ernst Bloch, *Atheism in Christianity*, 145.

랑으로 인해 예수는 십자가에 달리게 된 것이다. 예수는 보잘것없는 미미한 자, 노동하고 무거운 짐 진 자들, 차별받고 억압받는 자들을 위한 사랑의 공동체를 창설하고자 했다. 그러므로 사랑의 정신으로 서로 남에게 양보하고 서로 섬기라는 예수의 계명은 혁명적인 성격을 갖는다.

> 예수의 설교 중 유일하게 순수한 사회적-도덕적 요소는 형제애에 관한 것인데, 이것은 사랑에 관한 가르침에 속한다. "여기 내 형제 중에 지극히 보잘것없는 사람 하나에게 한 것이 곧 내게 한 것이다"(마 25:40)라는 말은 심오하고도 내재적인 말이며, 생생하고도 실제적인 말이다. 하나님에 대한 소박한 사랑은 여기서 노동하고 무거운 짐을 지고 있는 사람들을 위한 사랑으로 바뀐다.[15]

둘째, 예수가 전한 복음의 내용은 희망이었다. 여기서 희망은 막연한 바람이나 피동적인 기대가 아니라 전투적인 희망을 의미한다. 블로흐는 예수가 제2의 출애굽을 인도했다고 주장한다. 즉, 예수가 인도한 출애굽은 이집트의 오시리스 신의 지배로부터 해방을 의미한다. 블로흐는 기원전 13세기에 있었던 출애굽 사건을 인류 역사에서 일어난 모든 해방 사건의 기본 모형으로 보며, 바로 여기에서 모든 혁명운동이 탄생했다고 주장한다. 또한 출애굽 사건은 사회적, 정치적 해방뿐 아니라 자유, 정의, 미래, 희망, 진보의 의미를 담고 있다. 출애굽 사건은 현상 질서로부터의 탈출이며, 권위주의적 종교와 신으로부터의 해방도 의미한다. 이 출애굽 사건이 성서의 기본적 핵심적 구원 사건이며 인간에게 가장 복된 소식이다. 예수는 바로 이런 의미의 출애굽을 일으켰으며, 예수 자신의 성육신 사건이 바로 하나님으

---

15 위의 책, 140–141.

로부터의 출애굽을 의미한다. 즉, 예수 자신이 신에게서 나와서 인간이 되었다는 것이다.[16] 블로흐는 온갖 잔인하고 무자비한 군주적인 신의 모습을 비판했으며, 이런 군주적 억압의 지배에서 예수가 의도적으로 출애굽(즉, 탈출)한 것이라고 주장한다.

블로흐는 "수고하고 무거운 짐 진 사람은 다 내게로 오라. 내가 너희를 편히 쉬게 하리라"(마 11:28)라는 예수의 초청을 정신적 위로나 십자가의 멍에를 의미하지 않고, 오히려 비참과 억압을 지속시키는 구시대가 끝났다는 혁명적 외침, 희년의 정치적-종교적 외침, 메시아 왕의 등극을 가리킨다고 주장한다. 이렇게 예수의 복음은 폭발적 희망, 즉 해방을 위한 혁명적 추진력을 지닌 희망의 복음이다.[17] 다시 말하자면, 예수의 복음은 구체적으로 이 세상 비극의 마지막과 행운의 시작을 가져오며, 구원의 정치적-종교적 의미를 전달한다. 이런 점에서 예수의 복음은 전투적인 희망의 복음이다. 블로흐는 예수의 복음은 가장 뛰어난 해방의 복음이요 혁명적인 현실주의라고 규정한다. 그리고 참되고 본래의 의미에서 복음은 이 지상의 현실주의와 동일한 것이었다.[18]

종말론적 성격을 가지고 있는 예수의 설교는 기존 시대에 대해서 전혀 타협적인 것이 아니었다. 입만 나불거리는 것과 교회의 타협에 대하여 예수의 설교가 어째서 그토록 예민하였는가 하는 이유가 바로 여기에 있다. 예수의 설교가 수고하고 무거운 짐 진 자들 사이에서 철저한 사회운동으로 시작된 이래로 그것은 다른 종교와 아주 판이한 대조를 이루었다. 동시에 예수의 설교는 과거 4,000년 동안 받

---

16 Ernst Bloch, *Man on His Own*, 219.
17 위의 책, 47.
18 Ernst Bloch, *Atheism in Christianity*, 131.

아 온 압박 속에서 수고하고 무거운 짐 진 자들이 찾을 수 없었던 충동, 가치의식, 희망을 주었다.[19]

셋째, 사랑과 희망의 복음은 '신의 새 시대'가 도래했음을 선포한다. 즉, 예수의 복음은 종말에 이르러 하나님을 포함하여 모든 지배자가 사라지는 완전한 민주적 평등 공동체의 실현, 즉 '하나님 없는 하나님 나라의 실현'에 관한 것이다. 블로흐는 이렇게 말한다.

지금까지 알려지지 않았던 신의 새 시대에 관한 메시지가 있다. 낯선 하나님에 관한 복음을 말했던 이단자 마르시온, 그 후 그보다 더 이단적이었던 요아킴 디 피오레는 교회가 내세웠던 것보다 훨씬 더 훌륭하게 하나님을 이해했다. 교회가 내세우고 있었던 하나님 이해는 암몬, 마르둑, 주피터와 다르지 않은 가부장적 하나님, 상전들의 하나님이었다. 뜨겁고 상처받은 우리의 날이 끝날 수 있는 길, 우리가 하나님과 같이 되려는 모든 열망을 받아들이도록 준비시켜 줄 수 있는 길은 종말, 즉 오메가에 가서 일어날, 지배 없는 공동체, 하나님 없는 하나님 나라의 실현이다.[20]

이상에서 블로흐는 성서를 철저히 무신론적으로 해석한다. 그가 강조하는 지하의 성서라는 전통에 의하면 참다운 인간을 실현하기 위해서 우리는 더 이상 타율적인 하나님에 대한 신앙을 필요로 하지 않는다. 즉, 인간 자신이 자신 안에 잠재되어 있는 가능성을 가지고 신과 같은 존재가 될 수 있다는 것이다. 기존에 믿어 왔던 신들은 인간을 억압하고 제한하는 그런 군주적 신들이었다. 이런 점에서 그런

---

19 Ernst Bloch, *Man on His Own*, 152.
20 위의 책, 108-109.

신들은 철저히 거부된다. 그러므로 인간의 참된 구원과 해방을 지향하는 그리스도교는 본질적으로 무신론이라는 것이다. 따라서 블로흐에 의하면, 오직 무신론자만이 참된 그리스도인이 될 수 있으며, 반대로 오직 그리스도인만이 참다운 무신론자가 될 수 있다는 것이다. 무신론은 종교적 유토피아 사상의 반대가 아니라 오히려 그 전제이다. 무신론 없이는 메시아사상이 있을 수 없다고 블로흐는 주장한다. 무신론은 전통적인 종교적 틀에서 이해되지 않으며, 오히려 인간이 어떻게 자신을 초월하는가를 보여주는 일종의 종교와 같은 것이다. 그러므로 블로흐가 주장하는 참된 종교는 하나님 중심이 아니라, 인간학, 종말론, 메시아사상, 유토피아 사상, 무신론 중심이다.

블로흐에 따르면, 무엇보다도 이런 가능성을 실현시킨 자는 예수이다. 예수가 구세주인 것은 그가 종교 창립자이기 때문이고 그 자신이 좋은 소식과 구원의 내용이 되었기 때문이다. 그리고 요한복음에서 예수는 "아버지와 나는 하나이다"(요 17:22)라고 말했다. 여기서 구세주 예수는 하나님과 동등하다고 주장하는데, 이것은 하나님과 동일본질로서의 예수는 하나님의 절대성과 초월성을 무효화한다.[21] 즉, 초월로서의 하나님을 무효화시킴으로써 예수는 하나님이 되었고, 지금까지 하나님으로 상상되어 왔던 공간을 비워 버렸다는 것이다. 그리고 예수는 자신을 하나님으로 대체하였다. 자신을 하나님에게 투사하고 인간의 가능성의 유토피아가 된 사람의 아들은 신앙 공동체의 중심이 되었고, 결과적으로 하나님을 변두리로 밀어냈다는 것이다. 그리하여 예수는 구원을 성취했다.

사람의 아들로서 예수는 그 자신을 초월자에게 투사한다. 즉, 그는 조로아스터나 붓다보다도 더 정확하게 그의 하나님을 초인간화

21　위의 책, 190.

(superhumanization)함으로써 자기 자신을 나타내고 있다. 그는 현존하는 인간보다도 가능성의 인간 유토피아로 자신을 투사한다. 예수는 이러한 가능성의 인간이 지니고 있는 핵심과 종말론적 형제(자매)애를 모범적으로 보여주며 살았다.[22]

블로흐는 자신의 무신론적 사상을 계속해서 이렇게 피력한다.

과거에 하나님은 신화적 변두리에 있었다. 이제 하나님은 본래 인간의 자리, 인간의 이상적 중심, 하나님의 이름으로 모이는 곳이면 어디나 존재하는 공동체의 중심이 되었다. 이러한 일이 가능하게 하려면 확신을 주는 창립자가 필요하다. 따라서 창립자는 손으로 만질 수 있는 육신을 입고 이 세상에 오게 되었고, 본디오 빌라도에 의해 십자가에 달려 죽었다.[23]

결국 블로흐에 따르면, 하나님은 예수라는 인간으로 나타났고, 이 예수는 곧 자신을 신과 동등케 함으로써 신을 부정하고, 신을 자신으로 대체한 새로운 신-인(神人)이다. 예수는 하나님의 자리를 빼앗아 '하나님 안으로 출애굽하였다'(Exodus into God). 여기서 우리는 신 없이도 인간의 구원이 가능함을 깨닫게 된다는 것이다. 이 역사적 예수가 해방자요 구원자이다. 이 예수가 바로 현세적인 신이요, 인간적인 신이다. 이 예수가 바로 하나님 나라를 예시했을 뿐 아니라 그것을 이미 시작하였다. 그리고 인간 호민관(human tribune, 인간 옹호자, 보호자)으로서 초월 세계에 침투하여 그곳을 유토피아적 왕국으로 삼았다. 예수는 원인간(原人間, Makanthropos)이자 미래 왕국의

---

22 위의 책, 184.
23 위의 책, 184.

형태이고 인물이다.[24] 예수는 철저한 사랑의 공산주의를 주장하며 현존하는 소외된 세계의 실재를 거부하는 대신 새 하늘과 새 땅, 곧 하나님 나라의 약속을 미리 예시(豫示)했다. 이 약속은 현재 역사의 영역을 초월하면서도 동시에 역사 내에 있는 새 하늘과 새 땅에 대한 유토피아적인 비전이기도 하다.

IV. 나가는 말

이상에서 살펴본 것처럼, 희망의 철학자 에른스트 블로흐는 낮꿈을 유토피아를 지향하는 희망의 원리로서 제시했다. 그가 살던 절망과 혼돈의 시대에 유토피아와 희망을 제시한 것만으로도 큰 의미가 있다. 아마 그 자신이 망명자의 생활을 통해 느끼고 체험한 바가 반영되었는지도 모른다. 블로흐는 마르크스주의 철학자였지만 현실 마르크스주의의 교조성에 환멸을 느꼈고, 오히려 사회변혁의 문제를 성서와 그리스도교의 혁명적, 해방적 전통에서 그 해답을 찾았다. 그의 관심은 참다운 인간 해방에 있었다. 무엇보다 그가 그리스도교 전통과 성서를 저항과 혁명의 시각으로 보고자 한 것은 매우 의미 있는 일이다.

블로흐는 이른바 신의 이름으로 자행되는 어떤 종류의 억압도 거부한다. 그가 파악한 종교의 본질은 인간을 내면적으로, 사회적으로 참되게 해방시키는 것이다. 그는 "그리스도교는 무엇보다도 해방을 목표로 하는 종교적 유산이다"라고 단호하게 선언한다.[25] 그러므로 그리스도교 자체야말로 인간을 억압하는 온갖 종류의 신정통치로부

---

24 Ernst Bloch, *Atheism in Christianity*, 157.
25 에른스트 블로흐/박설호 역, 앞의 책, 307.

터 대탈출을 의미한다고 주장한다. 그렇게 될 때 신은 더 이상 필요치 않다. 즉, 인간 자신이 신이 된다는 것이다. 예수는 신이 인간이 된 사건의 전형적인 예이다. 아니 신이라는 존재는 더 이상 필요가 없게 된 사건이다. 부활 후 다시 예수는 신의 자리를 빼앗음으로 인간이 곧 신이 된 것을 보여주었다. 신이 더 이상 존재하지 않게 된 것은 물론 출애굽 사건이 가장 대표적인 예라고 블로흐는 주장한다. 예수도 이런 맥락에서 이해해야 한다는 것이다.

블로흐는 전통적인 하나님의 자리를 무신론적 종교로 대체했다. 그는 무신론적 종교를 이른바 '상속받은 종교'라고 부르는데, 종교가 본래 가지고 있었던 혁명적이고 유토피아적인 정신과 의미를 상속받았기 때문이라는 것이다. 이런 종교는 무신론과 휴머니즘에 토대를 두고 있는 종교이다. 반대로 블로흐는 점성술에 근거한 이집트와 바빌론의 신화적 종교들을 비롯해서 콘스탄티누스 대제 이후의 그리스도교는 지배자들의 이데올로기로 기능했다고 비판한다. 특히 콘스탄티누스 대제 이후의 그리스도교는 하나님을 국가화하고 사회 불의를 눈감아 주고 그것을 승인해 왔다는 것이다. 이런 지배 이데올로기로서의 종교, 국가화된 종교는 지배계급을 위한 종교요, 신앙을 아편처럼 만들어 신앙인들이 현실을 못 보도록 잠재우는 역할을 했다고 비판한다. 이런 종교는 더 이상 참된 그리스도의 공동체와 거리가 멀다고 블로흐는 주장한다.

위와 같은 블로흐의 주장은 그리스도인들에게 충격적으로 들릴 수 있을 것이다. 그의 말대로 신 없이도 인간의 구원이 가능하고, 하늘의 초월 없이 인간의 자기초월이 가능하단 말인가? 블로흐의 주장대로라면 그리스도교 예배의 대상인 신은 어떻게 되는 것일까? 신 없이 그리스도교란 종교는 가능한 것일까? 또 신 없이 신학은 가능한 것일까? 블로흐의 무신론적 유토피아 철학은 여러 가지 측면에서 비판적으로 논의할 필요가 있다고 생각된다. 무엇보다도 그의 무신론은 종교의 참된 본질에서 벗어난 현실 종교들을 비판하고 정화하는 데 도움을 줄 수 있다. 하지만 그의 사상은 그리스도교 신학에 영향을 줄 수는 있지만, 그리스도교 신학 자체로 형성되기에는 무리가 있다고 생각된다. 특히 그의 인간론에는 인간의 죄성에 관한 논의가 빠져 있고, 예수를 반신적(反神的) 또는 무신론적 구원자로 규정하는 점은 그리스도교 신학과 화해할 수 없는 부분이다. 출애굽의 의미에 대한 블로흐의 해석은 독특하면서도 창의적이지만 무신론적 관점에서 출애굽 사건을 해석한다든지 이런 해석의 결과를 예수에게 적용하여 예수를 무신론자로 규정하는 데는 문제가 있다고 볼 수 있다. 그러므로 블로흐의 『희망의 원리』를 읽고 『희망의 신학』을 출간한 신학자 몰트만은 다음과 같이 지적한다.

> 사르트르가 무신론을 인간의 자유의 유일한 토대로 삼았듯이, 블로흐도 무신론이야말로 역사 속에서 활동적인 희망의 근거가 된다고 생각하였다. 하지만 나는 탈출과 희망의 하나님, 그리스도를 다시 살리신 하나님, 부활의 영이신 하나님이야말로 역사 속에서 활동하고 고난에 저항하는 희망, 메시아사상과 묵시사상의 근거와 동기라고 생각한다. 그렇지만 미신과 우상 숭배로부터 인간을 해방하려는 무신론과 외적, 내적 감옥으로부터 오고 있는 하나님 나라의 자유로 인간을 해방하려는 메시아사상, 이 두 가지 운동은 적이 될 필요가 없으며, 오히려 서로 협력할 수 있다.[26]

블로흐가 거부한 신은 분명 인간을 억압하고 차별하는 존재였다. 그 신은 지배자들만을 위한 신이었다. 즉, 그 신은 우상이자 거짓된 신, 지배체제와 이데올로기가 내세우는 허구적인 신이었다. 그렇다

26　위르겐 몰트만/이신건 역, 『희망의 신학』, 7.

면 반대로 억압받는 인간을 참되게 해방시키고 구원하는 신은 없는가? 신을 추구하는 학문인 신학은 결국 인간학으로 환원되고 마는 것인가? 그럼 그것을 인간학이라고 하지 굳이 신학이라는 이름을 붙여야만 하는가? 물론 그는 신학자라고 자신을 표현한 적이 없다. 그가 제시한 무신론적 유토피아 사상은 전통 신학에서는 수용할 수 없는 내용이 많다. 그리고 그가 언급한 신은 더 이상 인간 해방의 역사에 참여할 자리가 없다. 이런 신은 참된 그리스도교에서 믿는 신, 성서와 역사 속에서 계시된 신과는 거리가 멀다.

또한 신이라는 개념 역시 궁극적 실재나 절대적 실재에 대한 상징이라는 점에 우리는 주목할 필요가 있다. 그렇다면 신이라는 개념을 통해 우리는 무엇을 표현하고 염원하고자 하는 것인가? 블로흐가 주장하는 대로 신이라는 존재는 인간을 억압하고 사회변혁을 반대하는 존재에 불과한 것인가? 또 신이라는 개념을 없앴을 때 인간의 가장 기본적이고 내면적인 문제들은 온전히 해결될 수 있는가? 다시 말해 신을 없애 버리면 그 자리에 또 무엇이 들어서야 하는가 하는 문제이다. 과연 인간이 온전히 신의 자리를 대체할 수 있는 것인가? 블로흐는 신을 부정하지만, 인간이 신으로 여겨왔던 공간을 폐지하지는 않았다. 그는 그곳을 궁극적인 집, 곧 하나님 없는 하나님 나라와 동일시했다. 즉, 그는 하나님 대신 유토피아적 공간, 열린 공간, 메시아적 전망의 공간, 초월, 완전한 존재, 인간 등을 말한다. 하지만 이런 개념들이 정확히 무엇을 의미하는지는 명확히 밝히지 않았다. 그러므로 블로흐의 무신론적 유토피아적 사상은 신, 인간, 유토피아, 종말론 등의 개념들에 대해 근본적인 물음을 던지게 한다.

하지만 블로흐의 성서해석학은 중요한 의미가 있다. 특히 오늘날 성서문자주의에 빠져 성서를 통해 오직 개인의 내면적인 위로와 축복만을 추구하는 한국 그리스도인들에게 분명 블로흐는 이 시대의 예언자로 다가올 것이다. 블로흐를 통해 그동안 교권에 억눌려 보지 못했던 성서의 새로운 전통, 즉 지하의 성서라는 인간 해방과 혁명의 전통을 새롭게 볼 수 있게 될 것이다. 더 나아가 그리스도교 역사상 이단이라고 정죄했던 수많은 전통 역시 인간 해방의 관점에서 새롭게 조명될 수 있게 될 것이다. 특히 복음서에 기록된 예수의 인격, 삶, 사역과 그의 복음이 가지고 있는 구원론적 의미와 능력을 명쾌하게 해명한 점은 블로흐의 공헌이다. 블로흐가 밝힌 예수가 선포한 사회적, 정치적 해방의 의미는 그리스도교 신학에 중요한 유산이 될 것이다. 무엇보다도, 예수가 전한 해방의 복음의 본질을 혁명적 사랑과 폭발적, 전투적 희망으로 규정한 점, 제도화된 극보수 종교를 거부하고, 성서 안의 희망을 본질로 하는 메타종교(meta-religion) 또는 상속받은 종교를 제시한 것은 블로흐의 가장 큰 공헌이다.

블로흐의 무신론적 유토피아 사상은 억압과 차별과 현상유지를 위해 기능하고 있는 그리스도교와 그 밖의 종교들을 참 생명과 희망과 기쁨을 주는 종교로 거듭나게 하는 데 크게 기여할 수 있을 것이다. 블로흐는 참된 종교는 폭발적인 희망의 종교여야 하며 이는 예수의 종교에서 가장 잘 나타나 있다고 주장한다. 그의 종교의 본질에 대한 정의는 오늘날 시사하는 바가 크다.

> 종교라고 할 수 있는 것의 출현은 정태적인 것이 아니고 폭발적인 메시아주의이다. 환상과 어떠한 지배자의 금기로부터도 독립된 메시아주의에서만 순전히 상속받은 기층의 종교가 발생하며 이 종교만이 총체적 희망, 폭발적 희망을 의미한다.[27]

---

27 Ernst Bloch, *Man on His Own*, 152.

제10장

::

자연재해는 신의 심판인가?
―그리스도교의 물음과 대답

> 저는 비천한 사람입니다. 제가 무엇이라고 감히 주님께 대답할 수 있겠습니까?
> ―욥 40:4

I. 들어가는 말

2010년이 시작되면서 지구촌 곳곳이 자연재해로 몸살을 앓았다. 중남미의 가난한 나라 아이티에 대지진이 일어나 무려 23만 명가량이 목숨을 잃고 말았다. 아이티는 세계에서 경제적으로 최빈국이고 정치적으로 독재에 시달리고 있는 나라이다. 더욱이 여름이면 각종 태풍으로 고통을 겪고 있었다. 국민들 대다수가 절대빈곤에 시달리고 있는 나라이다. 얼마나 가난하면 먹을 것이 없어서 진흙으로 과자를 만들어 먹기까지 하겠는가? 그런데 왜 하필이면 이렇게 가난한 나라에 이런 큰 재앙이 일어났는가? 하루하루를 어렵게 살고 있는 무고한 사람들이 갑자기 닥친 지진으로 왜 죽어야 하는가?

이런 대재난이 일어날 때마다 그리스도인들은 엄청난 신앙의 물음에 직면하곤 한다. 어째서 이런 비극적인 일이 일어나는가? 왜 무고한 사람들이 이유 없이 죽어가야 하는가? 과연 하나님은 어디 계시는가? 우주를 창조하시고 이끌어 가시는 하나님은 무얼 하시는가? 이런 비극의 현장에서 우리는 과연 하나님이 존재한다고 고백할 수 있는가? 하나님은 우리를 지키시느라 "졸지도 않으시고 주무시지도 않으신다"(시 121:3-4)는 시편 기자의 고백은 정당한 것인가? 우리의 신앙은 이런 비극적인 사건에 대해 어떻게 응답해야 하는가?

이런 아이티 대지진 참사에 대해 이른바 복음주의 보수파 목사들의 설교를 들은 적이 있다. 한마디로 아이티의 대재난을 하나님의 대심판으로 설교하고 있었다. 즉, 아이티 국민들이 토속 종교인 두부교를 신봉하기 때문에 하나님이 심판하셨다는 것이다. 따라서 하나님은 당연한 일을 하셨다는 것이다. 자연재해를 하나님의 심판으로 연관시키는 것은 이번이 처음이 아니다. 2005년 8월에는 미국 남부 뉴올리언스에 허리케인 카트리나가 강타한 적이 있다. 동남아를 휩쓸고 간 쓰나미에 버금갈 정도로 엄청난 규모의 대재난이었다. 그때에도 미국의 복음주의 목사들은 이런 대재난을 뉴올리언스 시에 대한 하나님의 대심판이라고 한결같이 주장했다. 즉, 그들은 재즈의 도시로 유명한 뉴올리언스를 온갖 죄악과 음란의 도시로 묘사하면서, 이에 대한 하나님의 대심판이 임했다는 것이다. 서울의 내로라하는 대형 교회의 어떤 목사 역시 이에 뒤질세라 카트리나 대재난은 동성애자 축제가 오랫동안 열렸던 뉴올리언스 시에 대한 하나님의 대심판이라고 설교했다. 동성애는 하나님이 미워하는 죄이기 때문에 당연히 하나님의 심판을 받아야 한다는 것이다. 또 약간 다르지만, 어떤 자들은 부시의 실정과 이라크 전쟁에 대한 심판으로 미국이 태풍 피해를 본 것이며, 따라서 하나님은 공평하신 하나님, 정의의 하나님이라고 하는 말도 들었다.

필자는 같은 그리스도인으로서 여러 가지 물음이 떠올랐다. 정말 이들이 믿는 하나님은 어떤 하나님일까? 이렇게 쉽게 심판이니 죄악이니 하는 말들을 늘어놓을 수 있는 것일까? 정말 자연재해는 하나님의 심판인가? 우리가 믿는 하나님은 심판의 하나님인가? 과연 하나님은 이런 재난을 통해 심판하시는가? 구약에 나오는 진노하시고 심판하시는 하나님이 우리가 믿는 하나님인가? 그렇다면 예수를 통해 계시된 사랑과 자비의 하나님은 어떻게 이해해야 하는가? 우리는 유대교인인가, 아니면 그리스도인인가? 또 이렇게 볼 때 자연재해뿐 아니라 전쟁이나 기타 여러 가지 불의한 사건들을 통해 죽어간 무고한 사람들의 목숨은 어떻게 되는 것일까? 600만 명의 유대인이 나치 히틀러에게 잔인하게 학살당한 것도 하나님의 심판일까? 중세 시대 마녀로 몰려 화형당한 수백만 명의 여성도 하나님의 심판일까? 하나님은 지금도 심판이라는 방식으로 정의를 실현하시는가? 그렇다면 온 인류를 사랑하신다는 하나님의 보편적인 사랑은 무엇이란 말인가? 특히 예수를 통해 계시된 사랑의 하나님은 어떻게 이해해야 하는가?

구약에 나오는 홍수설화를 이용하여 아직도 이런 물 심판이 가능하다고 복음주의 목사들은 지금도 설교한다. 그때마다 우리가 아직도 노아시대를 살고 있다고 착각하고 있지는 않은가 하는 생각이 들곤 한다. 무엇보다도 고대 사회의 세계관과 문화에서 비롯된 설화를 아무 비판 없이 현대에 그대로 적용하는 것이야말로 얼마나 유치하고도 어리석은 짓인가? 더욱이 홍수설화의 초점이 심판보다는 하나님의 구원과 새로운 희망에 있는데도 말이다. 21세기 과학의 눈으로 볼 때 현재 빈번하게 일어나고 있는 자연재해는 인간이 저지른 환경오염 때문이라고 과학자들은 지적하곤 한다. 그렇다면 잘못된 인간의 사고와 정책이 초래한 재난에 어째서 하나님이 끼어든단 말인가?

II. 고난과 악에 관한 몇 가지 신학적 해석들

인간의 역사가 시작된 후로 자연재해나 전쟁 및 불의한 여러 사건을 통해 무고한 자들이 겪는 고난과 죽음에 대한 질문은 언제나 제기되어 왔다. 이런 질문을 신학에서는 신정론(神正論, theodicy)이라고 부른다. 즉, 그런 비극적인 상황에서 하나님의 존재를 어떻게 정당화할 수 있는가 하는 문제이다. 하나님은 온 우주를 창조하시고 주관하시는 분이신데 어떻게 그런 일이 일어날 수 있는가 하는 문제이다. 다시 말해 하나님이 선하시다면 이 땅에서 인간이 종종 겪고 있는 고난과 악의 문제는 어떻게 이해해야 하는가 하는 문제이다. 선한 하나님과 악은 공존할 수 있는가 하는 문제이다. 몇 가지 대표적인 신학적인 답에 대해 살펴보도록 하자.

첫째로, 사람들은 흔히 악과 선의 싸움으로 인해 이런 고난의 문제가 일어난다고 생각하곤 한다. 이것은 세계를 선과 악의 이원적인 구도로 보는 시각이다. 이 시각은 자연재해는 악에 대한 하나님의 심판으로 일어났으며, 악에 대한 보복으로 하나님이 9·11 테러를 일으켰다고 말하는 데서, 또 부시 대통령이 몇몇 나라를 '악의 축'으로 설정하면서 이런 악과 싸우는 것을 선으로 부르는 데서 잘 드러난다. 하지만 이런 이원론적인 사고는 세계에서 가장 오래된 종교사상인 조로아스터교에서 발전된 사고이다. 일명 배화교로 번역된 조로아스터교는 기원전 7세기경 페르시아(현 이란)에서 조로아스터라는 사람에 의해 창시된 종교사상으로 현재에도 이란 북부 지역과 인도에서 숭배되고 있다. 특히 유대교와 그리스도교 및 이슬람에 지대한 영향을 끼친 것으로 알려졌다. 조로아스터교의 창조신화에 따르면 지혜의 신 아후라 마즈다(Ahura Mazda)가 천지를 창조했다. 이 아후라 마즈다 외에 다른 모든 신은 거짓 신이라고 그는 선포했다. 이는 당시 다신론이 지배적인 고대 세계에서 매우 드문 일이었다. 즉, 아후라 마즈다는 일종의 철저한 유일신론을 상징하는데, 바로 이런 사상이 위에서 망라한 세 종교에 영향을 끼친 것이다. 그런데 아후라 마즈다가 천지를 창조하면서 두 영이 그에게서 창조되었는데, 하나는 선한 영으로서 스펜타 마이뉴(Spenta Mainyu)이고, 다른 하나는 악한 영인 앙그라 마이뉴(Angra Mainyu)이다. 이 두 영은 쌍둥이로 태어나 시작부터 서로 싸울 운명이었다. 따라서 만물의 창조 때부터 이런 싸움은 시작되었으며 세상이 끝날 때까지 계속된다는 것이다. 후에 전자는 하나님의 천사로 불리게 되었고, 후자는 사탄이나 악마로 불리게 되었다. 조로아스터교에 따르면 세상은 이렇게 선한 세력과 악한 세력이 끊임없이 서로 싸우는 투쟁의 현장이며, 그 결과 비극과 고난이 발생한다는 것이다. 그것은 창조의 질서로서 아무도 피할 수 없는 것이라고 볼 수 있다. 여기서 인간은 이 두 세력 중에서 어느 한쪽에 가담해야 한다. 결국 이런 이분법적 양자택일에서 어떤 쪽을 택하느냐에 따라 인간의 운명이 결정된다.

선과 악의 투쟁의 결과로 고난과 악이 발생한다는 이런 이원론적인 관점은 성서 곳곳에 영향을 끼쳤다. 먼저 인간의 고난의 문제를 다룬 욥기에 보면 사탄이 고발자로 등장한다. 즉, 사탄이 하나님 앞에 등장하여 욥을 시험해 보라고 제안한다.(욥 1:6-12) 모든 것을 잃으면 욥이 악의 길로 빠져들 것이라는 것이다. 욥이라는 인물을 택하여 일종의 선과 악 사이의 게임을 해보자는 것이다. 하나님은 그 제안을 받아들인다. 여기서도 사탄은 악의 세력으로서 세상에서 당당하게 위세를 펼치고 있음을 알 수 있다. 선과 악 사이의 투쟁이 사탄이라는 고발자를 통해 게임처럼 전개되고 있지만, 사실 이것은 의로운 자가 겪는 고난의 문제에 대한 신학적인 문제 제기였다. 이곳에서도 하나님과 사탄을 대립시키는 이원적인 사고가 엿보인다.

복음서에는 예수가 광야에서 40일 동안 금식하며 악마의 유혹을 받았다는 내용이 나온다. 여기서는 악마가 유혹자로 등장한다. 악마는 예수를 높은 데로 데려가 세상 모든 나라를 보여주며 이렇게 말했다. "저 모든 나라 권세와 영광을 주겠소. 내가 받은 것이니 내가 원하는 사람에게 줄 수 있소. 내 앞에 엎드려 절하시오. 그러면 모두 당신 차지가 될 것이오."(눅 4:5-7) 악마의 말에서 드러나듯이, 악의 세력은 이미 세상의 권력을 차지하고 있고 영향력을 행사하고 있다. 그러므로 예수는 이 악의 세력과 타협하든지, 아니면 선한 하나님 편에 서서 악의 세력과 맞서 싸우든지 해야 하는 선택의 기로에 서 있음을 잘 보여준다. 이렇게 선과 악의 싸움이라는 이분법적인 사고는 고대 시대부터 현대에 이르기까지 많은 영향력을 발휘하고 있다. 특히 전쟁이나 큰 재난에는 더욱더 설득력을 발휘하곤 한다. 하지만 세상 전체를 이런 이원론적인 사고로 보기에는 많은 무리가 따른다. 이원론은 내가 선하면 남은 악하다는 단순논리로 세상을 바라보기 때문에 위험하기까지 하다. 세상은 이분법적으로 설명하기에는 너무도 복잡하고 광범위하다. 세상에는 흑백의 눈으로 볼 수 없는 회색 지역이나 그 외 지역이 너무나 많이 존재한다. 또 이원론은 선이 있으려면 반드시 악도 있어야 한다는 일종의 필요악의 논리로까지 발전될 수 있다. 그렇게 되면 굳이 악의 문제를 제기할 필요도, 또 이와 싸울 필요도 없게 될 것이다.

둘째로, 이런 엄청난 고난 가운데서도 여전히 하나님의 전능성에 의지하는 방법이 있다. 즉, 피조물인 인간의 능력으로는 이런 문제를 이해할 수 없으며, 반면에 전지전능하신 하나님만이 풀 수 있는 문제라는 것이다. 이는 물론 신앙을 전제로 한다. 특히 전적으로 하나님의 섭리와 신앙의 의미를 믿는 것을 전제로 한다. 인간이 당하는 고난의 문제를 다룬 욥기가 대표적인 예이다. 욥은 갑작스럽게 당한 고난 가운데서도 신앙을 잃지 않았다. 그가 당하는 고난은 자신이 가진 모든 것을 잃으면서도 과연 신앙을 지킬 수 있을지 일종의 시험 같은 것이었다. 그런데 그는 병에 걸리고 자식을 잃는 아픔을 겪으면서도 신앙을 지킨다. 그는 자기 부인마저 하나님을 저주하면서 떠났는데도 끝까지 전능하신 하나님을 믿고자 했다. 다음과 같은 고백은 그의 신앙을 잘 드러낸다. "모태에서 빈손으로 태어났으니, 죽을 때에도 빈손으로 돌아갈 것입니다. 주신 분도 주님이시요, 가져가신 분도 주님이시니, 주의 이름을 찬양할 뿐입니다."(욥 1:12)

욥기는 이스라엘이 바벨론 포로기에 처해 있던 기원전 6세기경에 익명의 저자에 의해 기록된 책으로서 총 42장으로 되어 있는데, 그중 3장에서 37장까지가 고난의 의미에 대하여 욥과 세 친구가 벌이는 토론이다. 욥의 친구들은 당시에 널리 퍼져 있던 신학적인 대답들을 제시한다. 그것들은 이스라엘이 포로기에 겪는 고난을 극복하기 위한 일종의 전통적인 지혜였다. 예를 들면, 고난은 하나님이 인간을 사랑하시기 때문에 주시는 교육적인 시련이라는 것이다. 그러므로 회개를 통해 이런 시련을 잘 받아들이고 통과해야 한다는 것이다. 그러면 하나님에 대한 더 깊고 성숙한 신앙으로 발전할 수 있다는 것이다. 그러나 욥은 이런 식의 해석에 만족하지 않았다. 그런 것은 하나의 해석일 뿐이지 고난 그 자체를 해명할 수 있는 정답은 아니라는 것이다. 욥기 38장부터 41장까지를 보면 하나님이 마침내 대답하시는 장면이 나온다. 그런데 하나님은 욥에 대한 시험이 옳았다거나 그 고난의 원인이 뭐라고 설명하지 않으신다. 그 대신 하나님은 만물의 창조자로서의 지혜를 드러내신다. 즉, 하나님은 폭풍 가운데 이렇게 대답하신다. "네가 누구이기에 무지하고 헛된 말로 내 지혜를 의심하느냐? 이제 허리를 동이고 대장부답게 일어서서, 묻는 말에 대답해 보아라. 내가 땅의 기초를 놓을 때에, 네가 거기에 있기라도 하였느냐? 네가 그처럼 많이 알면, 내 물음에 대답해 보아라. 누가 이 땅을 설계하였는지, 너는 아느냐? 누가 그 위에 측량줄을 띄웠는지, 너는 아느냐?"(욥 38:2-6) 한마디로 창조자 하나님은 인간이 아니라 하나님이시며, 인간은 창조자 하나님이 아니라 그의 피조물이기 때문에 당연히 이런 고난의 의미를 헤아릴 수 없다는 것이다. 욥 역시 이렇게 대답한다. "저는 비천한 사람입니다. 제가 무엇이라고 감히 주님께 대답할 수 있겠습니까?"(욥 40:4) "잘 알지도 못하면서 감히 주님의 뜻을 흐려 놓으려 한 자가 바로 저입니다."(욥 42:3) "그러므로 저는 제 주장을 거두어들이고, 티끌과 잿더미 위에 앉아서 회개합니다."(욥

42:6) 욥은 자신이 도덕적으로 잘못을 저질렀다고 고백하지 않았다. 또 하나님 역시 그런 것으로 문제를 제기하시지 않으셨다. 오히려 욥은 창조자 하나님 앞에 겸손히 돌아가 피조물의 한계를 인식하고 신앙을 고백하고 있다. 창조자 하나님 앞에서 자신은 한낱 비천한 존재에 불과하다는 것이다.

이렇게 인간의 한계를 인정하고 신에 대한 고백으로 고난을 극복하고자 하는 자세는 이 땅에서나 사후에 주어질 보상으로 더욱 정당화된다. 지금은 고통스러워도 언젠가 때가 되면 하나님이 보상해 주신다는 것이다. 욥의 경우 하나님이 다시 욥의 재산을 회복시켜 주시고 이전보다도 더 많은 것으로 보상해 주는 것으로 이야기가 끝난다. 이런 이생에서의 보상뿐 아니라 종말의 때나 사후에 이루어질 보상도 종종 강조된다. 그때가 되면 악은 심판을 받고 선이 보상을 받는다는 것이다. 구약에 나오는 메시아에 대한 대망이나 신약의 예수 재림에 대한 기대 등이 바로 그런 것들이다. 구약의 전통에 따르면 때가 되면 메시아가 도래하는데, 그는 "뭇 민족에게 정의를 베풀 자이다"(사 42:1). 그때가 되면 "이리가 어린 양과 함께 살며, 표범이 새끼 염소와 함께 누우며, 송아지와 새끼 사자와 살진 짐승이 함께 풀을 뜯고, 어린아이가 그것들을 이끌고 다닌다. 암소와 곰이 서로 벗이 되며, 그것들의 새끼가 함께 누우며, 사자가 소처럼 풀을 먹는다. 젖 먹는 아이가 독사의 구멍 곁에서 장난하고 젖 뗀 아이가 살무사의 굴에 손을 넣는다. 나의 거룩한 산 모든 곳에서 서로 해치거나 파괴하는 일이 없다"(사 11:6-9). 이런 앞날에 대한 환상을 통해 현재의 고난은 찬란하게 빛을 발하게 된다. 그것은 무의미한 것이 아니라 더욱 의미 있는 것이 된다. 신약성서 마지막 책인 요한계시록에도 이런 유토피아적인 환상이 잘 표현되어 있다. "그들의 눈에서 모든 눈물을 닦아 주실 것이니, 다시는 죽음이 없고, 슬픔도 울부짖음도 고통도 없을 것이다. 이전 것들이 다 사라져 버렸기 때문이다."(계 21:4) 이런 신앙적인 관점은 대부분 그리스도인들에게 가장 익숙한 해석방법일 것이다. 하지만 이런 관점은 신앙이 없을 때는 무의미한 것으로 되어 버린다. 그리고 하나님에 대한 신앙은 현재 겪고 있는 고난을 참고 견디는 데 의미를 부여하고 힘이 될 수는 있지만, 그것에 대한 논리적인 답이나 설명은 될 수 없다는 데 문제가 있다.

셋째로, 이런 고난 가운데 하나님이 적극적으로 함께하고 있다는 생각이다. 더 나아가 고난과 관련하여 하나님이 옳고 그르냐를 논하기보다는 현재 고난의 실재를 바라보고 그것을 극복하기 위해 노력하고 투쟁해야 하며 바로 그런 투쟁 가운데 하나님이 함께한다는 것이다. 다시 말해 인간이 겪는 고난을 그대로 수동적으로 받아들일 것이 아니라, 그것을 하나님이 고난과 악을 극복하는 과정에 참여하라는 부름으로 적극적으로 해석해야 한다는 것이다. 이런 입장을 이른바 "저항의 신정론"(protest theodicy)으로 부르기도 한다.

일찍이 홀로코스트를 경험한 바 있는 유대인들에게 이유 없이 당하는 고난은 큰 문제였다. 특히 600만 명의 동족이 갑자기 나치 히틀러에 의해 살해당했다는 것은 너무도 큰 충격이었다. 이런 역사적인 비극 가운데서 그들은 이렇게 물었다. "죽음의 수용소에서 하나님은 어디에 계셨는가?" 죽음의 수용소에서 살아난 유대인 작가 엘리 위젤(Elie Wiesel)이 쓴 『밤』(Night)이라는 책을 보면, 유대인들이 모두가 보는 앞에서 동료들이 하나 둘씩 교수대에서 처형을 당하는데, 특히 어린아이들은 바로 죽지 않고 30여 분씩 목이 매달린 채 허우적대다가 죽는 장면이 나온다. 그때 "하나님은 어디에 계시는가" 하고 누군가 절규한다. 엘리 위젤은 "하나님은 바로 저 교수대에서 목 매달려 죽어가고 있는 어린아이와 함께 계신다"는 말로 응답한다. 이는 위젤의 고난에 대한 신학적 해석이다. 즉, 하나님은 인간의 고난을 그저 지켜만 보거나 방관하지 않고 그 속에 함께하신다는 것이다. 이런 해석은 그리스도교에도 매우 잘 알려져 있다. 특히 그리스도교에서 볼 때 예수의 십자가와 부활은 이에 대한 매우 중요한 상징이다.

이런 신학적 사고는 라틴아메리카에서 태동한 해방신학과 한국의 민중신학에서 잘 드러난다. 가난과 억압의 현장에서 민중이 겪는 고난은 예수가 겪은 십자가 고난과 맥락을 같이하며, 예수가 부활했듯이 종국에는 그런 고난이 극복되고 해방될 날이 올 것이라는 믿음이 바로 그것이다. 특히 성서의 민중해방 전통을 보면 하나님은 결코 먼 우주에 앉아 방관만 하는 초월적인 존재가 아니라 역사의 매 시기마다 구체적인 인간 고난의 현장 속에서 활동하시는 분으로 나타난다. 지금도 그런 하나님의 활동이 인간의 고난 가운데 계속되고 있다는 것이다. 이것은 또한 예수가 선포했던 하나님 나라 운동의 의미이기도 하다. 이런 "저항 신정론"의 관점은 고난을 그대로 방관만 하는 것이 아니라 그 속에 적극적으로 개입하게 만든다는 장점이 있다. 또 하나님 역시 정적이고 추상적인 분이 아니라 역동적이고 현실적인 존재로 이해하게 된다. 하나님을 초월적인 분으로서뿐 아니라 인간의 삶에 깊이 개입하시는 내재적이고 활동적인 분으로 이해하게 된다. 하지만 이런 해석 역시 고난에 대한 논리적인 대답은 될 수 없다. 이 해석 역시 어째서 고난이 일어나고 악이 발생하는지에 대해서는 설명할 수 없다는 것이다. 그리고 고난이나 악에 대한 윤리적인 측면만을 강조한 나머지 신정론보다는 인정론(人正論, anthropodicy)의 문제로 발전될 우려도 있다.

마지막으로, 알프레드 노스 화이트헤드(Alfred North Whitehead)의 과정철학에서 발전된 미국의 과정신학은 고난과 악의 문제에 대해 매우 독특한 해석을 내놓았다. 과정신학은 화이트헤드의 독특한 철학 사상의 영향을 받아 태동된 20세기 미국의 토착화 신학이라고 말할 수 있다. 화이트헤드는 서양 철학자이면서 종교라는 주제를 자신의 철학에 끌어들여 과정철학, 유기체철학이라는 독특한 철학 및 종교사상을 발전시켰으며, 그 결과 철학, 신학, 종교, 문화, 예술, 과학

등 여러 분야에 큰 영향을 끼쳐 왔다. 신정론의 문제에서도 그에 의해 발전된 과정신학의 영향은 지대하다. 한마디로 과정신학에서는 악의 문제와 상충되는 하나님의 전능성을 다르게 이해한다. 하나님은 우주 만물에 대해 그 어떤 것도 강요(coercion)하시지 않고 단지 설득(persuasion)하시는 분이므로 악에 대한 책임이 없다는 것이다. 오히려 그것은 인간이 자신의 자유를 잘못 사용하는 데 원인이 있다는 것이다.

전통신학에서는 하나님을 모든 것을 지배하는 힘으로 설명하면서, 궁극적으로 하나님이 세계 과정의 모든 세세한 것까지도 다스리신다고 보았다. 따라서 악의 문제가 제기될 때마다 이런 지배자 하나님의 전능성에 모순되는 결과를 낳게 되었고, 더 나아가 궁극적으로 악이란 존재하지 않는다고까지 설명하게 되었다. 과정신학은 이와 다르게 이해한다. 과정신학에 따르면, 만물의 모든 실재는 과정(process)이다. 즉, 만물은 서로 유기체적으로 연결되어 있는 가운데 계속 역동적으로 변화하고 생성되면서 사건이 된다. 하나님 역시 이런 실재(entity)들 중 하나인데, 유한한 기간만 존재하다 소멸되는 실재들과는 달리 하나님은 소멸되지 않는 실재이다. 모든 실재는 그 이전의 실재들과 하나님이라는 실재로부터 영향을 받아 존재한다. 여기서 영향을 받는다는 말이 중요한데, 이것은 실재들 사이에서 일어나는 인과 관계 역시 어떤 강요의 과정을 통해서 이루어지는 것이 아니라 서로 영향을 끼치는 과정, 다른 말로 표현하자면 설득의 과정을 통해 이루어진다는 것이다. 하나님에게도 이런 법칙이 적용된다. 즉, 하나님 역시 다른 실재들에게 설득력 있는 방식으로만 영향을 끼치고, 또 그 자신 역시 다른 실재들로부터 같은 방식으로 영향을 받는다는 것이다. 화이트헤드의 유명한 표현을 인용하자면, 하나님은 "다른 실재들을 이해하고 그것들과 함께 고난을 당하는 동료"와도 같은 존재이다. 즉, 하나님은 설득력 있는 방법으로 자신의 사랑을 표현한다는 것이다. 더 구체적으로 말하자면, 피조물에 대한 하나님의 사랑은 언제나 설득적이고 응답적이라는 것이다. 이런 맥락에서 볼 때 하나님의 전능성은 세계과정의 테두리 안에서 설득이나 영향과 같은 용어들을 통해 제한된다. 이것은 세계에서 발생하는 악의 문제를 설명하는 데 매우 중요한 공헌을 한다. 즉, 악은 인간의 자유로운 결정과 활동으로 인해 발생하는 것이지, 하나님에 의해서 발생하지 않는다는 것이다. 여기서 중요한 물음이 제기된다. 그렇다면 악의 본질은 무엇이란 말인가? 인간과 무관하게 발생하는 자연재해는 어떻게 설명할 수 있는가?

이에 대해 과정신학은 만물의 자유의지라는 전통을 충실히 따른다. 즉, 하나님은 자연에게조차도 자신의 의지를 강요할 수 없다는 것이다. 하나님은 단지 자연 안에서 이루어지는 과정에 설득을 통해 영향력을 끼치려고 시도할 수 있을 뿐이라는 것이다. 인간을 비롯한 만물의 실재들은 자유와 창조성을 향유하며 하나님은 이런 것들을 뒤집을 수 없다는 것이다. 따라서 각 실재들은 신의 설득마저 무시하거나 거부할 수 있게 된다. 즉, 각각의 실재들은 하나님의 요구에 응답할 의무가 없다는 것이다. 이렇게 되면 하나님 역시 도덕적인 악이나 자연적인 악에 대해 책임이 면제된다. 이렇게 하나님의 설득력 있는 활동에 중점을 둘 경우, 악의 문제를 하나님에게 돌리지 않아도 된다는 것이다. 하지만 이럴 경우 하나님의 초월성이라는 전통적인 개념은 폐기된다. 그리고 초월성이 없는 신은 과연 신이 될 수 있는가, 또 그런 신을 굳이 우리가 믿고 예배할 필요가 있는가 하는 문제도 제기된다. 물론 과정신학은 하나님은 과정 안에 있는 한 실재이지만 다른 실재들과는 달리 우선성(primacy)과 영속성(permanency)을 지니고 있다는 식으로 설명한다. 즉, 하나님은 다른 실재들과 비슷하지만, 그것들에 비해 우선적이고 영속적이라는 점에서 다르다는 것이다. 또 다른 식으로 설명하자면, 하나님은 창조자라기보다는 창조성(creativity)

을 지닌 분인데, 이는 세상 만물을 단번에 창조해 놓고 그대로 두는 그런 존재가 아니라, 끊임없이 세상의 각 실재들에 '최초의 목표'(initial aim)를 제공하는 것을 의미한다. 이것은 하나님이 지닌 '근원적 본성'(primordial nature)과도 관련된다. 각 실재들은 주어진 상황에서 이런 최초의 목표를 자신의 주체적인 목표로 만들어 현실화될 수도 있고 그렇게 되지 않을 수도 있다. 하나님은 바로 그렇게 되는 방향으로 설득하신다는 것이다. 이 설득의 측면이 바로 하나님의 '귀결적 본성'(consequent nature)이다. 근원적 본성으로서의 하나님은 세상에 영향을 주는 측면을 말하고, 반면에 하나님의 귀결적 본성은 세계에 의해 영향을 받는 측면을 말한다. 세상에 영향을 주고 영향을 받는 하나님은 유한한 사건의 자기 현실화를 지배할 수 없다. 이런 점에서 하나님의 창조적인 활동은 위험을 내포한 일종의 모험과도 같다는 것이다.

더 나아가 과정철학자 하트숀(Charles Hartshorne)은 이런 논리를 발전시켜, 하나님은 실재라기보다는 인격(person)에 더 가깝기 때문에 다른 실재들과 다르다는 식으로 주장한다. 하지만 이럴 경우 하나님은 완전하다는 개념과 어떻게 조화를 이룰 것인가 하는 문제가 다시 제기된다. 즉, 어떻게 완전한 하나님이 인간처럼 변화할 수 있다는 말인가? 여기서 인격은 불완전한 인간을 뜻하기 때문이다. 즉, 하나님이 인간처럼 변할 수 있다면, 그것은 하나님 역시 불완전하다는 것을 의미하지 않는가? 여기서 하트숀은 완전(perfection)이라는 개념을 하나님의 우월성을 부정하지 않는 한에서 변화를 받아들이는 것으로 재정의한다. 즉, 하나님이 다른 실재들로부터 영향을 받을 수 있다고 해서 그것이 곧 하나님이 그런 실재들의 차원으로 환원되는 것을 의미하지는 않는다. 하나님은 다른 실재들로부터 영향을 받지만, 결코 그런 실재들과 같거나 열등하지 않고, 언제나 그것들보다 우월하다는 것이다.

물론 이런 식으로 하나님의 전능성이나 초월성 및 완전성 따위의 문제가 다 해결되지는 않는다. 하지만 과정신학의 이런 논리를 통해 더 이상 하나님은 인간이 당하는 고난과 악에 대해 책임을 지지 않게 된다. 이것이 과정신학의 장점이다. 과정신학은 그 어떤 신학보다도 인간이 당하는 고난과 악의 문제를 논리적으로 설명한다는 것이다. 즉, 자연재난의 경우는 자연과정 안에서 자연스럽게 일어나는 과정의 일부분이며, 홀로코스트와 같이 인간이 겪는 악의 문제는 인간이 자유를 잘못 사용한 결과라는 것이다. 물론 선하신 하나님은 끊임없이 만물을 향해 선을 지향하도록 설득하신다. 이렇게 볼 때 세상의 창조는 한 번에 끝난 것이 아니라 지금도 계속되고 있으며, 하나님과 인간은 이런 창조의 과정에 함께 참여하는 공동 창조자(co-creator)라고 말할 수 있다.

III. 나가는 말

자연재해로 인해 인간이 당하는 고난이나 무고한 자들이 겪는 악의 문제는 인류가 존재하는 한 계속되는 질문이다. 하나님을 믿는 그리스도인들도 예외가 아니다. 누구도 이에 대해 정확한 답을 제시한 적이 없다. 단지 그에 대한 여러 가지 해석만을 제시했을 뿐이다. 가령 고난과 악의 문제는 선과 악의 세력이 싸우는 데서 비롯되는 불가피한 결과라든지, 하나님의 시험이라든지, 천국에서의 보상에 대한 약속이라든지, 하나님의 섭리가 숨어 있다든지, 하나님이 그 고난 속에 함께하며 더 나아가 그 고난에 맞서 싸운다든지 하는 여러 해석이 바로 그런 것들이다. 또한 하나님은 그 어떤 것도 강요하지 않으시고 단지 설득하시는 분이기 때문에 고난과 악은 하나님과 무관하고 오히려 인간이 자유를 잘못 사용한 데서 비롯된다는 생각도 마찬가지이다. 그 어떤 것도 확실한 답이 될 수 없다. 다 그때그때 상황에 맞는 한 가지 해석에 불과할 뿐이다. 어떻게 보면 그것은 영원히 풀지 못할 수수께끼일지도 모른다.

　중요한 것은 우리가 하나님이 아닌 이상 이런 자연재해를 가지고 하나님의 심판이라고 단정적으로 말할 수 없다는 것이다. 그런 말을 하기보다는 오히려 고난당하는 사람들의 현실을 더 중시하고 그들에게 조금이라도 사랑을 실천하는 것이 더 중요하다. 또한 남들이 겪는 고난을 외면한 채 공평하신 하나님, 정의의 하나님이라는 말을 해대면서 기뻐해서도 안 될 것이다. 이 땅에서 사는 한 그 누구도 이런 고난의 문제에서 자유롭지 않기 때문에 그런 것을 남의 문제 보듯 말할 수 없다는 것이다. 오히려 이런 엄청난 재난으로 죽고 다치고 상한 인간들에게 관심을 두고 함께 아파하는 것이야말로 그리스도인의 삶의 초점이 되어야 할 것이다. 즉, 하나님의 옳고 그름을 탓하는 것보다는 당장 남은 인간들이 어떻게 삶을 헤쳐나가야 하는지가 더 중요하다는 것이다. 물론 이것은 우리가 왜 하나님에 대해 물어야 하는가, 우리는 왜 하나님을 필요로 하는가 하는 따위의 본질적인 물음과도 연관된다. 그리고 하나님이 당장 이런 문제들을 해결할 수 없는 분이라면 우리는 왜 하나님을 믿고 그에게 기도해야 하느냐는 문제도 제기된다.

　인간이 겪는 고난의 문제를 집중적으로 다루어 온 랍비 해롤드 쿠슈너(Harold Kushner)는 『좋은 사람들에게 나쁜 일이 일어날 때』(*When Bad Things Happen to Good People*)라는 자전적인 책을 출판한 적이 있다. 저자는 '조로증'에 걸린 아들 아론을 열네 살의 어린 나이에 하늘나라로 떠나보낼 수밖에 없었던 자신의 고통스러운 심정을 담담하게 피력하고 있다. 저자는 끊임없이 '왜 착한 사람에게 나쁜 일이 일어날까?'를 묻고 대답한다. 무엇보다 저자는 하나님이 이런 고난과 불행의 원인이 아니라는 점을 분명히 밝힌다.

하나님은 우리 불행의 원인이 아니다. 일부의 불행은 운이 좋지 않아 생기고, 일부는 나쁜 사람들에 의해 일어나며, 또 일부는 우리가 인간이고 영원히 살 수 없으며 융통성이 없는 자연법칙 안에 살고 있기 때문에 어쩔 수 없이 일어나는 결과인 것이다. 우리에게 벌어지는 고통스러운 일은 우리 행동에 대한 벌도 아니고, 하나님의 거대한 계획의 일부도 아니다. 왜냐하면 비극은 하나님의 의도하심이 아니며, 비극이 일어날 때 우리는 하나님에 의해 상처받았다거나 배신당했다고 느낄 필요가 없다는 것이다. 우리는 그런 고통을 이겨내도록 하나님께 도움을 청할 수 있다. 왜냐하면 우리만큼이나 하나님께서도 이런 고통에 놀라셨으리라고 자신에게 말할 수 있기 때문이다.[1]

그러면서 저자는 고난의 현실에서 여전히 신을 믿는 이유에 대해서 이렇게 설명한다. 우리가 여전히 신을 믿고 기도하는 이유가 있는데, 먼저 기도를 통해 우리는 그런 문제는 우리 자신만의 문제가 아니라 불완전한 세계에서 불완전한 인간들이 모두 겪고 있는 문제임을 인식하게 된다는 것이다. 둘째는, 우리는 신에 대한 믿음과 기도를 통해 기꺼이 그런 문제들을 받아들이고 그것을 감당할 수 있는 힘을 얻게 된다는 것이다. 고난과 악의 문제가 풀릴 수 없는 문제임을 인정하면서도, 그렇다고 신조차 필요 없게 되지는 않는다는 것이다. 오히려 미스터리와 같은 신의 존재를 통해 우리는 그런 문제의 본질을 더 정확하게 인식하게 되고 다른 인간들과 연대의식을 느끼게 되고 힘을 얻게 된다는 것이다. 쿠슈너는 이렇게 말한다.

---

[1] 해롤드 쿠슈너/이인복 역, 『좋은 사람들에게 나쁜 일이 일어날 때』(서울: 우진출판사, 1996), 211.

올바르게 바쳐지기만 한다면 기도라는 것은 사람들을 고립으로부터 해방시켜 준다. 기도는 그들이 혼자이며 버림받았다는 느낌을 받지 않아도 된다는 것을 확신시켜 준다. 기도란 혼자서 도저히 느낄 수 없는 깊이로, 그리고 더 많은 용기와 더 많은 미래성을 가지고, 그 자신이 거대한 현실의 일부분이라는 것을 알게 해준다. … 기도는 다른 이웃과 우리를 묶어 주는 것을 넘어서 하나님과 우리를 연결해 준다.[2]

지난 2001년 미국에서 일어난 9·11 테러 사태로 인해 수천 명의 사람이 갑자기 목숨을 잃었다. 그런데 문제는 갑자기 피해를 당한 사람들 모두 무고한 시민이라는 점이다. 이 사건의 원인은 장기간에 걸친 미국의 잘못된 패권정책에 있었다. 하지만 미국의 잘못된 대외정책에 대한 항의를 왜 무고한 시민들에게 하는지 참 가슴이 아팠다. 그들은 우리와 똑같이 하루하루를 염려하면서 살아가는 평범한 인간들이다. 21세기 발달된 과학과 기술사회에서 인터넷이나 국제적인 여론 매체를 통해 항의할 수도 있고, 미국상품에 대한 대대적인 불매운동이나 국제적인 항의 운동을 벌일 수 있는데도 왜 굳이 자살 테러라는 극단적인 방법을 사용하여 무고한 사람들을 죽게 하는지 알 수 없었다. 폭력은 또 다른 폭력을 낳고, 또 다른 인간들을 고난에 몰아넣을 뿐 답이 될 수 없는데도 말이다. 놀랍게도 자살 테러 공격을 감행한 이슬람 극단주의자들의 사고에도 악을 응징하시는 하나님의 정의라는 시각이 담겨 있었다. 그들의 시각은 그리스도교 보수주의자들의 시각과 다르지 않았다.

필자는 지인들을 통해 거만한 미국이니 그런 일을 당해도 싸다는 말을 들은 적이 있다. 한편으로 이런 말들이 충분히 이해는 되지만, 희생자들과 가족들을 생각할 때 너무도 잔인한 말이라는 생각이 들

---

2   위의 책, 190-191.

었다. 갑자기 닥친 비극적 사건으로 인해 18년이 지난 지금도 정신적인 상처로 인해 고통스러워하며 하루하루를 어렵게 살아가고 있는 사람들을 생각해 본 적이 있는가? 이것은 비단 미국의 희생자들만의 이야기가 아니다. 9·11 테러 사태에 대한 보복으로 미국이 일으킨 '더러운 전쟁'으로 인해 지금도 매일 죽어가고 있는 이라크인들이나 아프가니스탄인들도 마찬가지이다. 그리스도인들이라고 하면서 우리는 혹 남들의 고통에는 무관심한 채 오히려 그것을 정당화하고 잔인하게 즐기고 있지는 않은가? 자연재해나 불의의 사고로 겪는 남들의 고통을 하나님의 심판으로 정당화하고 있지는 않은가? 무엇보다도 우리가 믿는 하나님, 적어도 예수를 통해 우리에게 알려진 하나님은 심판과 진노의 하나님보다는 사랑과 자비의 하나님이라는 점을 기억하는 것이 중요하다고 생각한다.

심리학자들에 따르면, 사람들은 대부분 무의식적으로 "정의로운 세상"(just world)이라는 가설을 추종하곤 한다. 나쁜 일이 일어나는 데는 다 그럴 만한 이유들이 있다는 것이다. 즉, 나쁜 일로 고난을 당하는 사람은 틀림없이 그에 합당한 죄나 실수를 저질렀다고 생각하는 경향이 있다는 것이다. 그렇기 때문에 이들이 지금 당하는 고난은 어떻게 보면 당연하다고 생각한다. 이런 식으로 사람들은 종종 피해자를 탓하면서 그것이 바로 정의로운 세상이라고 쉽게 단정짓곤 한다. 그럼으로써 지금 생기는 여러 가지 나쁜 일들에 대한 걱정에서 한숨을 돌리게 되고, 나아가 같은 인간으로서 고난을 당하는 사람들에 대한 윤리적인 책임감에서 벗어나려고 한다는 것이다. 물론 여기서 하나님은 이런 심리적인 안정의 기제로 가장 중요하게 작용한다. 고난과 악의 문제를 논할 때 우리는 혹 이런 심리적인 상태에 빠져 있지는 않은가? 무의식적으로 이런 심리학적인 가설을 만족시키기 위해 남의 고난을 정당화하고 있지는 않은가?

자연재해는 하나님의 심판인가? 아무도 그 답을 알 수 없다. 욥의 고백처럼 창조자 하나님만이 그 답을 알 것이다. 우리는 단지 우리가 경험하고 학습한 범위 내에서만 대답할 수 있을 뿐이다. 그리고 그 대답들 역시 개개인의 상황과 사회·역사적인 상황에 따라 다를 수밖에 없을 것이다. 고난과 악에 대한 완전한 답은 없다. 그렇다면 인간으로서 우리는 이에 대해 어떻게 응답해야 하는가? 신정론의 문제로 씨름하고 있는 유대교 랍비 해롤드 쿠슈너는 다음과 같은 의미심장한 결론을 제시한다.

> 하나님은 우리에게 불완전한 세상에서 온전하고 용감하며 의미 있게 살아가도록 무기를 주셨다. 바로 그것은 용서하고 사랑할 수 있는 능력이다. … 세상이 완전하지 못한 것을 용서하고, 하나님이 좀 더 나은 세계를 만들지 못한 것을 용서하고, 우리 주위의 사람들에게 다가가면서, 이 모든 고난과 악의 현실에도 불구하고 계속 살아가는 것이야말로 고난과 악에 대한 응답이다.[3]

---

3   위의 책, 232-233.(필자가 다시 풀어서 인용했음.)

• 부록 •

현대 무신론자들의 종교 비판은 어째서 망상인가?[1]

I

　종교, 특히 서구 문명을 지탱해 온 그리스도교는 이제 더 이상 인간에게 무익한 존재가 되어 버렸는가? 이 물음은 종교는 무엇인가라는 근본적인 물음과도 연결되어 있다. 지난 2006년부터 서구에서는 이른바 '새로운 무신론'(new atheism)을 주장하는 자들이 등장했다. 이들은 그동안 이런저런 형태로 존재해 온 전통적인 무신론자들과는 다르다. 이들은 단순히 신의 존재를 부정하는 데서 그치지 않고, 무신론을 신앙의 차원으로까지 드높인다. 이들은 심지어 종교적인 것은 무엇이든지 다 없애버려야 한다고까지 주장한다.
　새로운 무신론 운동의 주창자들이 이렇게 거세게 그리스도교를 비판하는 현실에 맞서 신학자들의 응전이 시작되었다. 국내에 소개된 신학자 중 영국인 신학자 알리스터 맥그래스(Alister McGrath)가 그 첫 번째 예이다. 맥그래스는 『어째서 신은 사라지지 않는가?』라는 책에서 새로운 무신론 운동의 오류를 적절히 비판한 바 있다. 그런데

---

[1] 이 글은 데이비드 벤틀리 하트/한성수 역, 『무신론자들의 망상 – 그리스도인들의 혁명과 교회사 새로 보기』(서울: 한국기독교연구소, 2016)에 대한 서평으로서, 「기독교사상」 2016년 4월호에 실렸다. 본서의 주제와 관련된 글이라 부록으로 실었다.

이번에는 미국의 동방정교회 신학자 데이비드 벤틀리 하트(David Bentley Hart)가 『무신론자들의 망상 – 그리스도인들의 혁명과 교회사 새로 보기』를 출판함으로써 새로운 무신론 운동에 대한 비판의 대열에 가세했다. 하트 박사는 초대교회 교부학 전공자답게 교회사에 관한 매우 풍부한 지식을 활용하여 이 책을 저술했다. 한마디로 이 책의 목적은 현대 무신론자들의 그리스도교 비판의 문제점을 논리적으로 역비판하고, 그리스도교가 얼마나 위대했는지에 대해 역사적으로 설명하는 데 있다. 저자 스스로 밝히듯이 이 책은 주로 초대교회사에 집중되어 있다. 즉, 처음 3-4세기 동안 지속되었던 그리스도교 세계(Christendom)가 고대 문화와 어떤 관계 속에서 형성되었으며, 그리스도교 신앙이 급진적인 성격을 띤 해방적 요소로 어떻게 기능했는지를 밝히고자 한다.

II

이 책은 총 4부 17장으로 이루어져 있다. 저자는 이 책이 역사에 대한 특정 사실들을 좀 더 숙고해서 나온 에세이라고 밝히고 있지만, 실상 이 책을 읽다 보면 매우 전문적인 책임을 알 수 있다. 제1부에서는 현재 유행하고 있는 무신론 운동 내지 반(反) 그리스도교 운동의 주된 내용이 무엇인지에 대해 살펴본다. 제2부에서는 근대성이란 개념이 무엇이며 그리스도교는 이와 관련해서 어떻게 가르쳐 왔는지에 대해 논한다. 제3부에서는 초기 그리스도교 세계에서 일어난 일들에 관해 자세히 살핀다. 특히 그리스도교 신앙의 박해자에서 옹호자요 보호자가 된 로마제국에서 일어난 여러 주요 사건에 대해 논하고자 한다. 제4부에서는 그리스도교 세계가 어째서 쇠퇴했는지, 그리고 그 해법은 없는지에 대해 살펴본다. 각각의 주요 내용을 좀 더 자세히 살펴보면 다음과 같다.

먼저, 리처드 도킨스(Richard Dawkins)를 중심으로 한 현대 무신론자들의 그리스도교 비판을 저자는 신랄하게 역비판한다. 이들은 역사에 대한 무지의 바다 위에 떠도는 공허한 주장들에 의존해 있으며 귀에 거슬리는 독선의 폭풍으로 소란을 떨고 있다는 것이다. 이들은 근본주의자들만큼이나 경멸스러운 자들이다. 예를 들어, 이들은 그리스도교의 윤리적인 유일신론이 대부분의 전쟁에 책임이 있다고 주장하는데, 이는 터무니없는 것이다. 오히려 역사상 전쟁은 수많은 신들(gods)을 위한 전쟁이었고 그런 신들과 연관된 정치 이데올로기를 위한 전쟁이었지, 유일신이라고 부를 만한 것을 위해 전쟁을 벌인 예는 소수였다는 것이다. 저자는 현대 무신론자들의 그리스도교 비판이 매우 수준 이하이며 역사를 너무 단순화시키는 오류에 빠져 있다고 비판한다. 현대 무신론자들은 풍부한 상상력과 깊은 연구를 토대로 그리스도교를 비판했던 데이비드 흄, 볼테르, 에드워드 기본, 니체와는 너무 다르다는 것이다.

저자에 의하면, 새로운 무신론자들은 대체로 두 가지의 편견을 지니고 있다. 첫째는 종교의 믿음이란 근거가 없으며, 둘째는 종교란 근본적으로 폭력, 분열, 억압의 원인이기 때문에 이 땅에서 사라져야 한다는 주장이다. 저자는 이런 주장들을 근거가 없는 일종의 편견에 불과하다고 본다. 가령 역사상 종교적 확신이 폭력의 원인으로 작용한 예가 있었음을 부인할 수 없다 하더라도, 종교는 살인을 거부하고 자비를 베풀며 평화를 찾는 더 강력한 이유를 제공해 왔다는 것이다. 현대 무신론자들의 편견은 그리스도교 세계가 도덕적으로 문화적으로 이룩한 위대한 성취를 부정하는 꼴이 된다. 이들은 그리스도교 비판의 아버지 니체가 지녔던 역사적 통찰력과 지적 정직성을 결여하고 있다. 그것은 마치 코끼리 다리를 만지면서 코끼리라고 우기는 것과 같은 것이다. 즉, 그리스도교 2,000년의 역사를 세밀하게 연구해

보지도 않은 채 고작 피에 굶주린 십자군 병사들이나 가학적인 중세 종교 재판관들의 유치한 이미지들 내지 전설들에만 집착하고 있다는 것이다. 저자에 의하면, 인류 역사 속에서 그리스도교 복음이 무엇을 이룩했는지에 대한 진지한 탐구가 필요하다. 일찍이 근대 신학의 아버지 슐라이어마허가 18세기 말에 『종교론-종교를 멸시하는 교양인들에 대한 변론』이라는 기념비적인 책을 출판하면서 종교적 신앙의 중요성을 '감정'이라는 측면에서 새롭게 강조했다. 마찬가지로 오늘날도 종교를 멸시하는 자칭 교양인들이라는 자들이 있는데, 이들은 자신들의 편견을 정당화하기 위해 정확한 근거나 토대가 없이 자신들에만 의존하는 원칙과 암시에 복종하고 있다고 저자는 비판한다. 즉, "추상적으로 종교를 경멸하는 것은 의미 없는 자기 속임수에 불과한 것이다"(368쪽).

둘째로, 그리스도교 교회에 대한 여러 가지 오명들이 존재해 오는데, 저자는 이것들을 밝히면서 역사적으로 해명하고자 한다. 흔히들 그리스도교가 서구를 지배했던 중세 시대를 "암흑의 시대"라고 부른다. 저자는 먼저, 이 용어의 부정확성을 지적한다. 암흑시대라는 말은 서로마제국이 멸망한(AD 476) 직후 매우 부자연스럽게 튀어나왔다고 한다. 그런데 사실은 이탈리아 문예부흥기의 인문주의자들이 새로운 배움의 시대로 문예부흥기를 규정하면서 상대적으로 그 이전의 시기를 암흑시대로 표현한 데서 이 단어가 비롯되었다는 것이다. 하지만 엄격히 볼 때 문예부흥기의 지적 문화적 혁명이라는 것은 중세기의 발전에서 비롯되었으며, 동방그리스도교 학자들의 고전 그리스어 저술과 학문이 이탈리아에 유입되어 잉태되었다. 저자는 이런 관점에서 중세에 대한 새로운 평가를 시도한다. 심지어 과학적인 측면에서도 중세기 전체를 통해 공학기술을 발전시켰으며, 중세 후기의 스콜라 철학을 통해 경험과학적 방법이 등장했다는 것이다. 이는 비로소 근대에 들어와서야 과학의 혁명이 이루어졌다는 주장을 뒤집는다.

또한 근대 이성이 비합리적인 신앙을 대체했다는 주장, 특히 그리스도교 신앙으로 인해 고대 세계의 지적 성취물들을 야만적으로 불태워 버리고 과학을 무시했으며 다원주의를 포기함으로써 천 년간의 정신적 비열함에 빠지게 되었다는 주장의 오류를 저자는 지적한다. 가령 기원후 390년에 그리스도교 열광주의자들이 알렉산드리아의 고대 도서관을 습격하여 70만 개의 두루마리를 불태워 버림으로 서양 문명의 발전을 뒷걸음치게 만들었다는 주장은 지어낸 이야기라는 것이다. 저자는 이것을 입증하기 위해 보다 엄밀한 역사적 자료들을 근거로 제시한다. 고대 시대나 중세 시대 문헌들이 소실되는 것은 부주의, 무관심, 전쟁, 약탈, 망각 등의 이유로 흔하게 일어난 일이었는데, 이것을 그리스도인들의 탓으로만 돌릴 수 없다는 것이다. 그리스도인들은 오히려 새로운 것을 고대 세계에 가져옴으로 고대 사회를 발전시켰다. 대표적으로, 선함에 대한 전망, 자선행위를 종교적 의무로 규정하는 신조, 사랑의 하나님에 대한 이야기 등을 들 수 있는데, 이런 것들은 당시 이방인 사회에서는 전례가 없는 것들이었다. 더 나아가 저자는 그리스도교보다는 이슬람 문명이 고대의 문헌들을 잘 보존한 결과 중세 시대의 어둠을 걷히게 했다는 주장 역시 역사적인 왜곡이라고 주장한다. 오히려 동방 그리스도교를 통해 그리스 철학 원전들이 더 많이 보존되었으며, 이런 업적은 후에 이슬람 정복자들의 유산이 되었다는 것이다. 그 외에 시리아 그리스도인들이 철학적, 의학적, 과학적 지혜를 동방으로 전달했고, 페르시아의 네스토리우스 그리스도교 역시 의학을 발전시킨 바 있다. 그러므로 그리스도교가 고전 문명을 배척하고 그 뿌리와 가지를 파괴하여 암흑시대를 초래했다는 주장은 잘못된 것이다. 오히려 그리스도교는 교부들을 통해 4-5세기경 고전문학이 꽃피는 데 큰 공헌을 했다. 교부들이야말로 훌륭한 수사학자이자 형이상학자요 문장가들이었기 때문이다.

과학과 관련해서 그리스도교는 이성과 전쟁을 벌인 결과 과학의 황금기를 중단시켰고, 서양 문명을 후퇴시켰다는 주장 역시 허구라고 저자는 주장한다. 그리스도교는 불합리한 주장에 대한 맹목적 복종만을 소중히 여기고 이방인들의 지혜의 빛을 멸시해 버렸는데, 이슬람 덕분에 다시 이성의 소중함을 회복했다는 따위의 주장도 잘못이라고 주장한다. 왜냐하면 이런 주장들에 대한 증거가 불충분하다는 것이다. 그리스도교가 과학의 발전을 저해했다는 주장에 대해 저자는 과학적 패러다임의 전환을 가져온 코페르니쿠스의 예를 든다. 코페르니쿠스는 그리스도교 대학에서 공부한 사람으로 그리스도교의 학문적인 수학과 천문학 및 운동에 관한 과학적 이론의 오랜 전통을 이어받은 사람이었다. 바로 이런 전통에서 과학을 꽃피웠다는 것이다. 또한 그리스도교보다는 오히려 이슬람이 과학을 더 발전시켰다는 것은 대단한 오해이며, 오히려 그리스도교의 전통이 과학의 발전을 촉진했다는 것이다.

　　저자는 중세 그리스도교에 대한 부정적인 이미지로 손꼽히는 종교재판 역시 과장되었으며 허구로 가득 차 있다고 주장한다. 중세 시대 300여 년간 존속했던 종교재판은 훨씬 관대했고 힘이 적었으며, 마술 행위로 고발된 사람들에 대해 세속 권력의 잔혹함을 완화시키는 역할을 했다고 주장한다. 그리스도교 세계는 오히려 엄청난 도덕적, 문화적 성취를 이룩했으며, 또한 로마제국의 그리스도교화로 인해 이런 것들이 가능했다고 주장한다. 물론 저자는 사회를 변화시키고 형성하려는 복음의 힘과 그것들을 자체로 끌어들이려는 국가의 힘 사이에 일어난 갈등의 역사도 부인하지 않는다. 또한 중세 교회가 도덕적 권위를 세속권력에 넘겼을 때 불의와 잔혹함이 넘쳐났던 것도 인정한다. 하지만 이런 결점들에도 불구하고 그리스도교 세계는 세상 제국들의 문화보다 훨씬 더 공정하고 관대했으며 평화로웠다는 것이 저자의 일관된 주장이다.

셋째로, 초대교회와 중세교회 역사에서 그리스도인들은 복음을 통해 무엇을 이루었는가? 그리스도교는 어떤 인간을 만들어 냈는가? 기원후 313년 밀라노 칙령을 통해 로마제국은 그리스도교를 공인했다. 이는 한 종파가 다른 종파로 대체된 것이 아니라 그리스도교가 지닌 새로운 인간의 가능성 내지 잠재성 때문이었다. 더 나아가 그리스도교는 운명에 의해 지배되고 체념으로 가득 차 있던 고대 세계에 새로운 생명과 기쁨으로 가득 찬 종교로 등장했다. 그리스도교는 세상의 변함없는 선함과 만물의 궁극적인 아름다움을 철저하게 선포했다. 무엇보다, 고대 후기 세계에 그리스도교가 가져다준 가장 큰 선물은 영적인 불안으로부터의 해방, 절망과 슬픔 및 우주적 권세에 대한 두려움으로부터의 해방이었다.

저자에 의하면, 그리스도교가 선포한 해방의 메시지는 노예제와 여성의 문제까지 영향을 미쳤다. 그리스도교는 다른 이방 종파들보다 훨씬 더 평등주의를 지향했다. 그리스도교는 남녀노소, 자유인이나 노예 모두를 동등한 회원으로 받아들였다. 그리스도교는 로마제국에 의해 공인된 후에도 노예제도 자체를 철폐하지 못했지만, 노예제도에 대한 훨씬 관대한 사회적 분위기를 형성하게 만들었다. 여성들 역시 교회의 가르침에서 고대 종교가 주지 못하는 위로를 발견했다. 왜냐하면 적어도 교회 안에서는 남녀 간에 존엄성의 차별이 존재하지 않았으며, 과부들과 병든 자들, 감옥에 갇힌 자들, 가난한 자들을 돌보는 자선행위를 영적 생활의 중심으로 규정했기 때문이다. 이렇게 고대 및 중세 사회에서 억압받던 계층이 인격을 지닌 고귀한 인간으로 대접받을 수 있게 된 것은 그리스도교가 이룩한 도덕적 혁명의 결과라는 것이다.

저자는 사회 곳곳에서 이런 급진적인 결과들을 만들어 낸 그리스도교의 해방적 메시지의 실체를 "총체적 휴머니즘"(total humanism, 297쪽)라고 규정한다. 이것은 가장 넓고 깊은 차원에서 바라보는 인간성(인격)에 대한 이해이다. 이것은 인간의 공통적인 본성이 인간 개개인을 통해 독특하게 표현되며, 각 개인은 고귀함과 신비와 아름다움을 지니고 있음을 긍정하는 관점이다. 다시 말해 이것은 인간 각 영혼에 내주하는 신적인 형상에 대한 완전한 확신을 의미한다. 이런 관점을 가지면 세계는 전혀 새롭게 보인다는 것이다. 초대 그리스도교가 지닌 이런 비전은 물론 콘스탄티누스 황제 이후로 구체적인 사회적 정의로 실천되지 못했다고 저자는 지적한다. 총체적 휴머니즘으로서의 그리스도교는 주로 처음 3세기 동안 효력을 발휘하였다. 비록 작고 조직화되지 않았지만 신적, 우주적, 인간적 실재에 대한 새로운 비전을 주변문화에 소개하면서 그리스도교는 서서히 성장해 나갔다. 이후 4세기에 들어와 그리스도교는 여러 가지 교리적 발전을 이루었다. 저자는 이 당시 결정된 교리들을 통해 하나님과 세계에 대한 새로운 이해를 하게 되었다고 평가한다. 대표적으로 하나님을 삼위일체로 표현함으로써 형이상학적인 하나님 이해, 즉 본체들의 꼭대기에 위치한 접근 불가한 최고의 존재, 오직 멀리 있는 대리자를 통해 영향을 미치는 존재라는 형이상학적 신관에서 벗어나게 되었다는 것이다. 그 대신 이제 하나님을 "내적이며 역동적인 관계의 충만함으로, 지식과 사랑의 무한한 활동"(349쪽)으로 이해하게 되었다는 것이다. 이는 신론에 있어서 혁명적인 발전이며, 그리스도교라는 종교의 새로운 발전을 의미한다.

 마지막으로, 근대 후기를 살고 있는 자들에게 그리스도교는 어떤 의미를 가지는가? 저자는 단순히 그리스도교를 전적으로 옹호하거나 또는 새로운 종교적 부흥을 위해 이 책을 쓰지 않았다고 주장한다. 현재 서구에서는 그리스도교가 거의 빈사상태에 이른 것은 아니지만, 로마제국 당시 이방 종교의 상황과 점점 더 비슷해져 가고 있다는 것이 저자의 판단이다. 그렇다면 뭔가 새로운 것이 나타나야 하지 않겠는가? 이런 새로움에 대한 갈망은 단순히 그리스도교가 없어진 사회에 대한 두려움으로 믿음을 가져야 한다는 일종의 강박증과는 거리가 멀다. 그리스도교는 이미 서구 사회 곳곳에 스며들어 있고, 또한 사라지고 있으며, 그 결과 서구인들 자신이 변하고 있다는 것이다. 따라서 뭔가 새로운 것이 나타나야 한다는 희망은 이미 여러 세기 동안 이런저런 모습으로 실현되고 있기 때문에 너무도 당연하다는 것이다. 저자는 초기 그리스도교 수도원 운동, 특히 사막의 교부들에서 어떤 교훈을 얻을 수 있지 않을까 생각한다. 사막의 교부들은 세상을 떠나 광야로 들어가 온전히 기도와 금식과 완전한 자비심을 함양하는 데 헌신했다. 저들은 그리스도교화한 제국의 한복판에서 새로운 영적 조직을 탄생시켰으며, 오직 하나님과 이웃에 대한 사랑에 헌신한 사람들이었다. 저들은 "영적 투쟁"(399쪽)이라는 삶의 원칙에 충실하며 살았다. 저자는 사막의 교부들이야말로 고대 그리스도교에서 일어난 마지막 혁명의 순간이었으며, 그리스도교의 성공에 대한 자체의 반란이었다고 규정한다. 더 나아가 저자는, 근대 후기의 서구에서 사막의 교부들이야말로 그리스도교를 변혁시킬 수 있는 매우 적합한 새 모델이 될 수 있다고 주장한다.

III

서구 문명의 토대였던 그리스도교가 현재 서구 사회 곳곳에서 기울어 가고 있다는 것은 분명한 사실이다. 특히 최근 들어 등장한 새로운 무신론자들의 그리스도교 비판으로 서구 그리스도교는 새로운 도전에 직면해 있다. 이러한 현실에서 출간된 벤틀리 하트 박사의 책은 매우 시의적절하다고 하겠다. 그리스도교가 이제 빈사상태이므로 백약이 무효라고 생각하는 사람들에게는 이런 책은 분명 무의미할 것이다. 하지만 최소한 자기 뿌리에 대해 고민하며 참된 신앙을 추구하는 그리스도인들에게 이 책은 큰 도전과 힘이 될 것이다. 이 책에서 저자는 그리스도교를 "혁명"(11쪽), "신기하고 신비한 성격"을 지닌 것(12쪽), "의식의 가장 깊은 차원과 문화의 최고 수준에서 인간성을 변화시킨 것"(14쪽), "인류 역사상 일찍이 없었던 가장 체제전복적인 주장"(43쪽), "서구 역사 속에서 문화적, 윤리적, 미학적, 사회적, 정치적, 영적으로 가장 창조적인 유일한 힘이자 매우 파괴적인 힘"(178쪽), "생명과 기쁨이 풍성한 종교"(246쪽), "총체적 휴머니즘"(297쪽) 등으로 정의한 바 있다. 이 책 곳곳에서 빛나고 있는 저자의 그리스도교 이해야말로 이 시대 그리스도교 비판에 대해 적절히 대응할 수 있는 근거이며 쇠퇴해 가고 있는 그리스도교를 살릴 수 있는 힘이라고 필자는 생각한다. 특히 각종 도덕적 부패와 폐쇄성으로 고립되고 침체되어 가고 있는 한국 교회의 현실에도 자극이 될 수 있으리라 생각한다.

이 책을 읽으면서 발견한 몇 가지 아쉬운 점을 결론적으로 지적하고자 한다. 이 책에서 저자는 교회사가로서 풍부한 지식을 동원하여 그리스도교에 대한 잘못된 주장들을 일일이 반박하고 있다. 독자들은 저자의 이런 기술 방식을 통해 유용한 많은 지식을 습득할 수 있을 것이다. 하지만 아쉬움이 있다면 다소 논의가 산만해지는 데도 있고, 쉼표로 이어지는 문장이 너무 길어서 이해하기 위해 정신을 집중해야 할 때도 있다는 점이다. 또한 저자가 에세이 형식으로 글을 쓰기 위해 각주를 많이 생략했다고 밝혔지만, 어떤 곳에서는 오히려 논리의 출처를 자세히 밝혀 주는 것이 더 도움이 되지 않았을까 하는 생각도 든다. 가령 초대 그리스도교 세계에 대한 해석과 중세에 대한 해석은 매우 새롭다고 볼 수 있는데, 저자 말고도 어떤 학자들이 그런 입장을 지지하고 있는지 밝혀 주었다면 더 좋았을 것이다. 그렇게 했더라면 저자의 해석이 단순한 호교론적인 측면을 넘어서서 좀 더 보편적인 지지를 확보할 수 있었을 것이다. 그리고 그리스도교 복음의 뿌리를 갈릴리 예수 운동에서 파악하려는 시도가 없었다는 점도 아쉽다. 하지만 "모든 것이 파괴되고 중심이 무너지고 있는"(W. B. Yeats) 현실에서 새로운 무엇인가를 갈망하는 모든 자에게 이 책은 작은 희망이 될 수 있으리라 생각한다.

참고문헌

기든스, A./김의순·김자혜 역. 『에밀 뒤르껭 연구』. 서울: 한길사, 1981.
김진. 『에른스트 블로흐와 희망의 원리』. 울산: 울산대학교출판부, 2006.
니버, 라인홀트 엮음/김승국 역. 『맑스 엥겔스의 종교론』. 서울: 아침, 1988.
니체, 프리드리히/정희창 역. 『차라투스트라는 이렇게 말했다』. 서울: 민음사, 2014.
_____/홍성광 역. 『도덕의 계보학』. 서울: 연암서가, 2011.
데닛, 대니얼/김한영 역. 『주문을 깨다』. 서울: 동녘사이언스, 2010.
도킨스, 리처드/이한음 역, 『만들어진 신』. 서울: 김영사, 2008.
_____/김명남 역, 『리처드 도킨스 자서전 1, 2』. 서울: 김영사, 2016.
뒤르케임, 에밀/노치준·민혜숙 역. 『종교생활의 원초적 형태』. 서울: 민영사, 1992.
마르크스, 칼·엥겔스, 프리드리히/박재희 역. 『독일 이데올로기 I』. 서울: 청년사, 2009.
맥그래스, 알리스터/이철민 역. 『신 없는 사람들』. 서울: IVP, 2012.
_____/정성희·김주현 역. 『과학과 종교 과연 무엇이 다른가?』. 서울: LINN, 2013.
몰트만, 위르겐/이신건 역. 『희망의 신학』. 서울: 대한기독교서회, 2016.
박이문. 『현상학과 분석철학』. 서울: 지와사랑, 2014.
베르나스코니, 로버트/변광배 역. 『How To Read 사르트르』. 서울: 웅진지식하우스, 2008.

블로흐, 에른스트/박설호 역. 『희망의 원리 1』. 서울: 열린책들, 2004.

_____. 『저항과 반역의 기독교』. 서울: 열린책들, 2009.

뻬레스-에스끌라린, A./송기득·이정순 역. 『무신론과 해방』. 대전: 한길책방, 1991.

사르트르, 장 폴/정소성 역. 『존재와 무』. 서울: 동서문화사, 2016.

_____/지영래 역. 『닫힌 방·악마와 선한 신』. 서울: 민음사, 2013.

송기득 엮음. 『대결에서 협력으로-그리스도교와 맑스주의』. 대전: 한길책방, 1991.

스텀, 웨인 엮음/김의훈 역. 『맑스주의에 대한 기독교적 관심』. 서울: 나눔사, 1988.

오경환. 『종교사회학』. 서울: 서광사, 1990.

코언, 조시/최창호 역. 『How To Read 프로이트』. 서울: 웅진지식하우스, 2007.

쿠슈너, 해롤드/이인복 역, 『좋은 사람들에게 나쁜 일이 일어날 때』. 서울: 우진출판사, 1996.

큉, 한스/성염 역. 『신은 존재하는가 I』. 왜관: 분도출판사, 1994.

포이어바흐, 루트비히/강대석 역. 『기독교의 본질』. 서울: 한길사, 2008.

_____/이양구 역. 『기독교의 본질』. 서울: 교육출판공사, 2007.

프롬, 에리히/문학과사회연구원 역. 『정신분석과 종교』. 서울: 청하, 1983.

피터슨, 마이클 외/하종호 역. 『종교의 철학적 의미』. 서울: 이화여자대학교출판부, 2008.

하트, 데이비드 벤틀리/한성수 역. 『무신론자들의 망상-그리스도인들의 혁명과 교회사 새로 보기』. 서울: 한국기독교연구소, 2016.

Adler, Alfred. *Superior and Social Interest*. London: Routledge & Kegan Paul, 1965.

Bloch, Ernst. *Atheismus im Christentum*. Frankfurt: Suhrkamp Verlag, 1968.

_____. *Atheism in Christianity*. New York: Herder and Herder, 1972.
_____. *The Principle of Hope*, 3 vols. Cambridge, MA: MIT UP, 1986.
_____. *Man on His Own*. New York: Herder and Herder, 1970.
Chidester, David. *Salvation and Suicide: An Interpretation of Jim Jones, the Peoples Temple, and Jonestown*. Indianapolis: Indiana University Press, 1988.
Dawkins, Richard. *The God Delusion*. Boston: Mariner Books, 2008.
Durkeim, Emil. *The Elementary Forms of Religious Life*. New York: Free Press, 1915.
Evans-Pritchard, E. E. *Theories of Primitive Religion*. Oxford: The Clarendon Press, 1965.
Freud, Sigmund. *Totem and Taboo*. tr. by James Strachey. New York: W. W. Norton, 1950.
_____. *The Future of An Illusion*. in *The Complete Psychological Works of Sigmund Freud*, vol. 21. ed. by James Strachey. London: The Hogart Press, 1964.
_____. *Moses and Monotheism*. in *The Complete Psychological Works of Sigmund Freud*, vol. 23.
_____. *Civilization and Its Discontents*. in *The Complete Psychological Works of Sigmund Freud*, vol. 21.
Feuerbach, Ludwig. *The Essence of Christianity*. New York: Harper & Row, 1957.
Jung, Carl G. *Psychology and Religion*. in *Collected Works*, vol. 11. London: Routledge & Kegan Paul, 1971.
Marx, Karl. *Deutsch-Brusseler Zeitung*, 1847. 9. 12., *MEGA* 1, sec. vi, 278.
_____. "Contribution to the Critique to Hegel's Philosophy of Right." *Collected Works*, vol. 3. London: Lawrence & Wishart, 1975.
_____. *Capital*, vol. 1. New York: Duntton, 1957.

_____. "Notes to the Doctoral Dissertation." *Writings of the Young Marx on Philosophy and Society*. tr. & ed. by Loyd D. Easton and Kurt H. Guddat. Garden City, N.Y.: Doubleday, 1967.

_____. "Private Property and Communism." *Economic and Philosophical Manuscripts of 1844*. Moscow: Progress Publishers, 1959.

Nietzsche, Friedrich. *The Gay Science*. tr. by Walter Kaufmann. New York: Vintage Books, 1974.

_____. *Portable Nietzsche*. New York: Viking Press, 1968.

_____. *The Anti-Christ, Ecce Homo, Twilight of the Idols, and Other Writings*. ed. by A. Ridley & J. Norman. Cambridge: Cambridge University Press, 2005.

Sartre, Jean-Paul. *Les Mouches*. Paris: Theatre, 1947.

_____. *Les Mots*. tr. by Irene Clephane.(영문판 *Words*). London: Penguin Books, 1967.

Schrey, H. H. "그리스도교와 사회주의 – 1970년대 문헌들에 대한 검토." 『신학사상』 제57집, 1987.

Tucker, Robert C. ed. *The Marx-Engels Readers*. New York: W. W. Norton & Company, Inc., 1978.

Weber, Max. *The Sociology of Religion*. Boston: Beacon Press, 1922.

이정순

▼
▼

충남대학교 영어영문학과를 졸업한 후 목원대학교 신학대학원과 동대학원 박사과정에서 조직신학을 전공하고 석사 학위와 박사 학위를 받았다. 그 후 미국 Boston University에서 조직신학, 영성신학, 종교철학 등을 전공하고 다시 박사 학위를 받았다. 미주 한인교회와 미국인 교회에서 13년간 담임목사로 목회했으며, 미국 Merrimack College 종교학과에서 3년간 종교학과 신학을 강의했다. 귀국 후 목원대학교 및 나사렛대학교 강사, 한신대학교 초빙교수 등을 거쳐 현재 목원대학교 신학과 교수로 가르치고 있다.

『현대신학을 이해하기 위해 꼭 알아야 할 신학자 28인』(공저), 『영성과 실천』, *Alfred North Whitehead and Yi Yulgok* 등을 저술했으며, 『맑스와 예수의 대화』, 『무신론과 해방』, 『엑소더스』, 『프로테스탄트 시대』, 『종교의 정치학』 등을 번역했다.